O DIREITO
PELO AVESSO

O DIREITO PELO AVESSO

Uma antologia jurídica alternativa

Editado por Peter Köhler
e Thomas Schaefer

Tradução
GLÓRIA PASCHOAL DE CAMARGO

Revisão da tradução
KARINA JANNINI

SÃO PAULO 2012

Esta obra foi publicada originalmente em alemão com o título
RECHT SO!, por Verlag C. H. Beck.
Copyright © *Verlag C. H. Beck oHG, Munique, 1997.*
para a concepção da obra.
Copyright © 2001, *Livraria Martins Fontes Editora Ltda.,*
São Paulo, para a presente edição.

1ª edição *2001*
2ª edição *2012*

Tradução
GLORIA PASCHOAL DE CAMARGO

Revisão da tradução
Karina Jannini
Revisão gráfica
Helena Guimarães Bittencourt
Renato da Rocha Carlos
Produção gráfica
Geraldo Alves
Paginação/Fotolitos
Studio 3 Desenvolvimento Editorial

Dados Internacionais de Catalogação na Publicação (CIP)
(Câmara Brasileira do Livro, SP, Brasil)

Köhler, Peter
   O direito pelo avesso : uma antologia jurídica alternativa / editado por Peter Köhler e Thomas Schaefer ; tradução Glória Paschoal de Camargo ; revisão da tradução Karina Jannini. – 2ª ed. – São Paulo : Editora WMF Martins Fontes, 2012.

Título original: Recht so!
ISBN 978-85-7827-446-7

1. Direito na literatura 2. Justiça na literatura I. Schaefer, Thomas. II. Título.

11-06804   CDD-808.80353

Índices para catálogo sistemático:
1. Justiça na literatura   808.80353

Todos os direitos desta edição reservados à
Editora WMF Martins Fontes Ltda.
Rua Prof. Laerte Ramos de Carvalho, 133   01325.030 São Paulo SP Brasil
Tel. (11) 3293.8150   Fax (11) 3101.1042
e-mail: info@wmfmartinsfontes.com.br   http://www.wmfmartinsfontes.com.br

Os editores agradecem a cooperação de Jürgen Röhling, Hardy Siedler, Hannelore Ullrich e do Sr. Wesendonk.

A escolha dos textos ocorreu sem intenção notarial. A via legal está excluída.

Preâmbulo

Ambrose Bierce
Do dicionário do diabo

Acusar *verbo trans. dir.*
Afirmar a culpa ou ignomínia de um outro, geralmente para justificar a nós mesmos que cometemos uma injustiça com ele.

Advogado *subst. masc.*
Um especialista em desvios da lei.

Árvore *subst. fem.*
Um tronco alto, previsto por natureza para execuções, embora, devido a julgamentos errôneos, a maioria das árvores dê poucos frutos ou até mesmo nenhum.

Assassinar *verbo trans. dir.*
Criar uma vaga sem nomear um sucessor para ela.

Assistência judiciária gratuita aos indigentes *locução*
Um método pelo qual se permite generosamente aos que são ávidos por justiça e não possuem dinheiro para advogados que percam seu processo.

Cânhamo *subst. masc.*
Uma planta, de cujos fios é confeccionada uma vestimenta para a garganta, que freqüentemente é enrolada no pescoço após um discurso ao ar livre e que protege a pessoa de resfriados.

Corda *subst. fem.*
Um utensílio antiquado, que deveria lembrar aos assassinos que eles também são mortais. É colocada em torno do pescoço e nele permanece a vida toda. Foi amplamente substituído por um complicado dispositivo elétrico, colocado em outra parte do corpo. Este, por sua vez, está rapidamente dando lugar a um novo aparelho, que é conhecido pelo nome de pregação moral.

Criminoso *subst. masc.*
Alguém com mais iniciativa do que discrição, que aproveitou uma oportunidade e infelizmente se apaixonou por ela.

Decálogo *subst. masc.*
Uma lista de mandamentos, dez no total – exatamente o suficiente para permitir em seu cumprimento uma escolha inteligente, entretanto não o suficiente para permitir que a escolha se torne um tormento. O que segue é uma versão revista do decálogo calculada para esta latitude:

Não tenha nenhum deus a não ser eu
Mais custaria muito.

Não faça qualquer imagem, filho do homem,
Porque outros são melhores pintores.
Não use o nome de Deus em vão.
Espere o momento apropriado.
Em feriados não se ocupe demais,
Em vez disso vá ao futebol.
Honre os pais, o tutor, os padrinhos:
Diminua as parcelas do seguro de vida.
Castigue aqueles que matam, homem.
Quem logra os que matam, faz muito bem.
Não faça a corte à mulher do próximo,
Se a sua também não der bola para ele.
Não roube. Pois nos negócios
Seria pouco inteligente. Enganar dá mais lucro.
Você não deve dar falso testemunho.
Prefira dizer: "Está correndo um boato".
Não ambicione riquezas, bens e recompensas,
Nada que você já esteja surrupiando.
Galassasca Jape, SJ

Delito *subst. masc.*
Uma violação da lei de categoria inferior a um crime e que não dá direito a ser aceito na distinta sociedade dos criminosos.

Duelo *subst. masc.*
Uma cerimônia formal, que precede a reconciliação de dois inimigos pessoais. Exige-se grande habilidade, para que se realize a contento; por outro lado, pode às vezes levar a conseqüências extremamente inespe-

radas e tristes. Há muito tempo alguém chegou até a perder a vida num duelo.

Falta de arrependimento *locução*
Um estado de espírito que se alterna temporariamente entre a culpa e a penitência.

Forca *subst. fem.*
Palco para a representação de milagres, nos quais o ator principal é levado ao céu. Neste país, a forca é notável principalmente por causa da quantidade de pessoas que escapam dela.

Fronteira *subst. fem.*
Em geografia política: uma linha imaginária entre dois Estados, que separa os direitos imaginários de um dos direitos imaginários do outro.

Guilhotina *subst. fem.*
Um aparelho que faz com que um francês dê de ombros por um bom motivo.

Habeas corpus *locução*
Uma lei, segundo a qual uma pessoa pode ser libertada da prisão ao ser presa por falso delito.

Homicídio *subst. masc.*
O assassinato de uma pessoa cometido por outra. Há quatro tipos de homicídio: culposo, desculpável, justificado e louvável. No entanto, para o assassinado não

interessa absolutamente o tipo de que foi vítima – a classificação só é de utilidade para os juristas.

Imunidade *subst. fem.*
Juridicamente: riqueza.

Indultar *verbo trans. dir.*
Revogar uma pena e expor alguém novamente a uma vida criminosa. Acrescentar à atração exercida pelo crime a tentação da ingratidão.

Injustiça *subst. fem.*
Uma carga que, como todas, imputamos a outros ou carregamos nós mesmos, mais facilmente com as mãos e com mais dificuldade nas costas.

Integridade *subst. fem.*
Uma virtude poderosa e resistente, que uma vez foi encontrada entre os habitantes da região inferior da península de Oqu. Missionários que retornaram de lá fizeram algumas fracas tentativas de introduzi-la em vários países europeus, mas, ao que tudo indica, sem nenhum sucesso.

Juramento *subst. masc.*
Em direito: a apelação solene a um ser divino, que prevê para a consciência uma pena em caso de perjúrio.

Justiça *subst. fem.*
Uma mercadoria que o Estado vende ao cidadão numa condição mais ou menos adulterada como recompensa

por sua fidelidade, seus impostos e seus serviços prestados.

Ladrão *subst. masc.*
Um comerciante sincero. Conta-se a respeito de Voltaire que, certa noite, juntamente com outros companheiros de viagem, ele parou numa hospedaria para descansar. Após o jantar, eles se reuniram e começaram a contar, um por vez, histórias de ladrões. Quando chegou sua vez, Voltaire disse: "Era uma vez um arrendatário geral de impostos". Como se calara, alguém o convidou a continuar. "Essa é a história", respondeu.

Legal *adj.*
De acordo com o desejo do juiz em exercício.

Moral *adj.*
Em concordância com uma norma jurídica local e mutável. Vantajosa para todos.

> Dizem que há uma
> montanha em que, pela manhã,
> certa maneira de viver
> e certos costumes seriam considerados
> imorais numa encosta e
> muito respeitados na
> outra; portanto, ao viajante
> que atravessa a montanha
> é permitido descer tanto
> para um lado
> quanto para o outro, do jeito

que lhe aprouver, sem medo nem prejuízo.
Meditações de Gooke

Narcótico *subst. masc.*
Uma porta destrancada na prisão da identidade. Ela conduz ao pátio da prisão.

Pelourinho *subst. masc.*
Um dispositivo mecânico para pôr alguém em evidência. O protótipo do jornal moderno, que é feito de personalidades com hábitos austeros e modo de vida irrepreensível.

Polícia *subst. fem.*
Uma tropa armada para proteger e para tomar parte.

Prazo de clemência *locução*
Uma anulação temporária da hostilidade contra um criminoso condenado, para dar às autoridades a oportunidade de provar se o promotor não está com o crime pesando na consciência. Cada pausa na continuidade de uma expectativa desagradável.

Precedente *subst. masc.*
Em direito: uma decisão, regra ou costume anterior que, na ausência de um dispositivo-lei indubitável, tem a força e a autoridade que um juiz quiser lhe dar, o que lhe permite facilitar consideravelmente para si mesmo a tarefa de fazer o que lhe agrada. Como há preceden-

tes para tudo, ele só precisa ignorar aqueles que vão contra seus interesses e dar mais peso àqueles que combinam com seus desejos. A invenção do precedente eleva os debates judiciais da forma ínfima de uma prova ocasional de inocência ao distinto nível de uma arbitrariedade influenciável.

Prerrogativa *subst. fem.*
O direito do soberano de cometer injustiça.

Processo *subst. masc.*
Uma investigação formal, que tem o objetivo de comprovar e fazer constar o caráter imaculado de juízes, advogados e jurados. Para isso é necessário que uma pessoa sirva de contraste, sob forma do chamado acusado, prisioneiro ou incriminado. Para tornar esse contraste suficientemente evidente, essa pessoa precisa sofrer, de modo que seja concedido àqueles virtuosos senhores um sentimento agradável não apenas para seu valor, mas também para sua imunidade. Nos dias de hoje, o acusado geralmente é uma pessoa ou um socialista, mas na Idade Média instauravam-se processos também contra animais, peixes, répteis e insetos. Um animal que tivesse matado uma pessoa, ou que fosse levado à bruxaria, era legalmente aprisionado, acusado e, de acordo com o julgamento, executado pelo carrasco. Insetos que infestassem trigais, pomares ou vinhedos eram intimados a se fazer representar por um advogado diante de um tribunal civil, e, se ainda persistissem *in contumaciam* após o levantamento das provas, a deliberação e o julgamento, o fato era leva-

do a um supremo tribunal religioso, onde eram solenemente excomungados e amaldiçoados. Numa estrada de Toledo, dois porcos que tinham maldosamente passado correndo por debaixo das pernas do vice-rei, fazendo-o cair, foram presos com base num mandado de prisão, levados a julgamento e punidos. Em Nápoles um asno foi condenado à morte na fogueira, mas a sentença parece não ter sido executada. Apoiando-se em atos judiciários, D'Addosio relata inúmeros processos contra porcos, touros, cavalos, galinhas, cachorros, cabras etc. que, segundo se acredita, serviram para melhorar seu comportamento e sua moral. Em 1451 foi feita uma queixa contra as sanguessugas que infestavam alguns lagos nas proximidades de Berna, e o bispo de Lausanne, aconselhado por professores da Universidade de Heidelberg, deu ordem para que alguns dos "vermes das águas" comparecessem diante do tribunal local. Assim ocorreu e foi ordenado às sanguessugas — tanto às presentes quanto às ausentes — que abandonassem o local infestado no prazo de três dias, caso contrário seriam condenadas à "maldição de Deus". Nos volumosos protocolos dessa *cause célèbre* não se encontra qualquer indício que nos revele se os delinqüentes receberam a pena imposta, ou se abandonaram de imediato aquela comarca tão pouco hospitaleira.

Projétil *subst. masc.*
O juiz definitivo em disputas internacionais. Em tempos remotos, tais disputas eram decididas mediante contato físico dos litigantes, e isso com os simples ar-

gumentos que a lógica rudimentar da época era capaz de fornecer: com a espada, a lança etc. Quando a cautela nos assuntos militares aumentou, o projétil começou a gozar de preferência cada vez maior; atualmente é bastante considerado pelos mais corajosos. Seu principal defeito é que ele exige a presença pessoal no local do tiro.

Prova *subst. fem.*
Uma declaração, cuja probabilidade supera a improbabilidade por muito pouco. A declaração de duas testemunhas fidedignas em contraposição à de apenas uma.

Recorrer *verbo trans. indir.*
Em direito: recolher os dados para um novo lance.

Represália *subst. fem.*
O rochedo natural, sobre o qual se ergue o templo da lei.

Saquear *verbo trans. dir./intr.*
Privar alguém de sua propriedade, sem manter a clandestinidade devida e habitual do roubo. Realizar uma troca de bens com a colaboração sem cerimônia de uma banda de sopro. Transferir à força a riqueza de uma pessoa (A) para uma outra (B) e fazer com que uma terceira (C) lamente a oportunidade perdida.

Suspeitar *verbo trans. dir.*
Atribuir a outrem delitos que você mesmo não foi levado a cometer porque não teve oportunidade.

§ 1 Ordem jurídica

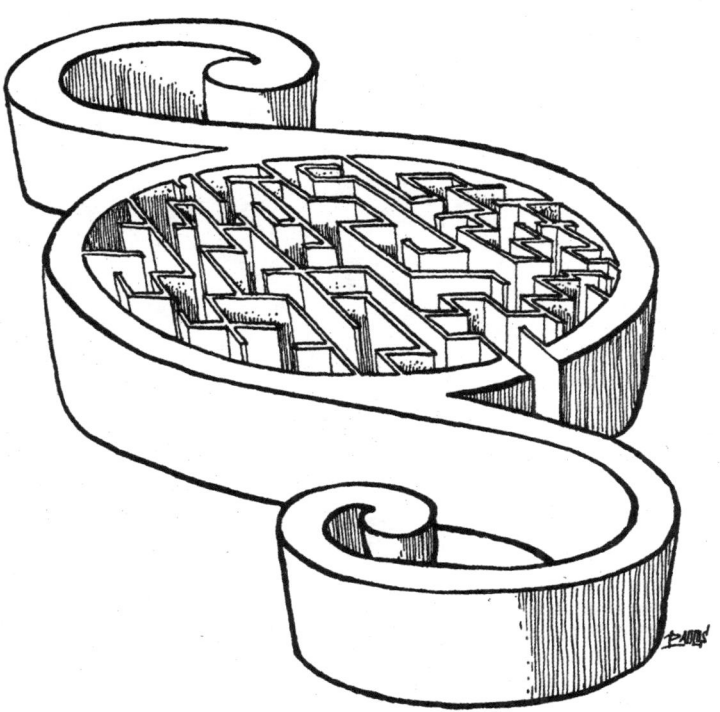

Deus
Contra o espírito da justiça

1. Não julgueis, para não serdes julgados.
2. Pois, com o mesmo julgamento que julgais, sereis julgados; e, com a mesma medida que medis, sereis medidos.
3. Mas como é que vês o cisco no olho de teu irmão e não percebes a trave no teu olho?
4. Ou como ousas dizer a teu irmão: Pára, quero tirar o cisco de teu olho? E vê, há uma trave no teu.
5. Hipócrita! Tira primeiro a trave de teu olho; depois, vê como tirar o cisco do olho do teu irmão.
6. Não deveis dar o sagrado aos cães, e não deveis atirar vossas pérolas aos porcos, para que eles não as pisoteiem e se voltem contra vós e vos destruam.

Johann Wolfgang Goethe
Doença eterna

Mefistófeles: Mas então escolhei uma faculdade!
Aluno:

Não consigo me sentir à vontade na erudição do direito.
Mefistófeles: Não posso levar-vos tão a mal, sei do que trata esta matéria.
Herdam-se lei e direitos
Como uma doença eterna;
Elas são carregadas de geração a geração
E se movem devagarinho de um lugar para outro.
A razão se torna insensata; o benefício, praga:
Ai de ti, que és um descendente!
Do direito, que nasceu conosco,
Dele, infelizmente, nunca se fala.
Aluno: Minha aversão aumenta por vossa causa.
Oh, feliz daquele que vós ensinais!

Kurt Tucholsky
Deve haver ordem!

Está tão quente que não consigo dormir, e já tomei comprimidos de Bromural, mas eles também não estão ajudando. Sem licença poética, rolo insone em meu escasso leito...

Ouça, uma vozinha! E de que tipo! Esta é a voz que um homem adulto costuma ter à uma e meia da madrugada, quando ele – mas de onde esse cara tirou toda essa bebida que o deixou nesse estado? Pois com certeza está fora de si. Escutem só como faz barulho!

"Vou eliminar todos juntos – eu! – um revólver – eles não vão pichar a cerca, meu senhor, eles não." Pelo

visto há outras vozes graves trabalhando para reprimir o furioso, mas parece que não está adiantando muito. "O que – o que vocês querem de mim?", rosna. E se ele bater agora? Estou com muita preguiça para me levantar. E agora eles o estão trazendo para a cama – o estrondo se desloca... Crash!, soa. E mais uma vez: crash – bum! O homem com os drinques a mais deve ter estilhaçado as vidraças de um apartamento. Grande discussão. "Esse homem tem de ir embora – ele está destruindo tudo!" (Como se na Alemanha isso fosse um motivo para se ter de ir embora – que bobagem!) – "Basta colocá-lo num táxi, e o caso está resolvido!"
Ao que tudo indica, o caso está mesmo resolvido, pois agora tudo está quieto.
E, no entanto, lá estão de fato as quatro probas vozes graves vindas da rua – e o que estão fazendo? Estão discutindo a situação jurídica. Analisam cuidadosamente e em detalhes qual motivo levaria esse homem a ser julgado, acusado e preso. Eles mesmos já perderam a prática, mas, de qualquer modo, o caso precisa ser esclarecido juridicamente antes de irem para a cama. Um deles alega perturbação da ordem e barulho em local público – evidentemente um *delictum sui generis* –, outro é pela destruição de bens materiais, e outro deduz a partir do triste acontecimento um direito de denúncia do zelador. E agora lá estão eles – mas sou eu que preciso me levantar – lá estão eles sob o luar, vacilantes, quatro homens bem no meio de uma calçada vazia, inteiramente fora de prumo, e discutin-

do a situação jurídica. As folhas farfalham docemente, e os quatro homens alemães têm cinco opiniões diferentes. Deus abençoe este país!

Há um velho ditado: "Quando o alemão cai, ele não se levanta, mas olha em torno para ver quem irá indenizá-lo."

Tomara que ele se levante logo!

Art Buchwald
Apenas sem comprometimento

Conheço vários cidadãos honestos que testemunharam um crime e não moveram uma palha. Eles desculparam seu comportamento dizendo que não queriam se intrometer no assunto.

Se esse complexo de não-intromissão se acentuasse, em pouco tempo poderia ocorrer a seguinte cena:

Uma rua escura, um homem está voltando do trabalho para casa. Das sombras salta à sua frente um bandido. "O dinheiro ou a vida!"

"Por favor, eu gostaria de não ter nada a ver com isso."

"O que o senhor quer dizer com não ter nada a ver com isso? Eu o estou ameaçando."

Nesse momento, um homem passa no local. "Oi, Harry, o que está fazendo aqui fora a uma hora dessas?

"Estou sendo ameaçado por esse cara."

"Eu não vi nada", diz o segundo homem, e sai correndo.

"Vamos, passe logo o dinheiro!", ordena o bandido armado.
"Está cometendo um erro. Suponhamos que a polícia o prenda. Vou ser intimado a depor. O senhor sabe quanto tempo isso vai me tomar? Talvez demore meses até que seu caso seja julgado."
No momento em que o criminoso saca sua pistola, abre-se uma janela, e a mulher do homem chama: "Harry, por que você não entra?"
"Eu não posso. Aqui embaixo tem um cara me ameaçando."
"Não queremos encrenca. Diga a ele que vá embora."
"Não posso. Ele quer o meu dinheiro. Talvez fosse bom você chamar a polícia."
"Não quero me meter, Harry", retrucou sua esposa.
Uma segunda janela se abre. "O que está acontecendo aí embaixo?"
A mulher do homem grita: "O Harry está sendo ameaçado."
"Diga-lhe que ele deveria ir para outra rua. Vai acabar fazendo nosso bairro criar má fama."
"Vamos, moço, vai acabar acordando toda a vizinhança", diz o ladrão. "Vou lhe dar mais um minuto, depois eu atiro."
"Meu bom homem, se não fosse toda essa chateação, eu lhe daria o meu dinheiro. Mas, em vez disso, vou lhe dar uma bela de uma pancada na cabeça."
Harry pega seu guarda-chuva e acerta o bandido com um golpe na cabeça. O bandido está tão surpreso, que deixa cair a pistola. Harry continua a bater nele,

até que o bandido perde a consciência. Nesse momento, passa por ali uma patrulha, e os policiais saltam para fora do carro. Vêem o homem estendido no chão, a pistola perto dele.

"O que aconteceu?", pergunta um policial.

"Não vi nada", diz Harry. "Estava passando por aqui, e o homem caiu desmaiado. Deve ser por causa do calor. Ou talvez ele tenha comido alguma coisa que não lhe fez bem."

Bonaventura
Sétima vigília

Finalmente vi com clareza como o ser humano, enquanto tal, não vale mais nada e não tem nada seu aqui na Terra, a não ser o que adquiriu ou lutou para conseguir. Oh, como eu me irritava com o fato de que mendigos, vagabundos e outros pobres coitados, entre os quais me incluo, não reclamavam o direito do mais forte, e de que este era concedido apenas aos príncipes, que o exercem em larga escala, como se ele fizesse parte da sua soberania; mas, se realmente não consegui encontrar nem um pedacinho de chão para nele me instalar, é porque eles haviam repartido entre si e fragmentado cada palmo de terra e simplesmente nem quiseram saber do direito natural, como o único positivo e válido para todos, mas antes tinham em cada cantinho seu direito especial e sua crença particular;

em Esparta louvavam o ladrão que tivesse grande habilidade em roubar, e logo ao lado, em Atenas, eles o enforcavam.

Acabei tendo de agarrar alguma coisa para não morrer de fome, já que eles haviam pegado para si todos os bens disponíveis na natureza, desde as aves sob o céu até os peixes na água, e não queriam me dar nem mesmo uma semente de fruta sem que lhes pagasse muito bem em dinheiro. Escolhi a primeira e melhor das profissões, com a qual eu podia cantá-los e a seus feitos, e me tornei rapsodo como o cego Homero, que enquanto poeta também precisou viajar de um lado para outro.

Sangue é o que mais apreciam, e, quando eles mesmos não conseguem fazê-lo jorrar, adoram vê-lo escorrer por toda parte em quadros, poemas e na própria vida; de preferência em grandes batalhas. Sendo assim, eu cantava para eles histórias de assassinatos e disso tirava meus proventos; isso mesmo, comecei a me incluir entre os membros úteis ao Estado, entre os mestres de esgrima, os fabricantes de armas, os moleiros de pólvora, os ministros da guerra, os médicos etc., pois, ao que consta, todos eles trabalham com a morte nas mãos, e comecei a ter uma boa opinião de mim mesmo, na medida em que me esforçava para robustecer meus ouvintes e alunos e acostumá-los a cenas sangrentas.

Finalmente, porém, as cenas menores de assassinatos começaram a me enjoar, e passei a ousar falar de maiores – de assassinatos da alma pela Igreja e pelo

Estado, para os quais escolhia bons exemplos históricos –; de vez em quando eu também me valia de pequenos deleites episódicos de assassinatos mais leves, como o da honra abatida pela insídia da boa reputação, do amor defendido por jovens frios e sem coração, da confiança traída por falsos amigos, da justiça ditada pelos tribunais, da razão saudável prescrita pelos éditos de censura, e assim por diante. Mas isso acabou, e em pouco tempo se instauraram mais de cinqüenta processos de calúnia contra mim. Compareci ao tribunal como meu próprio *advocatus diaboli*; diante de mim estavam sentados à távola redonda cerca de meia dúzia com a máscara da justiça diante do rosto, sob a qual ocultavam em parte a própria fisionomia maliciosa, em parte um semblante digno de Hogarth. Eles entendem a arte de Rubens, que com um único traço transforma um rosto sorridente noutro em prantos, e utilizam-na em si mesmos, assim que se recostam nas poltronas do tribunal, a fim de que as pessoas não tendam a vê-las como simples cadeiras de condenados à morte. Após ter sido duramente admoestado a dizer a verdade a respeito das acusações que me haviam sido imputadas, comecei a seguinte ladainha:

"Vossas Excelências! Estou diante de vós como acusado de injúria, e depõem contra mim todos os *corpora delicti*, dentre os quais estou fortemente decidido a contar também os senhores, na medida em que se poderia ver como *corpora delicti* não apenas os objetos com os quais se pode cometer um determinado delito, como alavancas, escadas e coisas do gênero, mas também os próprios corpos nos quais mora o delito. Então não seria ruim se os senhores conhecessem os delitos não apenas como bons teóricos, mas também o compreendessem do ponto de vista de empenhados praticantes, do mesmo modo como alguns poetas se queixam seriamente de seus críticos, que nunca teriam sido capazes de escrever uma única linha e, no entanto, pretendem julgar versos; – e o que Vossas Excelências responderiam se lhes fosse dado um caso difícil de resolver e, seguindo aquela analogia, um ladrão, um adúltero ou qualquer outro malandro da mesma espécie quisesse julgar-vos e não vos reconhecesse como críticos competentes em sua área, pelo fato de os senhores ainda não terem apresentado nenhum tipo de experiência prática?

De fato, as leis parecem também apontar para isso e em muitos casos os eximem, enquanto membros da justiça, dos delitos, permitindo, por exemplo, que os senhores estrangulem impunemente, golpeiem com a espada, batam com a maça, incendeiem, saqueiem, enterrem vivos, esquartejem e torturem; – delitos graves, de cuja punição apenas os senhores podem escapar. Sim, e também em delitos menores, e especificamente no caso em que me encontro agora aqui como acusado, os senhores saem impunes; sendo assim, a lei 13 §§ 1 e 2 de *iniuriis* lhes permite injuriar até mesmo aqueles que os senhores mantêm presos em sua rede de justiça por motivo de injúria.

É inacreditável a quantidade de vantagens que poderiam fluir para o Estado a partir desta instituição;

por exemplo, um bom número de delitos não poderia mais ser revelado se os respectivos membros da justiça visitassem pessoalmente as casas de prazer e lá se divertissem, para assim provar sem mais delongas a culpa dos envolvidos; se do mesmo modo eles, como bandidos, se misturassem a outros bandidos apenas para poder enforcar seus camaradas; ou, se eles próprios quisessem cometer adultério, para poder conhecer as eventuais adúlteras e afins que sentem prazer e amor por esse tipo de crime e são vistos como elementos prejudiciais ao Estado.

Deus do céu, a benevolência de tal instituição é tão clara que não preciso acrescentar mais nada, e espero apenas que minha despretensiosa proposta tenha servido para a metade da minha absolvição.

Vou então passar à minha própria defesa, Vossas Excelências! De acordo com a alínea *b*, fui acusado de *iniuria oralis*, mais precisamente, de uma injúria *cantada*. Quanto a isso eu já poderia encontrar um motivo para comprovar a nulidade da acusação, na medida em que cantores evidentemente se incluem na casta dos poetas, e, como esses últimos não visam a nenhuma tendência que siga a nova escola, deveria ser permitido a eles, em seu entusiasmo, injuriar e blasfemar quanto quisessem. Sim, isso já seria um bom motivo para que esse delito não fosse imputado a um poeta ou cantor, porque o entusiasmo é comparável à embriaguez, o que sem dúvida o libera da pena, pois, se o embriagado não chega a tal estado por culpa própria, evidentemente o mesmo não pode acontecer com um entusiasta, uma vez que o entusiasmo é um dom divino. – Desse modo, quero formular minha defesa de maneira ainda mais concisa, e por esse motivo remeto os senhores aos estudos dos nossos novos professores de direito de grande importância, nos quais se demonstra claramente que a justiça simplesmente não tem nada a ver com a moralidade, e que apenas um ato que fira os direitos *externos* poderia ser imputado como um delito de direito. Entretanto, injuriei e feri moralmente, e por isso rejeito a acusação diante desse júri por considerá-la insuficiente, na medida em que, como pessoa moral, encontro-me sob o foro privilegiado de um outro mundo.

Pois bem. Uma vez que aqueles que abdicaram do direito à honra não podem sofrer nenhum tipo de injúria – segundo *Weber* em seu primeiro parágrafo sobre injúrias, p. 29 –, eu também posso concluir, conforme essa analogia, que tenho o direito de cobri-los de todo tipo de injúrias morais aqui nesta sede do tribunal, já que os senhores, enquanto jurisconsultos e membros da justiça, simplesmente se separaram da moralidade; sim, se ouso chamá-los de imorais frios e insensíveis, embora sejam também prudentes e justos, isso deve ser considerado muito mais como uma apologia do que como uma injúria, e, portanto, refuto cada uma das reivindicações legais que partiram daqui por serem insuficientes."

Nesse momento, calei-me, e todos os seis se encararam por um instante, sem tomar uma decisão; eu aguardava calmamente. Se eles tivessem me atribuído como pena a polé, o ecúleo, a estrapada, o açoite, ou até mesmo se me rasgassem o corpo, o que é considerado muito honroso no Japão, eu teria ficado mais satisfeito do que com a maldade praticada pelo primeiro amigo do direito e presidente, quando este proferiu a sentença de que eu simplesmente não poderia ser responsabilizado pelo crime que me fora imputado, na medida em que eu deveria ser enquadrado entre os de mente *captis* e que meu delito deveria ser visto como conseqüência de uma demência parcial, motivo pelo qual eu deveria ser enviado sem demora ao sanatório de doentes mentais.

É demais, e hoje não quero continuar a recapitular, prefiro ir dormir.

Franz Kafka
Diante da lei

Diante da lei encontra-se um porteiro. A esse porteiro chega um homem do interior e pede permissão para entrar na lei. No entanto, o porteiro diz que não pode lhe permitir a entrada naquele momento. O homem pensa um pouco e pergunta se mais tarde poderá entrar. "É possível", diz o porteiro, "mas agora não." Como a porta que conduz à lei está sempre aberta e o porteiro afasta-se um pouco, o homem inclina-se para ver o interior pelo portão. Ao notá-lo, o porteiro ri e diz: "Se você está se sentindo tão atraído, tente entrar, apesar da minha proibição. Mas atenção: sou forte. E sou apenas o porteiro menos qualificado. Cada sala possui seu porteiro, um mais poderoso que o outro. Só a imagem do terceiro é insuportável até mesmo para mim." Tais dificuldades não eram esperadas pelo homem do interior; a lei deveria ser sempre acessível e para qualquer um, ele pensa, mas quando olha com mais atenção para o porteiro com seu casaco de pele, seu nariz pontudo e a barba longa, fina e escura, prefere esperar até receber a permissão para entrar. O porteiro lhe dá um banquinho e diz-lhe para sentar-se ao lado da porta. Lá fica sentado por dias e anos. Faz várias tentativas para que permitam sua entrada e cansa o porteiro com suas súplicas. Freqüentemente o porteiro o submete a pequenos interrogatórios, pergunta-lhe sobre sua terra natal e sobre muitas outras coisas, mas são perguntas desinteressadas, como as que são feitas por gente importante, e por fim ele sempre lhe repete que ainda não pode permitir-lhe a entrada. O homem, que havia se equipado muito bem para sua viagem, utiliza tudo, até mesmo as coisas mais valiosas, para tentar subornar o porteiro. Esse, na verdade, aceita tudo, mas sempre dizendo: "Só estou aceitando para que você não ache que está perdendo alguma coisa." Durante os vários anos o homem observa o porteiro quase ininterruptamente. Ele se esquece dos outros porteiros e esse lhe parece ser o único obstáculo para entrar na lei. Amaldiçoa o infeliz acaso, nos primeiros anos indelicadamente e em voz alta, e, conforme vai ficando mais velho, apenas resmunga para si mesmo.

Torna-se infantil e, como já conhecia até mesmo as pulgas da gola do casaco de peles do porteiro, depois de ter passado tantos anos a estudá-lo, pede também a elas que o ajudem a fazê-lo mudar de idéia. Por fim, sua visão vai se tornando fraca, e ele não sabe se realmente está ficando escuro em volta dele ou se são apenas seus olhos que o estão enganando. Porém, no escuro reconhece um brilho ininterrupto que vem da porta da lei. Ele já não vai viver por muito tempo. Diante da sua morte, todas as experiências vividas ali durante aquele período reúnem-se na sua mente sob a forma de uma pergunta que até aquele momento ele não fizera ao porteiro. Acena para ele, pois não consegue mais endireitar seu corpo entorpecido. O porteiro precisa se inclinar bem para baixo até chegar a ele, pois a diferença de tamanho mudou muito em desfavor do homem. "O que você ainda quer saber?", pergunta o porteiro, "você é insaciável." "Todos se esforçam para alcançar a lei", responde o homem, "por que, então, em todos esses anos ninguém além de mim pediu permissão para entrar?" O porteiro reconhece que o homem está próximo do seu fim e, para se fazer entender pelo que ainda lhe resta da capacidade auditiva, grita: "Ninguém mais poderia pedir permissão para entrar aqui, pois esta entrada era reservada apenas para você. Agora vou até lá fechá-la."

§ 2 Leis básicas

Deus

Os dez mandamentos

O vigésimo capítulo

Os dez mandamentos sagrados

1. E Deus pronunciou todas estas palavras:
2. Sou o Senhor teu Deus, que te conduziu para fora do Egito, da casa da escravidão.
3. Não terás nenhum outro deus além de mim.
4. Não farás nenhuma imagem, nem cópia do que há lá em cima no céu ou aqui na terra, ou do que esteja nas águas sob a terra.
5. Não as adorarás nem as servirás. Pois eu, o Senhor teu Deus, sou um deus zeloso, que castiga o erro dos pais nos filhos até a terceira e quarta geração dos que me odeiam;
6. e que faz misericórdia aos milhares que me amam e respeitam meus mandamentos.
7. Não tomarás em vão o nome do Senhor teu Deus; pois o Senhor não deixará de castigar aquele que faz mau uso de Seu nome.

8. Lembra-te de santificar o dia de Sábado.
9. Trabalharás seis dias e farás tudo o que é necessário;
10. mas o sétimo dia é consagrado ao Senhor teu Deus; nesse dia não farás obra alguma nem tu, nem teu filho, nem tua filha, nem teu criado, nem tua criada, nem teu gado, nem o estrangeiro que vive das tuas portas para dentro.
11. Pois em seis dias o Senhor fez o céu, e a terra, e o mar, e tudo o que eles contêm, e descansou no sétimo dia. Por isso o Senhor abençoou o sétimo dia e o santificou.
12. Honrarás a teu pai e tua mãe, para que vivas longo tempo sobre a terra que o Senhor teu Deus te dá.
13. Não matarás.
14. Não cometerás adultério.
15. Não roubarás.
16. Não levantarás falso testemunho contra teu próximo.
17. Não cobiçarás a casa de teu próximo. Não cobiçarás a mulher de teu próximo, nem seu servo, nem sua serva, nem seu boi, nem seu asno, nem coisa alguma que lhe pertencer.
18. E todo o povo viu o trovão, e o raio, e o som da trombeta, e a montanha fumegar. Mas, assim que viram tal coisa, fugiram e ficaram ao longe
19. e disseram a Moisés: fala tu conosco, queremos ouvir; e não permitas que Deus fale conosco, não queremos morrer.

O vigésimo primeiro capítulo

Leis sobre a servidão, o homicídio e ferimentos

1. Estes são os direitos que lhes deves propor:
2. Se comprares um servo hebreu, ele te servirá por seis anos; no sétimo ano sairá forro de graça.
3. Se ele vier sem mulher, também sairá sem mulher; mas, caso venha acompanhado, sua mulher irá embora com ele.
4. Mas, se seu senhor lhe deu uma mulher, e dela ele teve filhos ou filhas, a mulher e os filhos serão de seu senhor, e ele sairá sem a mulher.
5. Mas, se o servo disser: amo meu senhor, e minha mulher, e meus filhos, não quero minha liberdade,
6. então seu senhor o conduzirá diante dos "deuses" e o encostará na porta ou no umbral, e furará sua orelha com uma sovela, e ele será seu servo eternamente.
7. Caso alguém venda sua filha como criada, esta não sairá como os servos.
8. Mas, caso ela desagrade ao seu senhor e ele não queira esposá-la, ele a libertará. Mas não poderá vendê-la a um povo estrangeiro por tê-la desprezado.
9. Se, porém, ele a confiar a seu filho, ele terá direitos de filha sobre ela.
10. Caso ele case seu filho com outra, não deixará faltar à primeira alimentação, vestimenta e a obrigação marital.
11. Se ele não fizer essas três coisas, libertá-la-á sem exigir nenhum resgate.

12. Quem espancar uma pessoa até a morte também morrerá.

13. Se ele a matou não por traição, mas porque Deus a fez cair em suas mãos, eu te indicarei um lugar onde possa se refugiar.

14. Quando, porém, alguém usar de astúcia para eliminar o próximo, terás de retirá-lo do meu altar para ser morto.

15. Quem espancar pai ou mãe morrerá.

16. Quem raptar uma pessoa e vendê-la, ou ocorrer de ser encontrada em sua casa, morrerá.

17. Quem amaldiçoar pai ou mãe morrerá.

18. Caso dois homens discutam entre si e um fira o outro com uma pedra ou com o próprio punho, de modo que ele não morra, mas fique de cama,

19. se ele se levantar, mesmo que apoiado num bordão, aquele que o feriu deverá ser absolvido, devendo-lhe pagar somente pelo tempo que perdeu e dar-lhe o dinheiro para o tratamento médico.

20. Quem bater com uma vara em seu servo ou sua criada, de modo que eles morram em suas mãos, será punido por esse crime.

21. Mas, caso algum deles sobreviva por um ou dois dias, quem bateu não será punido, pois é seu dinheiro.

22. Se dois homens brigarem e ferirem uma mulher grávida, causando um aborto, mas sem maior dano, o culpado deverá indenizar quanto lhe exigir o marido da mulher, e ele terá de pagar o que os juízes determinarem.

23. Mas, se lhe causar um dano grave, então dará vida por vida.

24. Olho por olho, dente por dente, mão por mão, pé por pé,
25. queimadura por queimadura, ferimento por ferimento, contusão por contusão.
26. Se alguém bater no olho do seu servo ou da sua criada e deixá-los cegos, deverá libertá-los pelo olho.
27. Do mesmo modo, se fizer cair um dente de seu servo ou serva, deverá libertá-los pelo dente.
28. Se um boi chifrar um homem ou uma mulher e causar sua morte, o boi será apedrejado, e sua carne não deverá ser comida; neste caso, o dono do boi não tem culpa.
29. Mas, se o boi já fez isso antes com o conhecimento do dono, e alguém morrer por ele não ter sido preso, o boi deverá ser apedrejado e seu dono deverá morrer.
30. Mas, se lhe exigirem um resgate por sua vida, ele dará o que lhe exigirem, para salvá-la.
31. O dono do touro estará sujeito às mesmas penas se as vítimas forem um filho ou uma filha.
32. Caso, porém, ele chifre um servo ou uma serva, seu dono dará ao seu senhor trinta moedas de prata, e o boi será apedrejado.
33. Se alguém cavar um buraco e deixá-lo aberto, e nele cair um boi ou um asno,
34. o dono do buraco indenizará o outro com dinheiro; mas o animal morto será seu.
35. Se o boi de alguém chifrar o boi de outra pessoa e este morrer, eles venderão o boi vivo e repartirão o dinheiro e o animal morto.
36. Mas, se for sabido que o boi já chifrara antes e

seu dono não o manteve preso, este dará o boi vivo ao outro e ficará com o animal morto.

37. Se alguém roubar um boi ou uma ovelha e os abater ou vender, deverá devolver cinco bois por um e quatro ovelhas por uma.

O vigésimo segundo capítulo

Leis contra danos à propriedade do próximo, contra a repressão dos pobres e oprimidos

1. Se um ladrão for surpreendido durante um arrombamento e for espancado até a morte, quem o feriu não será julgado pelo assassinato.
2. Mas, se cometer tal crime depois que o dia amanhecer, deverá haver julgamento pelo sangue derramado. O ladrão deverá restituir o que roubou; caso não tenha nada, será vendido por causa de seu furto.
3. Se aquilo que roubou se encontrar vivo em seu poder, quer seja boi, asno ou ovelha, será restituído em dobro.
4. Se alguém destruir uma plantação ou vinha por deixar seu gado pastar em lavoura alheia, deverá pagar com o melhor de sua própria lavoura ou vinha.
5. Se um incêndio se alastrar atingindo os espinheiros e queimando as medas ou os grãos que ainda existam, ou o campo arado, aquele que provocou o fogo pagará pelos prejuízos.
6. Se alguém confiar a seu próximo dinheiro ou

bens, e esses forem roubados de sua casa, caso o ladrão seja encontrado, terá de restituir em dobro;

7. mas, caso o ladrão não seja encontrado, o dono da casa deve ser levado diante dos "deuses", para provar que não colocou a mão nos bens do seu próximo.

8. Se uma pessoa acusar outra de tê-la prejudicado, seja por um boi, um asno, uma ovelha, por vestimentas ou qualquer outra coisa que tenha sido perdida, ambas deverão ser levadas diante dos "deuses". Aquele que for condenado pelos "deuses" deverá restituir em dobro ao seu próximo.

9. Se alguém pedir a seu próximo que cuide de um asno, ou de um boi, ou de uma ovelha, ou de qualquer outro tipo de gado, e este morrer ou sofrer algum dano, ou for afugentado sem que ninguém veja,

10. ambos deverão prestar um juramento de que nenhum dos dois pôs a mão nos bens do seu próximo; e o dono dos bens deverá recebê-los de volta, sem que o outro deva pagar qualquer coisa.

11. Caso, porém, esse seja roubado por um ladrão, ele deverá pagar ao seu dono.

12. Mas, se o animal for dilacerado, ele deverá apresentar uma testemunha e não pagará.

13. Se alguém pedir alguma coisa emprestada ao seu próximo e ela vier a sofrer algum dano ou morrer na ausência do dono, o primeiro deverá restituí-la.

14. Mas, caso o dono esteja presente, o outro não deverá pagar.

15. Se alguém seduzir uma virgem que ainda não estava comprometida e dormir com ela, esse deverá pagar o seu dote e tomá-la por esposa.

16. Caso, porém, o pai dela se recuse a dá-la, o outro deverá pagar em dinheiro o valor do dote de uma virgem.
17. Não deixarás viver as feiticeiras.
18. Quem copular com um animal será castigado de morte.
19. Quem fizer oferendas aos deuses e não apenas ao Senhor será banido.
20. Não afligirás nem oprimirás o estrangeiro; pois vós também fostes estrangeiros na terra do Egito.
21. Não fareis mal a viúvas e órfãos.
22. Se os afligirdes, eles clamarão por mim e eu ouvirei seus gritos;
23. e minha ira se manifestará, e eu vos matarei com a espada, e vossas esposas ficarão viúvas, e vossos filhos, órfãos.
24. Se emprestares dinheiro a alguém de meu povo, que seja pobre em comparação a ti, não lhe causarás mal algum nem lhe cobrarás juros.
25. Se tomares uma peça de roupa de teu próximo como penhor, deverás devolvê-la antes que o sol se ponha;
26. pois sua roupa é a única coisa que lhe cobre a pele enquanto dorme. Mas, se ele clamar por mim, eu ouvirei, pois sou misericordioso.
27. Não falarás mal dos "deuses" e não amaldiçoarás o príncipe de teu povo.
28. Não conservarás para ti a abundância e a seiva de teus frutos. Terás de me consagrar teu primogênito.
29. O mesmo farás dos teus bois e das tuas ovelhas. Deixá-los-ás ficar sete dias ao lado da mãe, no oitavo dia terás de oferecê-los a mim.

30. Diante de mim sereis santos; por isso não comereis da carne que tenha sido dilacerada no campo por animais, mas sim jogá-la-eis aos cães.

Robert Gernhardt
Uma lei para a humanidade

Berlim, 1962
Apesar do seu recolhimeno, Arnold Hau sabe o que está acontecendo no mundo.
"Já há anos observo a ruptura de todas as ordens", diz-me ele. "De onde se origina a falta de rumo do mundo de hoje? De onde vem a multiplicidade desregrada? De onde surgem as cisões que atravessam os povos, as famílias? Por que um diz 'A!' e o outro diz 'B!'? Porque – eu sei que meus pensamentos não são atuais –, porque está faltando a lei. Melhor ainda: ela está lá, mas as pessoas se esqueceram dela e reprimiram-na. Agora formulei os fatos de maneira diferente. Dou ao mundo uma lei, depende dele aceitá-la. Depende dele!"
Hau manda que imprimam suas leis em editora própria e as envia às redações de todos os jornais e revistas. Mas ninguém lhe dá qualquer retorno.
Por esse motivo, aqui encontram-se impressas as leis de Hau, para que, se já for tarde demais, ninguém mais possa dizer que não sabia de nada.

As leis

Ouçam o que deixo proclamado:
O que vocês fazem por aí é pecado.

Vocês não podem crucificar seu semelhante e depois dizer: "Foi sem intenção, desculpe, afinal não foi tão mal assim."

Vocês não devem trepar com as mulheres de seus melhores amigos e exclamar: "Caramba! Foi muito divertido!"

Não dêem o golpe do baú na viúva para tirar-lhe o que tem de melhor e deixar-lhe o resto, talvez com uma cartinha: "Bom proveito!"

Quem faz mal a um órfão deve ser punido.

Quem extermina o primogênito terá exterminado também os seus até a quarta geração.

Vocês não devem rir das pessoas de idade e dizer: "Vejam só esse senhor! Tão velho e caduco! Você não agüenta ir muito longe, vovô!"

Quem é escravo da vaidade e fica se olhando no espelho sem parar deve levar quarenta pancadas.

Quem não enterrar sua necessidade deverá ser repudiado mil vezes.

Quem tem relações com uma mulher, que ao mesmo tempo tem relações com um outro homem, não pode se tornar nem cordoeiro, nem varejista.

Vocês não podem querer matar o próprio irmão e, quando não conseguirem, dizer: "Que azar! Talvez dê certo da próxima vez."

Quem tem relações com uma viúva em seu primeiro mês do luto deve receber dois alqueires de trigo. Mas quem anda com ela nos meses que se seguem deve ir embora com as mãos vazias.

Não sejam hipócritas! Ainda os proíbo de cortar lenha no bosque de seu vizinho, sem antes pedir permissão a ele.

Assim, quando alguém abrir demais o bico, o mais velho deve lhe dizer: "Não abra tanto o bico!" Mas, caso ele continue demais abrindo o bico, deixem-no continuar a fazê-lo.

Vocês não devem ficar gritando palavrões no bosque e, quando o som ecoar, dizer em tom irônico: "Escutem só, como o bosque fala palavrão!"

Também proíbo a vagabundagem, a luxúria em feriados e tudo o que tenha a ver com ela, a caça e o churrasco de galinhola, bem como a apropriação ilegal de bens móveis ou imóveis com fins de manufatura, destruição, utilização ou valorização. A tentativa é sujeita a punição.

Quem ameaçar o pai da própria irmã com um machado deverá ser admoestado claramente de que isso não se faz.

Não falem todos ao mesmo tempo!

Mais adiante lhes darei uma palavra, que vocês devem pronunciar sempre. Vocês devem proclamá-la ao acordar de manhã, ao sentar à mesa na hora do almoço, ao se preparar para uma soneca à tarde, ao procurar sua esposa à noite e em qualquer outro momento do dia. E vocês devem honrá-la, pois eu a dei a vocês. A palavra é "Schnüss".

Se respeitarem essas leis, vocês se darão bem. Andarão por aí vestidos em seda e todos os animais serão seus servos, bem como todos os povos a oeste de Ratzeburgo, mas não os que estão a leste. Isso também é válido para os povos que moram perto do Ocidente, para os que vivem sob o sol da meia-noite e os que se alimentam de cães.

No entanto, se desconsiderarem essas leis, quero estabelecer uma aliança entre mim e vocês. E este será o sinal: provocarei um estrondo, e vocês não o ouvirão. Isso deverá ser válido para anciãos, anciãs, homens, mulheres, filhos e filhos dos filhos, bem como para todo o povo. Esse barulho, porém, deverá durar mil anos e um dia. Mais do que isso, porém, ele não deve durar. E deverá haver uma paz eterna.

Arnold Hau

Victor Auburtin
Proibido

Antes da guerra eu tinha adquirido uma coleção de placas de proibição. Isto é, naturalmente não que eu tivesse colecionado as placas de proibição, pois é proibido arrancá-las; tratava-se, antes, de uma coleção de cópias dos textos.

Inacreditável como tudo é proibido entre os homens. É proibido continuar a andar e ficar parado, e rir alto, e colocar porquinhos vivos sobre a balança.

Havia exemplares bem estranhos na minha coleção, como um originário do sul da Itália: "É proibido jogar morra", e a pérola da série: "É proibido tirar o chapéu", que eu encontrei numa agência de correio da Saxônia. Da França havia bem poucos exemplares, na verdade apenas um, que era interessante por causa de sua história. No lago do Bois de Boulogne encontram-se umas placas grandes e baixas, nas quais se comunica que é proibida a pesca de anzol. Então, eis que acontece o seguinte: um pescador tinha se sentado exatamente ao lado de uma dessas placas e lançado a linha. Chegou um policial e ficou olhando. E, como demorou muito para um peixe fisgar a isca, o policial acabou simplesmente sentando sobre a placa e continuou a observar.

O país que exibe a maior quantidade de placas de proibição não é, porém, como se poderia imaginar, a Alemanha, mas a Suíça: nesse país livre, a cada passo que se dá alguma coisa é proibida, e, quanto mais se anda, mais freqüentes se tornam as placas e as cercas de arame farpado.

Contudo, Schiller afirma: "No alto das montanhas está a liberdade."

Mas esta não seria a primeira frase equivocada que se encontra em nosso querido poeta nacional.

Lembrei-me novamente dessa minha coleção quando descobri num prado perto de Munique uma placa de proibição muito estranha. Trazia a inscrição: "É proibido praticar exercícios militares!"

Essa é uma peça tão magnífica que quase me sinto inclinado a recomeçar minha coleção. Oh, se tal placa de proibição se encontrasse em todos os prados, praças, casernas etc. de terra habitada há cinqüenta anos, e se ela fosse respeitada!

Hans Magnus Enzensberger
Proposta para a reforma do direito penal

Devido à perturbação de ordem subversiva em atos com forte resistência florestal, será punido

quem falsificar maldosamente objetos para o embelezamento de caminhos públicos
quem induzir uma mulher a permitir o coito ou incentivá-la a praticar outro erro
quem atrapalhar a fiscalização de instalações de telecomunicação
quem fabricar adoçante premeditadamente

quem deixar de utilizar determinadas fórmulas de protesto
quem sofreu de sífilis sem permissão das autoridades competentes
quem jogar objetos numa via fluvial
quem se ausentar por mais de três dias inteiros

quem, num pátio da estação ferroviária, diminuir um
    membro importante de uma autoridade por meio
    de um corte
quem empreender a tarefa de formar aviadores
quem instituir montepios
quem usar condecorações em forma reduzida

quem, após um teste escrupuloso, tornar a autoridade
    desprezível
quem participar de um motim
quem se desviar dos caminhos
quem afirmar um fato

quem utilizar um animal macho para inseminação
quem não conseguir encontrar abrigo para si mesmo
quem interromper ordens com maldade
quem puser em perigo a força de combate

quem danificar um símbolo da nobreza
quem se abandonar à ociosidade
quem xingar instituições
quem quiser mudar sua direção

quem se sublevar com palavras e atos
quem formar uma multidão
quem apresentar resistência
quem não se distanciar de imediato

quem, sem conhecimento prévio das autoridades, ou em
proveito próprio, ou premeditadamente, ou como vagabundo, ou para levar a relações obscenas, ou por meio

de um silêncio malicioso, ou em troca de remuneração, ou de modo consciente, ou por meio de ameaça com uma maldade dolorosa, ou grosseiramente, ou involuntariamente, ou maldosamente, ou de modo inconveniente, ou por causa de prescrições legais, ou total ou parcialmente, ou em locais visitados, ou utilizando leviandade, ou após cuidadosa ponderação, ou com perigo geral, ou por meio da divulgação de gravações, ou da maneira anteriormente definida, ou sem autorização, ou publicamente, ou por meio de intrigas, ou diante de uma multidão, ou se comportando de maneira ofensiva, ou com intenção de prejudicar a existência da República Federativa da Alemanha, ou intencionalmente, ou após a terceira intimação, ou como chefe de uma quadrilha, ou como mandante, ou com a intenção de fazer elevadores irem pelos ares, ou contra sua própria convicção, ou com forças reunidas, ou para satisfação de impulsos sexuais, ou como alemão, ou de qualquer outra maneira,

provocar, ou evitar,
ou fizer, ou deixar de fazer,
ou causar, ou dificultar,
ou ativar, ou impedir,
ou empreender, ou perpetrar, ou realizar, ou cometer,
ou promover, *ou* prejudicar,
ou promover, *e* prejudicar,
ou promover, *e não* prejudicar,
ou prejudicar, *e não* promover,
ou *nem* promover, *nem* prejudicar, uma ação.

O governo regulamenta os pormenores.

§ 3 Casos jurídicos

"Senhorita Schmitz? Ouça com atenção! Estamos com sua poltrona favorita! Se quiser revê-la, nada de polícia nem de imprensa! Esconda mil marcos em notas pequenas atrás do *container* para garrafas, perto do asilo para idosos 'Paz noturna'! Entendeu bem? E agora repita!"

Frank Wedekind
O assassino da tia

Apunhalei minha tia,
Minha tia era velha e fraca;
Eu tinha passado a noite em sua casa
E revirei tudo o que pude.

Foi então que encontrei uma pilha de ouro
Encontrei também documentos de montão
E ouvi a tia ofegar
Sem delicadeza nem compaixão.

De que vale ela ainda se afligir?
É o que eu ficava me perguntando à noite.
Eu a feri com o punhal nos intestinos,
A tia não ofegou mais.

O dinheiro foi difícil de carregar,
Mas a tia foi mais ainda.
Tremendo, agarrei-a pelo colarinho
E joguei-a no buraco fundo do porão.

Apunhalei minha tia,
Minha tia era velha e fraca;
Vós, porém, ó juízes, atentais
Contra minha florescente juventude.

Rolf Wilhelm Brednich
Ladrões com coração

Em Friedberg, no estado de Hessen, ladrões entraram numa mansão onde uma senhora de noventa anos encontrava-se sozinha e acamada. Não tendo achado nem dinheiro, nem jóias, depois de terem vasculhado a casa inteira, os bandidos, por compaixão, deixaram vinte marcos sobre a mesinha de cabeceira para a velha senhora e desapareceram.
(Essa história foi contada à escritora no outono de 1988 por sua mãe. Esta a tinha ouvido de uma amiga, que na época passara suas férias nas proximidades de Friedberg.)

Immanuel Kant
O direito matrimonial

*Do direito
Da sociedade familiar
Primeiro título:
O direito matrimonial*

§ 24

Relação sexual (*commercium sexuale*) é o uso recíproco que uma pessoa faz dos órgãos e da faculdade sexual de outra (*usus membrorum et facultatem se-*

xualium alterius), e que pode ser *natural* (por meio do qual é possível dar origem a um ser semelhante), ou *inatural*, sendo este último efetuado com uma pessoa do mesmo sexo ou com um animal de outra espécie que não a humana; tais transgressões das leis, vícios inaturais (*crimina carnis contra naturam*), que também recebem denominações impronunciáveis, como lesão da humanidade em nossa própria pessoa, não podem ser salvos por nenhuma restrição ou exceções contra o repúdio absoluto.

A relação sexual natural ou ocorre conforme a *natureza* animal (*vago libido, venus volgivaga, fornicatio*), ou conforme a *lei*. – Esta última constitui o casamento (*matrimonium*), ou seja, a união de duas pessoas de sexos diferentes para a posse recíproca de suas propriedades sexuais. – O objetivo de gerar filhos e criá-los pode continuar sendo um objetivo da natureza, para o qual esta implantou a afeição dos sexos entre si; porém, para que a união seja legitimada, não é exigido de quem se casa ter tal propósito por *obrigação*, pois, caso contrário, quando a procriação cessasse, o matrimônio se dissolveria automaticamente.

De fato, mesmo sob o pressuposto do prazer para uso recíproco de suas qualidades sexuais, o contrato de casamento não é um contrato qualquer, mas necessário pela lei dos homens, ou seja, quando homem e mulher querem desfrutar reciprocamente de suas propriedades sexuais, *precisam* necessariamente se casar, e isto é necessário segundo leis jurídicas da razão pura.

§ 25

Pois o uso natural que um sexo faz dos órgãos sexuais do outro é um *prazer* pelo qual uma parte se dá à outra. Nesse ato, uma pessoa faz de si mesma um objeto, o que contraria os direitos do ser humano com referência à sua própria pessoa. Apenas sob uma única condição isso é possível, na medida em que essa pessoa é adquirida pela outra, *igualmente como coisa*, e esta, em contraposição, adquire por sua vez aquela; e assim ela readquire a si mesma e restabelece sua personalidade. Trata-se, porém, da aquisição de um membro da pessoa e, ao mesmo tempo, da aquisição da pessoa inteira, porque essa é uma unidade absoluta; conseqüentemente, a entrega e a aceitação de um sexo para o prazer do outro é admissível não apenas sob a condição do matrimônio, mas também é possível *apenas* sob essa condição. Baseia-se nisso, porém, o fato de esse *direito pessoal* ser ao mesmo tempo *de natureza concreta*, pois, quando um dos cônjuges se perde ou se entrega à posse de outro, o primeiro tem o direito de recuperá-lo a qualquer momento e forçosamente, como a um objeto.

§ 26

Pelos mesmos motivos, a relação entre os cônjuges é uma relação de *igualdade* de posse, tanto das pessoas, que se possuem reciprocamente (por conseguinte apenas na *monogamia*, pois na poligamia a pessoa que se dá recebe apenas uma parte daquele que lhe cabe por inteiro, e assim se torna um simples objeto), como também dos bens, a cujo uso de uma parte estão autorizados a renunciar, embora isso se dê apenas por meio de um contrato específico. Pelo mesmo motivo mencionado acima, conclui-se que o concubinato não está apto para ter direito a um contrato estável, tampouco quanto à contratação de uma pessoa para gozo único (*pactum fornicationis*). Pois, no que diz respeito ao último contrato: desse modo, qualquer pessoa irá declarar que quem o fez não poderia legalmente ser exortado a realizar sua promessa, caso se arrependesse; e assim se invalida também o primeiro, ou seja, o do concubinato (como *pactum turpe*), porque esse seria um contrato de *serviços* (*locatio-conductio*), ou seja, de um membro do corpo humano para uso de um outro, pois, devido à unidade inseparável dos membros de uma pessoa, essa se entregaria como objeto à arbitrariedade da outra; por conseguinte, cada parte poderá suspender o contrato contraído com o outro assim que o quiser, sem que o outro possa dar queixa com base na lesão de seus direitos. – O mesmo pode-se dizer do casamento não formalizado oficialmente, para que se faça uso da desigualdade da situação de ambas as partes a favor do predomínio de uma parte sobre a outra; pois, de fato, este não difere do concubinato de acordo com o direito natural e não é um casamento verdadeiro. – E a partir disso pode surgir a questão se também a igualdade dos cônjuges, enquanto tal, não entra em contradição, quando a lei diz do marido em relação à esposa: ele será o teu senhor (ele, a parte que dá as ordens, ela, a que obedece); isso não pode ser visto como contraditório em relação à igualdade natural de um casal, se essa soberania estiver baseada apenas na superioridade natural do poder do homem sobre a mulher, para efeito do interesse comum da organização doméstica e do direito de comando nela fundamentado, que, portanto, pode ser deduzido do dever da unidade e da igualdade considerando-se o *objetivo*.

§ 27

O contrato de casamento só é *consumado por meio do coito matrimonial* (*copula carnalis*). Um contrato entre duas pessoas de ambos os sexos, com o consentimento secreto ou de se abster de contato carnal, ou, com o conhecimento de uma ou de ambas as partes, de ser impotente para tal, é um *contrato simulado* e não institui um casamento; também pode ser dissolvido por qualquer um dos dois conforme a sua decisão. Caso, porém, a impotência só se manifeste posteriormente, o direito de cada um não pode sofrer nenhum dano devido a essa obra do acaso.

A *aquisição* de uma esposa ou de um esposo não acontece, portanto, por *facto* (por meio do coito), sem um contrato anterior, nem por *pacto* (por meio do simples contrato matrimonial, sem o subseqüente coito), mas apenas por *lege*: isto é, só vem a ocorrer e se realizar como conseqüência legal da obrigatoriedade, numa união sexual e não em qualquer outra, mediante a *posse* recíproca das pessoas e, como tal, apenas por meio do uso igualmente recíproco de suas características sexuais.

Foro de Mönchengladbach
Relacionamento íntimo em desarmonia

Código civil §§ 65 1 d, f

A acomodação num quarto de hotel de veraneio, equipado com duas camas de solteiro no lugar de uma de casal, e um relacionamento íntimo em desarmonia devido a essa situação durante o período de férias representam uma carência com direito a exigir sem dúvida um abatimento no preço da viagem. (Ementa.)

Foro de Mönchengladbach, sentença proferida em 25 de abril de 1991 – 5 a C 106/91

Exposição dos fatos: o reclamante havia reservado junto à acusada uma viagem de férias em Menorca para ele e sua esposa. A acomodação foi cobrada para um quarto de casal com cama de casal. O reclamante relatou ter constatado após sua chegada que no quarto a ele reservado não havia uma cama de casal, mas duas camas de solteiro separadas. Já na primeira noite ele verificou que havia sido prejudicado sensivelmente em seu sono e seus hábitos sexuais. Uma "vivência sexual e de sono pacífica e harmoniosa não ocorreu durante todos os quatorze dias de férias, pois as camas simples, além de se encontrarem sobre ladrilhos escorregadios, ao menor movimento se separavam. Um relacionamento sexual íntimo e harmonioso foi, portanto, totalmente impedido por esse motivo. O reclamante exigiu indenização equivalente a 20% do preço da viagem de 3 078 marcos, pelo período de férias passado em vão. O valor do ansiado descanso, o repouso e a harmonia esperada com sua esposa foram prejudicados consideravelmente. Esse fato trouxe aborrecimento, insatisfação e dissabores a ambos. O valor do descanso foi seriamente afetado. A acusada solicitou indeferimento. Ela afirmou que a queixa não poderia ser levada a sério.

Dos motivos: O *foro de Mönchengladbach* atendeu ao pedido da acusada. A queixa é lícita. Deve-se concordar com a acusada que esse fato poderia facilmente suscitar a impressão de que a queixa não seria considerável. A ordem do processo civil, aliás, não prevê nenhum caso desse tipo, de modo que também não há nenhuma conseqüência penal prevista.

De qualquer maneira, a queixa não está fundamentada no fato. O reclamante não expôs claramente quais são seus hábitos sexuais especiais, que pressupõem a cama de casal. Contudo, esse ponto não precisaria ser esclarecido, pois não se trata neste caso de hábitos especiais do reclamante, mas sim se as camas não estão inadequadas para um viajante médio. Esse não é o caso. O tribunal conhece as variações mais comuns da realização do ato sexual, que podem ser exercitadas numa cama de solteiro e com certeza para total satisfação de qualquer participante. Não se trata, portanto, de que o reclamante tivesse de passar suas férias totalmente sem sua tão ansiada vida íntima. Mas, mesmo que ao reclamante sejam concedidas tais práticas sexuais, que pressupõem uma cama de casal fixa, não há carência de viagem, pois esta seria sanada com um mínimo de habilidade. Se, de fato, uma carência pode ser facilmente resolvida, então essa pode ser exigida do viajante, com a conseqüência de que o preço da viagem não será reduzido e que também as reivindicações por perdas e danos não existem.

O reclamante acrescentou aos autos uma foto das camas. Nessa foto, verifica-se que os colchões encontram-se sobre um estrado estável, evidentemente feito de metal. Seria, portanto, necessário apenas um pouco de destreza e, em poucos minutos, teria sido possível unir os dois estrados de metal com um barbante resistente. Poderia acontecer de o reclamante não dispor de nada do gênero no momento. No entanto, um barbante é algo que se consegue rapidamente e com pouco dinheiro. Até conseguir esse barbante, o reclamante poderia, por exemplo, ter-se utilizado do cinto de sua própria calça, pois com certeza este não estaria sendo usado no momento para sua função original.

Thomas Bergmann
Ele fica me espionando na lavanderia

A senhora Deutz possui em Fürth um lindo apartamento isolado, só para ela. No entanto, logo ali na escadaria os perigos estão à espreita. E no porão: um verdadeiro palco de guerra. Nele já houve várias escaramuças e combates. Pois o inimigo mora no mesmo edifício, no mesmo andar, bem ao lado.

O senhor Nielmann também é proprietário de um lindo apartamento. E só vai ao porão quando a senhora Deutz também vai.

O senhor Nielmann tem um advogado.
A senhora Deutz tem um advogado.
Os dois senhores têm muito o que fazer.

Mora-se num lugar calmo e bem cuidado. Não simplesmente numa propriedade indigna, mas num edifício em estilo *maisonette**. Não se têm simplesmente cortinas, mas cortinados com bandôs. Tudo com mobiliário antigo. Nada de quinquilharias, mas a imitação de um vaso Ming ou o lançador de discos em mármore, grego, nu, 85 centímetros de altura. Obras de arte na estante e reproduções na parede. Tudo cheira a café de primeira, água de colônia e amoníaco.

Os dois litigantes encontram-se em seus respectivos terraços iluminados pelo sol, munidos de pastas de arquivos, material de prova fotográfico e óculos escuros.

---

* Edifício de dois andares, com escada interna e privativa. (N. da T.)

Se se apoiassem no peitoril, poderiam se ver. Mas isso não querem de jeito nenhum. Confiam em outros órgãos. A senhora Deutz não pode e não quer nem sentir o cheiro do senhor Nielmann. E o senhor Nielmann diz: "Consigo sentir o cheiro dela a dez metros de distância e contra o vento."

"A briga começou", conta a senhora Deutz, "depois que o senhor Nielmann se mudou aqui para o prédio, há três anos. Voltei no meio de janeiro de uma viagem à Tailândia e verifiquei que ele tinha lotado o porão inteiro de móveis, inclusive a área do aquecimento, a área de secar roupas e os corredores. E as minhas coisas, que estavam no quarto coletivo, tinham sido empurradas para o canto. Sem me perguntar, ele meteu a mão nas minhas coisas."

A senhora Deutz é uma senhora de mais idade, robusta, viúva há dez anos. Ela preenche seu tempo com viagens de estudos e lê romances de boa qualidade. Entretanto, quando se trata de sua propriedade, ela não quer saber de brincadeiras. Chega a perder as estribeiras e a falar com uma voz de fazer os cristais estilhaçarem na prateleira.

"Ridículo", diz o senhor Nielmann, "essa mulher me odeia desde o começo. Mal eu mudei para cá e ela já começou a me atormentar. Comporta-se como se fosse minha mãe. Fica o tempo todo me repreendendo por um monte de coisas, como se quisesse me castigar. Simplesmente ridículo. Não se importa com a ordem entre pessoas adultas."

O senhor Nielmann é um homem na flor da idade, isto é, a juventude já se foi há muito tempo, pequeno, um pouco barrigudo e de cabeça redonda, sobre a qual penteou os esparsos fios de cabelo, atravessando-os de orelha a orelha. O senhor Nielmann é solteiro, gerente do andar central de uma empresa de eletrodomésticos. Expressa-se de maneira decidida e enfática. É um homem que tem coisas mais importantes a fazer do que se preocupar com essa briga idiota. Mas, se a tal senhora não quer outra coisa, ele paga com prazer na mesma moeda.

"Ele gritou comigo no porão", diz a senhora Deutz, "dizendo que eu só quero saber de briga, que só eu tenho direitos, que eu o forcei por meio de meu advogado a tirar suas coisas de lá. E então, no começo de julho, abri uma janela lá embaixo no quarto coletivo para arejar. Pouco tempo depois ela estava fechada de novo. Sendo assim, telefonei para a administração e perguntei se não se podia mais arejar o ambiente. E por que não?, perguntaram. Então eu a abri de novo. No dia seguinte, todas as janelas do quarto coletivo estavam fechadas com pregos."

O senhor Nielmann as tinha pregado não por capricho e muito menos por vingança, mas por um motivo de conhecimento mais elevado. E não agiu como particular, mas como representante de sua função. O dever chamara.

"Todo ano sou escolhido como conselheiro pela maioria dos moradores do prédio, com exceção do voto da senhora Deutz, claro. Portanto, quando faço alguma coisa – na área de propriedade coletiva, que fique bem entendido –, ajo sempre pensando em todos, pelo bem da maioria. Verifiquei que não há nenhuma necessidade de arejar, porque, fazendo isso, o porão fica apenas úmido. Quando lá fora está quente e o ar apresenta mais de oitenta por cento de umidade, então, e isso qualquer um aprende nas aulas de física, ela se precipita de imediato na parede do porão, e tudo fica úmido. Eu não apenas disse isso à senhora Deutz, como também comprovei por escrito, com livros técnicos e didáticos. Recorri a tudo o que era possível. Geralmente ela ignora."

Aulas de reforço em física a senhora Deutz dispensa. De preferência ela gostaria de dar ao senhor Nielmann uma pequena lição em jurisprudência. Seu advogado deu o parecer de que, para a manutenção da lei e da ordem, um martelo é um meio inadequado.

"Em agosto", diz ela, "voltei para casa do hospital, depois de tratar uma fratura na mão direita, e todas as portas do quarto coletivo no porão estavam fechadas com arames. Sobre as chaves, sobre os trincos, tudo amarrado. Levei horas para abrir todas. Então ele chamou a polícia e me denunciou por furto em sua propriedade."

"Eu queria proteger a casa contra invasores", diz o senhor Nielmann sonoramente, "por incumbência dos proprietários. Os arames eram de minha propriedade. Ela os tirou. Meu advogado me disse que eu não preciso ficar procurando por minha propriedade. Ela tem de estar onde eu a tinha colocado. Mas não estava. Portanto, houve furto, sem dúvida alguma."

"O homem é um desavergonhado de marca maior", irrita-se a senhora Deutz, "ele fica o tempo todo à espreita no porão. Num período de duas horas ele me trancou seis vezes no porão. Desço para lavar roupa e ele me tranca. Chamo os vizinhos, eles abrem. Vou para a área estender a roupa. Ele me tranca. De novo a mesma coisa. Seis vezes seguidas. Se por acaso ninguém tivesse aparecido, eu poderia ficar gritando por horas. Ele queria me trancar lá embaixo de qualquer jeito. Como num calabouço. Eu já estou até com medo de descer lá sozinha. Agora, antes de ir, telefono para minha filha. Ela vem, e nós descemos juntas."

"Não faz o menor sentido", grita o senhor Nielmann, "ir todos os dias – todos os dias, devo lhes dizer – ao porão, todos os dias abre as portas – inclusive hoje. E também à noite, por volta das onze horas, ela desce, abre as portas e as janelas. Agora eu lhe pergunto: não é pelos condôminos, pelo estatuto do condomínio, que, aliás, fui eu quem escreveu..."

Ah, o senhor Nielmann escreveu o estatuto do condomínio?

"Fui eu que escrevi o estatuto", confirma, "mas todos concordaram com ele. Para ela isso é terrível. Principalmente o item 6: que as portas devem permanecer fechadas, que as janelas só podem ser abertas pelo porteiro, ou por mim, ou pelo meu substituto. Ela não consegue engolir o fato de eu ser o responsável pela ordem aqui. E por isso fica me atormentando o tempo todo. Tenho um armário valioso no porão, uma peça de antiguidade. Ela está sempre abrindo as janelas, arrancando o arame, e o ar úmido chega ao armário."

"Ele fica me espionando na lavanderia", reclama a senhora Deutz, "suja toda a roupa. Duas vezes tive de lavar tudo de novo. Uma vez eu queria pendurar algumas peças de roupa na área de secagem, então ele apareceu como uma bala vindo do escuro, com os punhos levantados e gritando: agora a senhora vai ver! E arrancou a cesta de pregadores da minha mão, esbravejando: esses a senhora não vai pegar, esses não! Só porque havia alguns pregadores dele ali no meio. Estremeci inteira. E minha filha foi até ele e disse: Senhor Nielmann, o senhor não tem vergonha? O que o senhor faria se alguém tratasse sua mãe assim? E ele gritou: Isso não tem nada a ver com ela. Minha mãe não vai durar muito! E bateu a porta."

"Pensei muito em como podemos nos proteger", diz o senhor Nielmann, "para que nada de fora penetre aqui. Precisamos nos proteger. Depois que o arame foi arrancado, comprei umas travas de porta, um tipo de garrote de plástico – como uma muleta –, que se coloca sobre as maçanetas e na argola das chaves, para que não possam ser arrombadas de fora. Vinte peças. Todas arrancadas, ela as roubou. Então colei adesivos no porão, umas etiquetas autocolantes com inscrições. Numa delas estava escrito: Tudo com inteligência. Foi arrancada. Depois colei outra: O ensolarado sul do Tirol. Também foi arrancada. Então colei em cima: Biotônico deixa você forte. Foi arrancada. Depois outra: 400 anos do Castelo de Glücksburgo. Arrancada."

"Ele me chamou de ladra", estremece a senhora Deutz, "eu, uma ladra! Imediatamente fiz uma denúncia contra ele. Por injúria e difamação."

"Tivemos de nos apresentar diante do juiz em Ulm. A senhora Deutz tirou de sua bolsa o *corpus delicti*: as etiquetas originais!" Até hoje o senhor Nielmann não se conforma com tanto descaramento. "Agora seu valor não tem mais importância. Eram minhas etiquetas! Tanto faz o que valem. Trata-se de danos materiais e roubo. Mesmo que fosse um centavo, é minha propriedade!" O senhor Nielmann falava furiosamente. Com uma quantia de aproximadamente 200 000 marcos de rendimentos anuais ele não precisa contar com centavos. Mas direito é direito. E, portanto, ele não está totalmente de acordo com a sentença, que condenou ambas as partes ao pagamento de 25 marcos pelos custos do processo. Com esse dinheiro dá para comprar muitas etiquetas, mas os danos morais que essa mulher lhe causou são impagáveis.

"Esse homem não me dá sossego", reclama a senhora Deutz. "Ele me persegue, deve ficar espiando pelo olho mágico para ver quando vou ao porão. No dia primeiro de março viajei para a Indonésia. E só então consegui dormir novamente em paz."

"Pergunte no prédio quem é que atura a senhora Deutz", sibila o senhor Nielmann, e a descrição da situação faz com que ele se complique mais e mais: "Essa é a pergunta que se deve fazer: sou eu? Ou é ela? Ou somos todos contra ela? Ou é ela contra nós? E quem é o que afinal? Essa é a questão!", grita o senhor Nielmann, com olhar confuso.

"Eu não quero brigas", diz o senhor Nielmann. Só quero fazer valer o que decidimos em votação comum

– notem bem –, democrática! Senão estou bancando a marionete! Senão os outros vão dizer: esse aí não manda nada, cada um faz o que quer! Assim não é possível. Não vou aturar a lei do mais forte aqui nesta casa!"
"Há pouco tempo ousei abrir uma janela na escadaria, não no porão. Isso eu posso, não há nada que proíba no regulamento do condomínio. Então ele desceu imediatamente e gritou: A janela fica fechada! E eu disse: A janela fica aberta! E estendi os braços diante dela. Ele me arrancou com força de lá e gritou: fica fechada, sua bruxa velha!"
A senhora Deutz aperta bem os maxilares. Chega a ranger os dentes.
"O policial me disse: Senhora Deutz, eu me mudaria. E eu: Investi tanto em minha casa! Eu amo minha casa! Então ele disse: Se isso continuar, a senhora nunca vai ter paz. Vão acabar tirando a senhora de lá carregada.
– Estou exausta. Toda hora tenho de fazer tratamento médico. E arrumei tudo tão bonito, com o meu dinheiro, tudo com o meu dinheiro. O jardim, as árvores. Imagine só, ele disse que ia me proibir o uso da mangueira – ela é de uso coletivo – porque eu não a deixo do jeito que ele quer. O homem não regula bem! É um inferno!"
"Sou eu quem está sendo ameaçado", diz o senhor Nielmann, "por ela, por sua filha e por seu genro. Já fui xingado de tudo o que é nome: seu filho da mãe, vou acabar com você. Seu porco nojento! Não posso nem repetir tudo", enfatiza o senhor Nielmann, "isso não faz parte do meu vocabulário. Mas contei tudo para minha mãe."
"Mãe?"

"O senhor precisa saber", diz o senhor Nielmann, "minha mãe ainda mora comigo. Ela participa de tudo. Posso lhe apresentar minha mãe?" Na sala de estar, lotada de antigos móveis alemães pesadíssimos, está sentada num imenso divã uma anciã de quase noventa anos, com um vestido de verão todo florido. Ela parece totalmente vulnerável com sua cabeça magra de ave. Mas tem olhos penetrantes, que examinam com clareza quem está diante dela. "Mande essa gente estranha embora, Hermann", diz ela e bate impacientemente com a muleta, "a hora do almoço já acabou faz tempo. Você tem de ir para o escritório. E tire essa jaqueta horrorosa."

Thomas de Quincey
O assassinato visto como obra de arte

Meus senhores, fui honrado pela direção com a difícil tarefa de falar sobre a tese de Williams, "O assassinato visto como obra de arte". Há três ou quatro séculos este era um tema sem dificuldades especiais, pois essa arte ainda era pouco desenvolvida e só havia produzido alguns grandes mestres. Em nossa época, ao contrário, quando obras de arte em assassinato foram levadas a cabo por mãos habilidosas, a avaliação crítica desses feitos também precisa passar por um desenvolvimento; pois teoria e prática precisam caminhar juntas, *pari passu*. Começamos vagarosamente a reconhecer que, para o aprimoramento artístico de um ato de assassinato, é necessário mais do que uma faca, uma carteira, uma ruela escura e dois idiotas, um que mata e outro que é morto. Formação, meus senhores, senso de agrupamento, para a distribuição de sombra e luz, o poético, a força da sensibilidade, tudo isso é hoje pressuposto fundamental para um talento desse tipo. [...] Antes de começar, permitam-me duas palavrinhas endereçadas a um determinado pedantismo, que se compraz em falar de nossa reunião como se ela seguisse tendências imorais. Imorais! Clamo Júpiter como testemunha, meus senhores. Afinal, o que querem essas pessoas? Certamente sou o primeiro, e vou continuar sendo, o primeiro a defender a dignidade e isso tudo, e afirmo e continuarei afirmando (não importa quais desvantagens isso possa me trazer) que um ato de assassinato representa um comportamento sujo, até mesmo ao extremo. Sim, dou um passo mais adiante e defendo o ponto de vista de que quem mata pessoas não pode de jeito nenhum ser íntegro em seu modo de pensar e em seus princípios. Longe de mim apoiar uma pessoa desse tipo e favorecê-la, revelando-lhe o esconderijo de sua vítima, como um grande moralista alemão exige de qualquer pessoa honesta[1]. Pelo contrá-

---

1. Kant, que levou seu postulado sobre a verdade absoluta a tais extremos, a ponto de exigir que se revele até mesmo a um assassino o esconderijo de sua inocente vítima, caso lhe perguntem a respeito, mesmo tendo-se certeza de que isso favorecerá a intenção de assassinato. E, para excluir a possibilidade de suspeitarem de que isso lhe teria escapado no calor da discussão, mais tarde ele confirmou esse postulado contrapondo-se claramente a um filósofo francês.

rio, eu ofereceria um xelim e seis pence para que agarrassem o culpado, uma quantia que supera tudo que os maiores moralistas já ofereceram até hoje. E o que mais? Tudo neste mundo tem dois lados. Desse modo, pode-se, por exemplo, analisar o assassinato de um lado sob seus aspectos morais (o que de maneira geral ocorre na chancelaria e no Old Bailey); admito que *esse* é seu lado fraco. Pode-se ainda apreciá-lo do seu outro ponto de vista como um fenômeno *estético*, segundo os alemães dizem, e isso com referência a seu bom gosto. Quando um assassinato ainda se movimenta na forma temporal do *futurum ex-actum* – quando ainda não aconteceu, ainda não atingiu seu *decurso presente* (para usar um termo moderno), mas encontra-se apenas na forma de conceito –, quando nesse momento chega até nós um rumor a respeito da intenção de assassinato, então naturalmente é nosso dever agir de maneira puramente moral. Suponhamos, porém, que o ato já tenha se consumado, ou, como diz aquele magnífico verso da "Medéia", τελέσται, nesse caso nos encontraríamos diante de um *fait accompli* e poderíamos dizer "εἰργασιαι", "está realizado". Suponhamos que a desgraçada vítima tenha sofrido até morrer e o criminoso tenha desaparecido sem deixar vestígios. Continuemos a supor que, ao persegui-lo, ainda que sem sucesso, tenhamos feito todo o possível, "abiit, evasit, excessit, erupit" etc. – o que ainda poderiam exigir de nós? A reivindicação moral foi totalmente satisfeita. Este é o momento em que o bom gosto e o estético entram em seus direitos. Sem dúvida ocorreu uma coisa perniciosa, na verdade extremamente perniciosa. Só que *nós* não podemos mudá-la. Por isso queremos extrair o melhor dela. E, como não é possível extrair mais nada em benefício da moral, passam a valer os pontos de vista estéticos. Esta é a lógica da sensibilidade. E o que se segue então? Secamos nossas lágrimas e possivelmente fazemos a descoberta de que um crime aparentemente detestável, quando julgado moralmente, pode ser imprevisivelmente perfeito se avaliado de acordo com critérios estéticos. Desse modo, todas as partes envolvidas se consideram satisfeitas. O antigo ditado, segundo o qual até mesmo no maior infortúnio sempre se revela algo de bom, faz-se valer mais uma vez. É a vez de o partidário se contentar. Irritado e aborrecido, ele suporta a parte moral. Nesse momento entra a serenidade. A virtude tem seu grande dia, e a perícia e o conhecimento artístico têm a palavra.

§ 4 Fatos jurídicos

O advogado Chopard lê numa publicação jurídica o elogio a seu respeito feito por ele mesmo.

Robert Gernhardt
Alemanha

Durante um exame jurídico estatal, o examinando, que até o momento respondera às questões titubeando e um tanto distraído, levantou-se repentinamente e disse sem qualquer motivo aparente: "Meus senhores, os senhores não percebem como é fútil tudo isso que estamos fazendo aqui? Nenhum de nós sabe a hora de sua morte, mas cada um de nós será surpreendido um dia por ela. Essa é a única coisa certa nesta vida, que no entanto é apenas uma sombra, uma mudança efêmera..."

"Senhor Lechte", interrompeu o professor que o examinava, "o senhor encontra-se aqui para prestar um exame. Este não é o lugar para um discurso desses. Peço-lhe que..."

"Não é o lugar?", perguntou o examinando com olhos esbugalhados. "Em toda parte é lugar para divulgar a mensagem de Nosso Senhor. Ele nos incumbiu de divulgar sua palavra, onde quer que seja. Ide, disse ele..."

"O senhor tem toda razão", interferiu um segundo professor, "compartilhamos seu ponto de vista, só que..."

"Então o senhor concorda?", perguntou o examinando. "Então vamos nos levantar e louvar o Senhor, que tanto bem nos tem feito, com cantos de júbilo!" E começou a cantar em voz alta "Louvemos ao Senhor".
Os professores calaram-se perplexos. O examinando interrompeu seu canto. "Cantem junto!", gritou. "Ao Senhor agrada aquele que está feliz…"
"Se o senhor não se sentar imediatamente, será reprovado no exame", gritou o professor que o examinava.
O examinando olhou-o espantado. "O senhor pretende reprovar alguém por estar divulgando a palavra Dele?"
"Mas claro que não!", vociferou o professor.
"Então por quê?", perguntou o examinando.
"O regulamento das provas prescreve…", disse o professor.
"Obra dos homens", interrompeu-o o examinando.
Os professores cochicharam entre si. "O senhor foi aprovado", disse por fim o presidente da banca examinadora. "E agora saia, por favor!"
"Quão maravilhosos são os caminhos do Senhor", gritou o examinando, "elevemos nossas vozes…"
Os professores, porém, rapidamente deixaram a sala.
O examinando retirou sua beca sorrindo. "Deixai que o Senhor reine", cantava alto, enquanto adentrava o átrio ensolarado, no qual o canto ecoava mais uma vez tão bonito.

Heinrich Heine
Corpus Juris

O ar fresco da manhã ventava na calçada, e as aves cantavam alegres, e eu também comecei aos poucos a me sentir de novo refrescado e alegre. Um refrigério assim estava fazendo falta. Ultimamente eu não saía do curral das Pandectas; casuístas romanos tinham como que envolvido meu espírito com uma teia de aranha cinza; meu coração estava quase colado entre os férreos parágrafos de egoístas sistemas jurídicos; constantemente ressoavam em meus ouvidos palavras como "Tribonian, Justinian, Hermogenian e Dummerjahn*", e cheguei a considerar um casal de namorados que estava sob uma árvore como uma edição de *Corpus Juris* com mãos entrelaçadas. Na estrada começaram a aparecer sinais de vida. [...]

Na noite escura como breu cheguei a Osterode. Estava sem apetite e logo me deitei. Sentia-me cansado como um burro de carga e dormi como um deus. Em sonhos voltei a Göttingen, mais precisamente para a biblioteca de lá. Eu estava de pé num canto do salão jurídico, folheava antigas dissertações, mergulhado na leitura, e, quando parei, notei, para meu espanto, que era noite e candelabros de cristal pendurados iluminavam o salão. O sino da igreja próxima acabara de dar doze badaladas, as portas do salão se abriram vagarosamente, permitindo a entrada de uma mulher

---
* *Dummerjahn*: pessoa simplória, ignorante. (N. da T.)

imponente, gigantesca, seguida respeitosamente pelos membros e discípulos da faculdade de direito. A mulher imensa, embora já de idade, trazia no rosto os traços de uma rígida beleza, cada um de seus olhares denunciava a sublime titã, a poderosa Têmis, segurando displicentemente numa das mãos a espada e a balança, e na outra um rolo de pergaminho; dois jovens *doctores juris* carregavam a cauda de seu vestido cinza pálido; do seu lado direito saltitava para lá e para cá o magro conselheiro áulico Rustikus, o Licurgo de Hanôver, e declamava trechos de seu novo projeto de lei; do seu lado esquerdo mancava, com muita elegância e bom humor, seu *cavaliere* servente, o conselheiro secreto de justiça Cajacius, contando piadas jurídicas o tempo todo e rindo ele mesmo tão efusivamente, que até a séria deusa várias vezes se inclinou em sua direção sorrindo, batendo em seus ombros com o pergaminho e sussurrando cordialmente: "Pequeno travesso, que fica podando as árvores de cima para baixo!" Cada um dos outros senhores se aproximava do mesmo modo e tinha alguma observação a fazer e um sorriso a dar, ou sobre um sistemazinho ou hipotesezinha ruminados há pouco, ou um monstrinho qualquer de suas próprias cabecinhas. Pela porta aberta do salão entraram também outros homens estranhos, que se exprimiam como os outros grandes homens da ilustre ordem, na maioria companheiros rudes e sempre à espreita, que com uma imensa vaidade igualmente se definiam, se distinguiam e disputavam qualquer titulozinho de um título das Pandectas. E novas figuras continuavam a entrar, velhos jurisconsultos em trajes extintos, com perucas brancas e cacheadas e rostos há muito esquecidos, e o mais surpreendente de tudo era o fato de as pessoas não demonstrarem curiosidade ao olhar para esses ilustres e famosos do século passado; e estes, à sua maneira, entravam em harmonia com a tagarelice, a estridência e a gritaria, que como ressaca marulhava cada vez mais alta e mais confusa em torno da sublime deusa, até que esta perdeu a paciência e, num tom da mais imensa e decepcionante dor, subitamente gritou: "Calem-se! Calem-se! Ouço a voz do caro Prometeu; a força escarnecedora e o poder silencioso forjam o inocente nos penhascos da tortura, e todo o seu palavrório e as suas discussões não podem aliviar suas feridas nem romper seus grilhões!" Assim gritou a deusa, e regatos de lágrimas jorraram de seus olhos, toda a assembléia chorou como que tomada pelo medo da morte, o teto do salão estalou, os livros despencaram de suas prateleiras, em vão o velho Münchhausen saiu de seu ambiente para pedir calma, tudo bramia e chiava de maneira cada vez mais selvagem – e, fugindo desse barulho insano e titânico, pus-me a salvo no salão histórico, depois daquele local clemente, onde os quadros sagrados do Apolo do belvedere e da Vênus dos Médici encontram-se lado a lado, e eu me lancei aos pés da deusa da beleza, em seu olhar esqueci o movimento tumultuoso do qual fugira, meus olhos beberam deliciados a simetria e a eterna graça do seu corpo altamente invejável, paz grega apossou-se de minha alma e de minha fronte, como bênção sagrada, verteu Febo Apolo seus tons de lira mais doces.

Ao acordar, ainda continuei ouvindo um som agradável. Os rebanhos iam para a pastagem, e seus sininhos soavam. O querido e dourado sol apareceu pela janela e iluminou as ilustrações nas paredes do quarto.

Joseph von Westphalen
O inferno

Assim não! Assim não podia continuar. Harry von Duckwitz levantou-se da escrivaninha e aproximou-se da janela. Ele não tinha estudado Direito anos a fio para agora ficar sentado num escritório, ditando algumas cartas, que se denominavam libelos. Não à noite, às sete horas, em maio, com aquele tempo.

Frankfurt, meados dos anos setenta. 1975, para ser mais exato, mas qual seria a função dos anos, se comparados com o tempo e a estação do ano? Essa passagem do final da primavera para o começo do verão, numa noite quente, ainda sem qualquer sinal do crepúsculo, era o que despertava tão sem objetivo a nostalgia e deixava sentir a alma.

Há quase um ano Duckwitz trabalhava nessa chancelaria. Não chegava a ser um inferno, mas, com o tempo, tornou-se algo parecido. Não que ele tivesse esperado o céu na terra. Já não tinha idade para isso. Não esperava absolutamente nada. Se é que algum dia esperou alguma coisa. O que você espera da vida? De fato, uma pergunta bastante razoável, mas, quando feita, quando ouvida, torna-se obscena. Seria preciso estar bem mal para não considerar tal pergunta impertinente. Perguntas desse tipo poderiam ser feitas no máximo para si mesmo, e mesmo assim não com muita freqüência. Esperar por realização, ainda mais na profissão, era ridículo. E ainda tivera sorte. Chancelaria próspera, bem localizada, nas proximidades do centro de Frankfurt. Construção antiga, isso era importante. Belo parquete no piso. Nada contra edifícios no panorama da cidade, mas não queria trabalhar num deles. Ele não era nenhum inseto. Ali havia janelas divididas racionalmente, que podiam ser abertas em toda a sua extensão. Lá de baixo subia o barulho calmante do trânsito. Pelo menos na rua alguma coisa acontecia. Até mesmo algumas árvores encontravam-se diante da janela. Tílias. Estavam em seu período de florescência. Seu perfume doce e campestre misturava-se agradavelmente aos odores da cidade.

Às cinco horas, as duas secretárias foram embora como sempre. "Boa noite, até amanhã, senhor von Duckwitz!" Às seis, seus dois colegas e a estagiária se despediram, aliviados e felizes, num tom de respeito e de dó: "Não trabalhe demais!"

Àquela altura até a faxineira já tinha desaparecido, depois de ter testado a terra da palmeira que havia na sala com o dedo: "Nada de regar. Ainda está bom!" Agora ela estava trabalhando no andar de cima, no consultório daquele dermatologista. Dava para ouvi-la aspirando o pó e empurrando os móveis. Talvez ela também trabalhasse onze, doze ou treze horas por dia como

Duckwitz. Provavelmente ele recebia quatro ou cinco vezes mais do que ela. E o dermatologista lá de cima, o charlatão, devia ganhar umas dez vezes mais. No entanto, as grotescas diferenças salariais não eram o problema. Antigamente as pessoas saíam às ruas para protestar contra a injustiça. Isso era antigamente. Duckwitz fechou a janela. Frankfurt era chamada de cidade feia, mas ele não concordava. Ultimamente havia quem falasse de uma cidade honesta. Se feiúra podia se tornar honestidade, por conseguinte, mentira poderia ser alguma coisa bonita.

Voltou para a escrivaninha e concentrou-se na requisição indenizatória do proprietário de um imóvel contra uma empresa de instalações elétricas e na causa penal daquele assalto ridículo, cometido pelo alcoólatra reincidente. Divertia-se ao ditar as cartas no gravador, andando de um lado para o outro, mas, curiosamente, embora ele estivesse sozinho nas salas da chancelaria, isso lhe parecia presunçoso. Não tinha nem chegado aos trinta anos, não queria ficar se pavoneando como um ator teatral, cujo papel é o de um advogado metido a estrela, que fica quebrando a cabeça e só no final chega à idéia salvadora.

O que restava era um problema muito maior que o salário da faxineira: sua imagem. Não era um problema preocupante, mas ocupava-o. Ele era um advogado jovem e bem-sucedido, portanto exatamente aquilo que, junto com Helena, havia pouco tempo desprezava com todas as suas forças. Sucesso era a última coisa, tinha ficado bem claro. Quem era bem-sucedido nessa sociedade, com certeza tinha algo de podre.

Quem sabe se não foi por isso que Helena se afastou dele. Talvez ela não sentisse mais prazer em ficar junto a um advogado jovem e bem-sucedido, que tinha cada vez menos tempo para dedicar a ela. Harry não estava muito seguro de si. Mas que outra coisa ele poderia ter feito? Não havia outra alternativa. Ele tinha resvalado para dentro do sucesso. Outros resvalavam para dentro do fracasso. Resvalava-se para cá, para lá, para fora. Tudo era uma partida de resvalos. Ainda assim, a mácula do sucesso era mais suportável que a do fracasso.

Aliás, Harry fazia de tudo para não parecer um advogado jovem e bem-sucedido. Preocupava-se em não se modificar. Nada de ternos, mas sim casacos bem gastos, o velho carro enferrujado e nada de casa nova. A questão é se o decorrer das coisas permitiria que se continuasse desse modo. Ele ainda tinha tempo suficiente para ficar se observando com desconfiança. Preferia ser observado por Helena. Não seria tão cansativo. De qualquer maneira, tinha de ficar atento para não parecer uma pessoa estabelecida, embora já o fosse. Ou será que não era?

Mas em algum momento a oposição seria tolice. Por que não poder comprar pelo menos um carro melhor? Será que dirigir uma Mercedes ou um Volvo, como há tempos havia mandado o consultor fiscal, seria se transformar de imediato num monstro? O que depunha contra um novo casaco, e por que os ternos eram tão reprováveis? O que seria dos álbuns de fotografias antigos, dos velhos filmes sem ternos? Os detetives dos anos trinta e quarenta, admiravelmente decadentes, eram inimagináveis sem ternos. Sem dúvida era infantilidade opor-se daquele jeito a ternos e carros intactos. E usar gravata talvez fosse o fim, mas também era o fim opor-se tão veementemente ao uso dela. Como se se tornasse um porco ao usar uma. Essas eram as grandes questões. Provisoriamente sem respostas. Tinham de ser discutidas com Helena. Foi maldade da parte dela desaparecer daquele jeito. Harry pegou uma folha de papel e escreveu: "Querida Helena, preciso de uma conselheira pessoal. Pago bem. Você não quer aceitar o cargo?" Deixou a carta incompleta na gaveta junto com seus objetos pessoais. Depois pegou na estante os volumes de comentários sobre direito penal e de edificações, para ditar algumas cartas. "Contratação de serviços em construções" denominava-se um dos comentários. Em seu início destacava-se a dedicatória do autor: "Com profundos agradecimentos à minha querida esposa, principalmente pelos longos anos de paciência e indulgência, que tornaram possível esta sétima edição."

Um comentário era a coroação da carreira jurídica. Tão longe ele não iria chegar, disse Harry para si mesmo, não iria comentar nem contratação de serviços, nem coisa alguma, ou mesmo ter a pouca vergonha de dedicar essas pieguices insossas a uma querida esposa qualquer. Colocou os livros de volta na estante. Ele deveria se especializar. Assim o trabalho seria menos pesado. Precisava apenas experimentar primeiro para saber qual era a sua vocação. Direito penal ou direito civil, e qual direção.

Apesar disso, alguma coisa não estava certa. Aquela história do sucesso era mais uma piada do que outra coisa. Ainda se sentia forte o suficiente para rir-se da suspeita de estar estabelecido. Preferia estar rindo com Helena. Rir sozinho tinha alguma coisa de amargo. Ainda era possível esquivar-se da imagem do advogado de sucesso, mas não das regras do jogo da jurisdição. O famoso sujeito que havia pouco tempo tinha chutado furiosamente um carro e, por ter quase sido atropelado pelo motorista, nunca teria direito de fazer isso, embora tivesse razão. Naturalmente o motorista do carrão entrara no mesmo instante com um processo por perdas e danos. Porta lateral amassada. Sete mil marcos de dano material por causa do pontapé. Avaliação feita por um perito juramentado. Até mesmo o juiz havia dado um sorrisinho: uma chapa tão fina num carro tão caro? Apesar disso, portas de carro não foram feitas para levar chutes. Só no caso de já se ter atropelado o advogado pode fazer valer um possível ato reflexo. Ou ainda melhor: excesso de legítima defesa. Quando Duckwitz tinha a rara oportunidade de pavonear-se num julgamento com esses conceitos, sua profissão lhe agradava. Mas de repente o reclamante havia retirado sua acusação, ele não queria dizer o nome da testemunha, aliás, uma mulher, que se encontrava com ele no carro. Aha!

Era isso mesmo. Em vez de erigir um monumento ao acusado por seu maravilhoso chute, em vez de ordenar trinta chicotadas na sola do pé do motorista, o caso terminara sem qualquer triunfo. Não fosse o medo pueril do adversário diante das perguntas de sua esposa a respeito da acompanhante, Duckwitz teria ajudado o chutador do carro a defender seu direito. E como! Qual juiz estaria disposto a dar razão a seu heróico mandante com a justificativa: portas de carro podem ser chutadas nesse caso! Só assim a justiça teria um sentido mais elevado.

Continuaram, portanto, a usar truques, a cochichar, a calar e a desviar a atenção. Utilizavam-se de pretextos e subterfúgios, atinham-se de modo ignorante a erros formais, com a ajuda de meias-verdades procuravam a verdade com desinteresse. Nenhum brilho, nenhuma idéia do que é o direito, nenhum conceito, só essa indiscrição, esse esmero, a bisbilhotice e o tumulto. Um esporte mental ridículo para gente sutil. Bom que ele soubesse. Como universitário, estagiário e assessor ele tinha tido tempo para se preparar para esse absurdo. Mas exercer esse absurdo era bem diferente de apenas saber a respeito dele.

O que ele não soubera era que o pior seriam os clientes. Eles não podiam ser expulsos, vivia-se deles, e eram terríveis. Quando indignados, vinham como acusantes; quando lacrimosos, como acusados. A chancelaria tinha a fama de ser uma chancelaria de esquerda, portanto apareciam preferencialmente os injuriados, os recém-chegados e os insolventes.

Hoje de manhã ele defendeu uma caixa de supermercado que tinha sido despedida. Não há dúvida de que se deveria ajudar essa pobre coitada com todo brio e muito empenho. Na discussão verificou-se: ela era impontual, lerda, desmazelada, indiscreta, desajeitada; não era capaz de notar nada, não sabia fazer contas, era inoportuna. Fazia parte daquelas mulheres que deixam terrivelmente irritadas as pessoas que estão na fila do caixa, porque não conhecia os preços das mercadorias, a cada pacote de manteiga tinha de perguntar às colegas, e a coisa não andava. Os clientes tinham se queixado. A descrição do gerente da filial era absolutamente confiável. Ele tinha sido justo. A demissão estava em ordem, era severa, mas assim é a vida. Só que infelizmente o gerente da filial, realmente gentil, não tinha mandado a demissão por carta registrada, e Harry tinha de inculcar em sua cliente que ela havia recebido a carta apenas no dia 2 de janeiro e não a tempo, no dia 31 de dezembro. Facilmente Duckwitz tinha conseguido uma indenização de 12 000 marcos para aquela parva incapaz. O chefe dela, em contraposição, ainda por cima um italiano, fora multado por não saber que naquele caso deveria enviar uma carta registrada alemã por correio alemão. E por essa vitória barata Duckwitz ainda lhe arrancou 2 000 marcos pelos custos com advogado. Assim não dava para continuar.

Mas o pior de tudo eram as separações. Duckwitz parecia exercer uma atração secreta num tipo de homens que se sentiam enganados erótica e financeiramente por suas mulheres. Após tantos e tantos anos de inferno conjugal, eles não queriam que na separação as monstras traidoras engolissem metade de seu rendimento, recebido obviamente a tão duras penas.

Duckwitz sempre concordava pensando: quem se casa sempre tem culpa. Quando começavam as negociações, verificava-se que os adversários do processo, ou melhor, as adversárias, eram as mulheres mais encantadoras. Seus clientes, porém, transformavam-se diante do júri em sujeitos feios e fedorentos, uma vergonha para qualquer mulher sensata. Por que essas mulheres nunca o procuravam na chancelaria? Seria isso uma contradição secreta: belas clientes e chancelaria de esquerda? Sem dúvida alguma era romântico ter prestígio numa chancelaria de esquerda como advogado de esquerda. Ainda que a conseqüência dessa fama discutível fosse que só se atraíssem miseráveis; então, não, obrigado. Seria melhor lutar por belas mulheres, livres de ideologias, e a vida toda ficar tirando dinheiro de homens sórdidos. Era preciso intervir a favor da beleza, ora bolas!

Recentemente uma adversária de processo havia se sentado diante dele no tribunal; tinha os olhos tão verdes que ele teve de aceitar as horripilantes asserções do lado oposto sem contradizer. E diante dessa mulher ele teve de colar uma na outra as nojentas acusações de seu abominável cliente em fórmulas utilizáveis juridicamente. Os olhos verdes repousavam sobre seu cliente com um leve desdém. Se ela tirasse uma pistola da bolsa e o fuzilasse, pensava Duckwitz, imediatamente ele se ofereceria para defendê-la. Ele se afastou o mais que podia de seu cliente, para também não ser atingido pelo raio daquele lindo desdém esverdeado. Em suas exposições, ele tentava transmitir sinais secretos de simpatia para com sua antagonista, mas depois deixou de fazê-lo, porque notou que, de acordo com as leis da retórica, isso era favorável a seu próprio cliente. Deve tê-lo representado de modo tão miserável, que a oponente venceu em todos os pontos. Só que ela não reconheceria a quem tinha de agradecer por essa vitória. Duckwitz acabaria como perdedor, e tais mulheres não gostavam de perdedores. O advogado dela deveria lhe dizer espontaneamente que o colega a havia deixado vencer. Então ela telefonaria para Duckwitz para agradecer, e Harry diria de maneira dúbia: "Imagine!" Naturalmente depois ele iria almoçar com a bela de olhos verdes, olhar profundamente dentro de seus olhos e perguntar: Diga-me, o que há de errado comigo, que só caio na mão de clientes tão horrorosos?

Para o cinema já era tarde demais. Novamente nove e quinze. O sobrenome da dama de olhos verdes era Wagner. Wagner era um sobrenome comum. Duckwitz procurou nos autos o endereço e o nome de Wagner. O caso Wagner. Depois procurou na lista telefônica. Lá estavam pacificamente juntos os dois que agora estavam separados. Sybille e Hubertus. Onde é que vão morar as pessoas depois da separação? Telefonar para Sybille Wagner agora, isso seria um verdadeiro descuido. Fazer a coisa mais impertinente de se imaginar era exatamente o que ele queria.

Claude Tillier

O discurso de defesa do meu tio

No sábado seguinte, na véspera do batizado, meu tio precisou comparecer diante do juiz para ser julgado por não ter pagado ao senhor Bonteint a quantia de cento e cinqüenta francos, dez soldos e seis dinheiros pela mercadoria entregue: isso deduzindo o frete que, por sua vez, custara quatro francos e cinco soldos. [...]

O juiz da comarca, diante do qual meu tio precisava comparecer, é uma personalidade importante demais para eu perder a oportunidade de descrevê-lo para vocês. Aliás, meu avô, em seu leito de morte, também me pediu expressamente para fazê-lo, e por nada deste mundo deixaria de cumprir esse dever sagrado.

O senhor juiz da comarca era, como tantos, filho de pais pobres. Sua primeira fralda tinha sido cortada de um velho capote de um gendarme, e começara seus estudos de direito polindo o sabre do patrão do seu pai e escovando seu alazão. Não sei lhes explicar como ele conseguiu sair da mais baixa categoria da hierarquia jurídica para chegar ao cargo mais elevado da comarca; tudo o que posso lhes dizer é que o lagarto consegue chegar ao mais alto cume tão bem quanto a águia. O senhor juiz tinha entre outras coisas a mania de se considerar uma grande personalidade. Sua origem humilde levou-o ao desespero. Ele não conseguia entender por que um homem como ele não nascera nobre. E atribuía tal fato a um engano do criador. Por um brasão dos mais insignificantes ele teria dado sua esposa, seus filhos e seu escrivão. Apesar disso, a natureza havia sido uma ótima mãe para o senhor juiz, pois havia-o provido de uma inteligência que não era nem pequena, nem grande demais, mas misturada com uma vigorosa porção de astúcia e ousadia. O senhor juiz não era, portanto, nem tolo, nem sensato: movia-se na fronteira entre os dois territórios; contudo, é importante dizer que nunca punha sequer o pé na área dos sensatos, mas freqüentemente alçava vôos à área de fácil acesso dos tolos. Como o senhor juiz não tinha capacidade para entender o humor das pessoas espirituosas, contentava-se com o dos tolos: fazia trocadilhos simples; e os curadores e suas esposas viam como seu dever achar aqueles trocadilhos muito bonitos; seu escrivão tinha a função de levá-los a público e explicá-los aos totalmente parvos, que não conseguiam entender de imediato seu significado. Graças a esse talento agradavelmente social, o senhor juiz tinha ganhado em certos círculos a fama de um homem espirituoso; mas meu tio disse que ele havia conseguido essa fama sem merecê-la.

O senhor juiz era um homem honrado? Eu não ousaria afirmar o contrário. Vocês sabem que o código de leis define o que é um ladrão, e que esta sociedade considera honrada toda pessoa à qual essa definição não se encaixa; bem, a definição do código de leis não cabia no senhor juiz. Fazendo uso de todo tipo de intriga, ele havia conseguido dirigir não apenas os negócios da cidade, mas também todos os seus divertimentos. Como funcionário da justiça o senhor juiz era uma personalidade pouco recomendável. É certo que conhecia muito bem as leis; mas, quando elas não estavam de acordo com suas aversões ou simpatias, ele deixava as leis serem apenas leis. Era acusado de ter em sua balança um prato de madeira e um de ouro e, de fato, não sei como acontecia, mas seus amigos tinham sempre razão e seus inimigos estavam sempre errados. Quando se tratava de transgressão, seus inimigos sempre levavam a pena máxima; e, se pudesse aumentá-la mais ainda, fá-lo-ia com o maior prazer. No entanto, a lei nem sempre se deixa dobrar: quando o senhor juiz se via forçado a intervir contra alguém que temia ou de quem esperava conseguir alguma coisa, afastava-se do caso, declarando-se parcial, e seus adeptos passavam então a elogiar sua imparcialidade. O senhor juiz queria ser admirado por todos, pois desprezava profundamente, mas apenas em segredo, aqueles que eram superiores a ele. Se alguém desse a impressão de acreditar em sua importância, se alguém clamasse por sua benevolência, então ele era o homem mais feliz do mundo; mas, se alguém se esquecesse de tirar o chapéu diante dele, essa ofensa se arraigava profundamente em sua memória e nela deixava uma ferida sempre aberta; e, mesmo que vocês vivessem centenas de anos e ele também, ele nunca os perdoaria. Sendo assim, pobre do infeliz que não cumprimentasse o senhor juiz. Se por qualquer motivo ele tivesse de comparecer ao tribunal, o senhor juiz daria um jeito de fazê-lo faltar com o devido respeito por meio de uma perfídia qualquer. A vingança, portanto, acabava se tornando um dever, e ele mandava jogar nosso homem na prisão, queixando-se continuamente das obrigações desagradáveis que seu cargo lhe impunha. Para tornar sua dor mais convincente, muitas vezes chegava a levar sua dissimulação ao ponto de fingir-se doente e ficar de cama, e, quando se tratava de motivos bem mais importantes, apelava até para a sangria. O senhor juiz fazia a corte tanto a Deus quanto às forças terrenas; nunca perdia a santa missa e sempre se sentava no banco do conselho fabricário. Isso lhe rendia todo domingo um pequeno pedaço de pão bento e a benevolência do sacerdote. Se ele pudesse lavrar uma ata afirmando que estivera na missa, com certeza o teria feito. Porém, esses pequenos deslizes do senhor juiz eram compensados por brilhantes qualidades: ninguém sabia melhor do que ele organizar um baile ou um banquete em honra do duque de Nivernais às custas do município. Nesses dias festivos, no que diz respeito à majestade, ao apetite e ao trocadilho, ele estava em ótima forma: Lamoignon ou o presidente Molé teriam parecido pessoas insignificantes a seu lado. Há dez anos ele ansiava pela comenda de Santo Ludovico, como recompensa pelos excepcionais serviços que prestava à cidade; e, quando La Fayette foi agraciado com ela por suas campanhas na América, queixou-se em silêncio por essa injustiça.

Essa era, portanto, a constituição moral do senhor juiz; no que diz respeito à aparência, ele era um homem gordo, mas que ainda não havia atingido toda a sua majestade; sua pessoa se equiparava a uma elipse com a barriga voltada para baixo: um ovo de avestruz com duas pernas, poder-se-ia dizer. A pérfida natureza, que sob um céu ardente havia provido a venenosa maleiteira de uma copa de folhas espessa e sobressalente, dera ao senhor juiz o rosto de um homem honesto; ele adorava posar como tal, e sempre que podia caminhar do tribunal à Igreja, acompanhado pelo pessoal do Corpo de Bombeiros, era um belo dia em sua vida. O senhor juiz se mantinha freqüentemente duro como uma estátua em seu pedestal: quem não o conhecesse poderia supor que ele usasse um cataplasma feito de piche borgonhês ou um emplastro entre as omoplatas; caminhava pela rua como se estivesse carregando o santo sacramento; seu passo era sempre do tamanho de meia vara: uma saraivada de alabardas não teria feito com que o aumentasse nem em uma polegada; um astrônomo poderia medir um meridiano tendo o senhor juiz como seu único instrumento.

Meu tio não odiava o senhor juiz; não tinha nem mesmo a bondade de desprezá-lo; mas, em vista de sua depravação moral, meu tio sentia algo como um enjôo espiritual, e algumas vezes dizia que para ele aquele homem se assemelhava a um grande sapo sentado num trono. O senhor juiz, ao contrário, odiava Benjamin com toda a energia da sua alma biliosa. Meu tio o sabia, mas isso pouco o incomodava. Minha avó, que temia que as duas naturezas antagônicas se pegassem pelos cabelos, queria que Benjamin não fosse ao interrogatório; mas o grande homem, que tinha confiança na força de sua vontade, não deu a menor importância àquele conselho tímido; no sábado de manhã, simplesmente deixou de tomar a porção habitual de vinho quente.

O advogado de Bonteint provou, portanto, que seu cliente tinha o direito de entrar com um processo contra meu tio. Depois de finalmente ter terminado a apresentação da prova, o juiz perguntou a Benjamin o que ele tinha a dizer em sua defesa.

"Gostaria apenas de fazer uma simples observação", disse meu tio, "mas ela tem mais peso que todas as exposições feitas pelo senhor advogado, pois não exigirá nenhuma réplica: meço cinco pés e nove polegadas acima do nível do mar e, portanto, seis polegadas a mais do que a maioria das pessoas; e acho..."

"Senhor Rathery", interrompeu o juiz, "seja qual for sua altura, o senhor não tem o direito de fazer troça do julgamento."

"Caso eu tivesse intenção de fazer troça de alguma coisa", disse meu tio, "não seria com certeza de uma personalidade tão *poderosa* quanto a do senhor juiz, com cuja jurisdição, aliás, não é permitido fazer brincadeiras; mas ao constatar que meço cinco pés e nove polegadas acima do nível do mar não estou fazendo uma brincadeira, e sim apresentando um meio de defesa sério. O senhor juiz pode mandar que me meçam, caso duvide da exatidão do meu depoimento. Acho, portanto..."

"Senhor Rathery", respondeu o juiz duramente, "se o senhor continuar nesse tom, ver-me-ei obrigado a retirar-lhe a palavra."

"Não há necessidade", respondeu meu tio, "pois já terminei. Acho, portanto", acrescentou, fazendo jorrar as palavras rapidamente, "que não se pode acusar uma pessoa da minha altura por causa de uns míseros cinqüenta táleres*."

"De acordo com seu cálculo", disse o juiz, "a culpa só poderia se estender sobre um de seus braços, uma de suas pernas ou até mesmo sobre sua cabeleira."

"Primeiramente", respondeu meu tio, "gostaria de deixar claro ao senhor juiz que minha cabeleira não está em discussão neste caso; e, em segundo, não aceito de modo algum a reivindicação que o senhor juiz me impõe: nasci inteiro, e assim quero permanecer por toda a vida; como, porém, a fiança vale pelo menos o dobro da dívida, apelo ao senhor juiz para que decrete minha prisão somente depois de Bonteint ter-me enviado mais três casacos vermelhos."

"Senhor Rathery, o senhor não se encontra na taberna; peço-lhe que considere com quem está falando; suas palavras são tão *irrefletidas* quanto sua pessoa."

"Senhor juiz, tenho boa memória e sei muito bem com quem estou falando. Minha querida irmã me criou de maneira bastante consciente no temor a Deus e aos gendarmes para que eu pudesse me esquecer disso. Quanto à taberna, já que foi mencionada, ela já está mais do que aprovada pelas pessoas honestas para que eu precise defendê-la aqui. Quando um de nós vai

---
* Antiga moeda alemã. (N. da T.)

à taberna é porque não tem o privilégio de poder matar a sede às custas da cidade. A taberna é a adega daqueles que não têm uma em casa, e, para quem a tem, não passa de uma taberna sem placa. Não fica bem a quem bebe uma garrafa de vinho borgonhês ou, pior ainda, durante a refeição, falar mal do pobre coitado que de vez em quando vai a uma taberna tomar um gole de vinho da casa. Essas festas oficiais, onde o pessoal se embebeda fazendo brindes ao rei e ao duque de Nivernais, são pura e simplesmente aquilo que o povo chama de orgia. Embebedar-se numa mesa é bem mais discreto; embebedar-se numa taberna é, porém, mais nobre e principalmente mais suportável para as finanças. No que diz respeito à consideração de que goza minha pessoa, não é tão geral quanto aquela de que o senhor juiz pode se alegrar, visto que sou considerado apenas por gente honesta..."

"Senhor Rathery!", gritou o juiz, que, em vista do escárnio com o qual meu tio o tratava, não encontrou nenhuma resposta melhor e mais leve que: "O senhor é um desavergonhado!"

"Pode ser", disse Benjamin, tirando uma palhinha que tinha ficado presa no lado avesso do seu casaco, "mas devo avisar ao senhor juiz que hoje de manhã não bebi um golezinho sequer; caso, portanto, o senhor tente me acusar de falta de respeito a seu cargo, vai se esforçar em vão."

"Senhor Rathery", disse o juiz, "suas alusões estão ofendendo o tribunal; eu o condeno a trinta soldos de multa."

"Aqui tem três francos", disse meu tio, e colocou um táler sobre a mesa verde do juiz, "pegue o que lhe cabe."

"Senhor Rathery", gritou o juiz fora de si, "fora!"

"Senhor juiz, tenho a honra de me despedir; envie meus cumprimentos à sua senhora, por favor."

"Quarenta soldos de multa por isso!", trovejou o juiz.

"Como assim?", perguntou meu tio, "quarenta soldos a mais de multa porque mandei meus cumprimentos à senhora juíza?"

E saiu.

"Esse maldito!", disse à noite o senhor juiz à sua esposa, "nunca pensei que ele se comportasse assim. Mas ele que se cuide, já decretei sua prisão e vou falar com Bonteint, para que execute de imediato a sentença. Isso vai ensiná-lo a ver o que é fazer troça de mim... Até que eu o convide para uma das festas da cidade, ele vai esperar muito tempo, e se eu puder fazer sua clientela abandoná-lo..."

"Que vergonha, senhor juiz!", respondeu-lhe sua mulher, "desde quando esses são sentimentos dignos de um representante da igreja? Afinal, o que o senhor Rathery lhe fez? Ele é tão alegre, tão bem apessoado e tão gentil!"

"O que ele me fez, senhora juíza?... Ele ousou fazer-me lembrar de que seu sogro era um gendarme, e que de resto ele é mais espirituoso e mais honesto que eu... Você acha que isso não é nada?"

No dia seguinte, meu tio nem pensava mais na sentença que lhe tinha sido imputada; pôs-se a caminho da igreja, empoado e feliz, com a senhorita Minxit à sua direita e a espada à esquerda; seguiam-no Page, todo coquete num casaco marrom cor de avelã, Arthus, cuja barriga se encontrava toda coberta por um colete no qual flores e pequenas aves se enroscavam entre galhos, Millot-Rataut, que estava usando uma peruca vermelho-tijolo e cujas canelas acinzentadas estavam cheias de pontinhos pretos, bem como um grande número de outros que iam à igreja, cujos nomes não gostaria de mencionar à posteridade. Só estava faltando Parlanta. Dois violinos tocavam à frente do cortejo. Machecourt e sua mulher encerravam-no. Benjamin, generoso como sempre, espalhava pelo caminho amêndoas doces e as moedinhas que ele havia conseguido pelas vacinações. Gaspard, todo orgulhoso em poder ser-lhe útil, caminhava a seu lado carregando o grande saco com as amêndoas.

Johann Wolfgang Goethe
O juiz competente

Quem é nomeado juiz? Apenas o melhor?
          Não, aquele a quem o bem
Ainda vale mais que o melhor, esse é nomeado juiz.

Alfred Polgar
Escola de juízes

O ministério da justiça austríaco manda, às suas expensas, que os juízes responsáveis por casos envolvendo automóveis aprendam a dirigir. Juízes que recebam essa formação tornar-se-ão bons e justos em assuntos automobilísticos. Saberão das tentações da velocidade e das curvas fechadas, da maldosa astúcia dos acasos, que tornam inseguros o olhar e a mão do motorista; poderão avaliar com que facilidade, no choque do momento de perigo, o homem ao volante age de forma errada, e como pode acontecer de ele desconsiderar todas as prescrições e chegar ao tribunal como culpado.

Uma época de jurisprudência compreensiva começa a surgir para os motoristas na Áustria. Caso tenham errado, devem comparecer diante dos juízes que agora têm condições de se colocar na situação externa e, sobretudo, na interna do acusado, no momento em que este cometeu o delito, e de pensar como ele.

Esse direito concedido aos motoristas não deveria, porém, valer para todos os que se sentam no banco dos réus? Não deveria todo delinqüente ter direito a um juiz que entendesse perfeitamente o delito a ser julgado, que conhecesse exatamente a terra da qual se originou, ou o céu do qual caiu, que também já tivesse suportado situações como as que permitiram culpar as pessoas diante dele, e que soubesse da fragilidade das certezas, que em tal caso impedem o bom de se tornar mau? Quão mais sabiamente o juiz julgaria delitos contra a propriedade, se antes ele fizesse um curso de miséria, passando no exame final sobre carência total, no exame oral sobre fome (junto com todas as disciplinas complementares), se fizesse seus exercícios no seminário, onde a "vida na lama" é aprendida na prática, se graças a eles soubesse quão inexoravelmente as gotas da necessidade furam a moral!

Para poder ser autênticos, juízes da vara da juventude deveriam, enquanto jovens, ter freqüentado a escola de preparação para juízes, onde aprenderiam como é crescer na falta de espaço, na sujeira, na privação. Tal experiência infantil aprofundaria excepcionalmente a plenitude da visão, da qual mais tarde criariam seus julgamentos. Falando em direito, certamente levariam em conta o fato de o rapaz diante deles, que na corrida pela vida quis levar vantagem por meios ilícitos, ter sido vergonhosamente enganado na largada.

De acordo com o modelo: os cursos de auto-escola para juízes especializados em causas automobilísticas permitiriam pensar em toda uma escola de juízes, articulada em várias disciplinas. Por exemplo:

dois semestres de casamento infeliz para juízes que devam julgar separações, abandono de lar e transgressões desse tipo,

um curso de abstinência, com exercícios de resistência, como aqueles que Santo Antônio teria aprovado, para juízes que julgam crimes morais.

Aulas de introdução ao martírio, que o homem comum precisa sofrer ao lidar com funcionários, acompanhadas de exercícios práticos: como partido no relacionamento com órgãos públicos (para juízes especializados em ofensas a funcionários públicos).

Os cursos mais importantes seriam, porém, aqueles para a experiência passiva da pena. Pois será que as pessoas que mandam outras para o cárcere, para a penitenciária, sabem exatamente o que é cárcere, o que é penitenciária? Será que esses senhores, que ponderam e refletem: "Deveríamos dar ao sujeito cinco, dez, doze, quinze anos?", será que eles, que calculam anos como se fossem unidades, têm uma idéia do que significa ficar sentado numa gaiola, mesmo que 24 horas, como um homem-animal? As penas seriam diferentes se os que os condenam tivessem alguma prática como prisioneiros, ou seja, se pudessem imaginar em sua própria plenitude de dores e sofrimentos o destino a que eles condenam.

No que diz respeito à pena de morte, dificilmente seria possível uma experiência penal passiva. E assim, de imediato, a pergunta – se tal pena deveria existir – teria de perecer em seu próprio absurdo. Se já existe uma certa imoralidade no fato de juízes humanos imporem a outros seres humanos um destino que eles mesmos só conhecem de ouvir dizer, quão diabolicamente absurda se torna a questão, o destino alheio, como no caso da pena de morte, de tal modo que ninguém, mesmo que tivesse a mais genial das imaginações, pudesse sequer pensar em tal coisa. Alguém sabe por acaso o que acontece quando se morre, ou já contou como é depois?

Cursos de auto-escola para juízes especializados em casos automobilísticos: o amanhecer de uma justiça melhor acena com dedos cor-de-rosa. Porém, no momento, apenas com o mindinho.

Johann Peter Hebel
O juiz inteligente

Todos nós já ouvimos alguma vez que nem tudo o que acontece no Oriente é tão ruim como se diz. O seguinte acontecimento também deve ter ocorrido por lá mesmo. Um homem rico tinha perdido por descuido uma quantia considerável de dinheiro, que estava costurada num lenço. Notificou sua perda e ofereceu, como é de hábito, uma recompensa de cem táleres à pessoa honesta que o encontrasse. Logo apareceu um homem bom e honesto. "Encontrei seu dinheiro. Deve ser esse! Receba de volta o que lhe pertence!" Assim falou ele com o olhar sereno de um homem honesto e de consciência tranqüila, e foi bonito de se ver. O outro também fez uma cara feliz, mas só porque tinha de volta seu adorado dinheiro perdido. Pois, no que se referia à sua honradez, isso logo seria demonstrado. Enquanto contava o dinheiro, pensava em como proceder para não pagar a recompensa prometida ao fiel descobridor. "Caro amigo", disse em seguida, "na verdade, havia oitocentos táleres costurados no lenço. Mas eu estou encontrando apenas setecentos. Você deve ter, portanto, descosturado uma parte e já ter retirado sua recompensa de cem táleres. Fez muito bem. Eu lhe agradeço." Isso não foi nada bonito de se ver. Mas ainda não chegamos ao fim. A honradez dura por mais tempo, e a injustiça abate seu próprio senhor. O honesto descobridor, a quem importavam menos os cem táleres e muito mais sua honradez irrepreensível, assegurou que havia encontrado o pacote do jeito que trouxera, e o trouxera como o encontrara. Ao final foram parar diante do juiz. Ambos continuaram firmes em suas afirmações, um de que havia oitocentos táleres costurados, o outro, de que não havia tirado nada do que encontrara e que não havia mexido no embrulho. A situação estava difícil. Mas o inteligente juiz, que pareceu perceber por antecipação a honestidade de um e o mau caráter do outro, resolveu o caso do seguinte modo: deixou que ambos dessem certeza absoluta do que afirmavam e pronunciou por fim a seguinte sentença: "Concluindo, se um dos senhores perdeu oitocentos táleres, mas o outro encontrou apenas um embrulho com setecentos táleres, então pode ser também que o dinheiro desse último não seja de fato o mesmo a que o primeiro tem direito. Você, honesto amigo, pegue, portanto, de volta o dinheiro que encontrou e conserve-o em segurança, até que apareça quem perdeu setecentos táleres. E a você não tenho outro conselho a dar senão que tenha paciência até que se apresente aquele que encontrar seus oitocentos táleres." Assim falou o juiz, e assim foi feito.

Karel Čapek
O jurado

"Bem, uma vez precisei desempenhar o papel de juiz", disse o senhor Firbas e pigarreou, "na verdade fui escolhido para ser jurado. Tratava-se justamente do caso de Luise Kadaniková, que havia matado seu marido. Entre os jurados havia oito homens e quatro mulheres. Pelo visto não vai ser fácil, dissemo-nos nós homens em segredo, as quatro mulheres com certeza vão tentar inocentar essa dona! E isso já nos colocou de antemão contra Luise. De maneira geral, tratava-se de fato do caso normal de um casamento infeliz. Esse Kadanik era um agrimensor civil e tinha uma esposa vinte anos mais nova; Luise ainda era uma garota ao se casar, e houve uma testemunha que afirmou ter visto a jovem chorar um dia antes do casamento e ficar pálida e enojada ao ter de encarar o marido. Muitas vezes pensei em quão horrível deve ser tal decepção para uma jovem inexperiente após o casamento, se imaginarmos que o homem só sabe se relacionar com prostitutas e depois passa a usar o mesmo comportamento com a esposa. Mas isso nenhum homem é capaz de imaginar. – O advogado, porém, tinha à disposição uma testemunha, segundo a qual Luise já teria tido antes do casamento um relacionamento com um estudante, com quem mantivera uma troca de correspondência também depois das núpcias. Demonstrava-se, portanto, desde o início, que havia algo de errado no casamento; na senhora Luise notava-se uma repugnância física por seu marido, depois de um ano ela teve um aborto e, a partir de então, uma doença de senhoras. O senhor agrimensor, porém, compensava-se de outra maneira; apenas em casa contava cada centavo e por qualquer motivo fazia um escândalo. Naquele dia eles tinham brigado novamente por causa de uma roupa íntima de seda, e o senhor agrimensor preparou-se para dar um passeio. Naquele momento, Luise se aproximou por trás e atirou na nuca de seu marido com um revólver. Depois, subiu as escadas e bateu à porta dos vizinhos, para que cuidassem do marido que havia matado; ela mesma queria se entregar; mas, ao descer as escadas, sentiu cãibras e caiu. Esse era todo o caso.

E agora lá estava ela com seus vinte anos sendo julgada. Luise já deve ter sido uma moça bonita, mas na prisão preventiva uma mulher não se torna mais bela; ela parecia estar inchada, e de seu rosto pálido cintilavam dois maldosos olhos cheios de ódio. À frente estava sentado, como num trono, o presidente do júri, a justiça personificada, muito digno, quase principesco em sua toga preta. O promotor era o advogado mais bonito que eu já vira: forte como um touro, tenso e pronto para a luta como um tigre bem alimentado; eram de se notar a força e a superioridade com que se lançava sobre sua presa, que o encarava com olhos ardentes e hostis. O advogado de defesa levantava-se nervoso a todo momento e trocava palavras ríspidas com o promotor; para nós jurados isso era desagradável, pois de vez em quando dava a impressão de que não se tratava do julgamento de uma assassina, mas de uma luta jurídica entre o promotor e o advogado de defesa. E assim nos encontrávamos lá, os juízes saídos do povo; viemos para julgar segundo medidas humanas, mas devo admitir que a disputa e as formalidades nos entediavam. No salão posterior aglomerava-se o auditório, que se deleitava com o caso de Luise Kadaniková; quando às vezes ela, acossada e acuada num canto, não conseguia falar, percebia-se um grunhido quase extasiado vindo da área dos espectadores." O senhor Firbas passou a mão pela testa, como se estivesse suando. "Muitas vezes me sentia como se não estivesse no banco de jurados, mas no dos réus, como se eu mesmo devesse saltar e dizer: 'Confesso tudo, façam comigo o que quiserem.'

Depois tínhamos testemunhas; cada uma tinha presumidamente algo a declarar, e nessas declarações havia vestígios da cidade de província, de um monte de ódio, bisbilhotice tanto para o bem quanto para o mal, inveja, política e chateação. Para encerrar, de acordo com as declarações das testemunhas, o assassinado tinha sido um homem honesto e decente e um cidadão exemplar, que gozava de excelente fama, mas era também mulherengo e avarento, uma pessoa brutal, sem educação e grosseira; em resumo, podíamos escolher. A senhora Luise trilhava um caminho pior: era uma mulher leviana, usava roupas de seda e não se ocupava dos afazeres domésticos, além disso tinha dívidas...

O promotor dirigiu-se a ela com um sorriso impassível: 'A acusada chegou a ter relações íntimas com algum homem antes do casamento?'

A acusada permaneceu calada, apenas suas bochechas coraram levemente.

O advogado de defesa levantou-se num salto. 'Peço que chamem para interrogatório aquela mulher que sofreu abuso sexual por parte de Kadanik quando trabalhava em sua casa. Ela tem um filho dele.'

O presidente do júri estava lá sentado, quase se podiam ler seus pensamentos: Meu Deus, como isso ainda vai se estender! Enquanto isso, o penoso interrogatório prosseguia; quem dos dois havia iniciado a contenda, quanto dinheiro a senhora Luise havia recebido para organizar as finanças da casa, se o marido tinha tido motivos para sentir ciúme. Nessas horas eu me sentia como se o discurso todo não fosse sobre o falecido Kadanik e seu casamento, mas sobre mim ou um dos jurados; meu Deus, o que se falou aqui sobre o morto também poderia ser dito a meu respeito. Aliás, por que as pessoas mencionam tais coisas? Eu me sentia como se nos tirassem a roupa, tanto das mulheres quanto dos homens, como se estivessem trazendo à luz nossa intimidade imunda, os segredos e hábitos de alcova. Era como se estivessem descrevendo nossa própria vida, mas de modo maldoso, lúgubre e infernal. Kadanik com certeza não era o pior dos sujeitos; era um tanto grosseiro, maltratava e humilhava sua esposa, era rigoroso e avarento, porque ganhava pouco e a duras penas; dava em cima das mulheres, seduzia empregadas e tinha um relacionamento com uma viúva, mas talvez apenas como consolo e por orgulho ferido, porque Luise o odiava como a um bicho inoportuno. Curiosamente, se uma das testemunhas falasse algo contra o assassinado, de como ele tinha sido implicante e mesquinho, brutal e grosseiro em sua volúpia, isso provocava em nós jurados do sexo masculino desagrado e solidariedade: Alto lá! Sentíamos como se alguém fosse atirar em nós *por esses motivos*... E quando, em contrapartida, outra testemunha incriminava a senhora Luise, dizendo que ela era leviana e vaidosa, além de outras coisas do gênero, nós homens do banco de jurados sentíamos algo como benevolência, que defendia Luise, enquanto as quatro mulheres abaixo de nós apertavam os lábios e assumiam um olhar implacável.

Por horas e dias a fio esse inferno matrimonial passou por nós, visto por serviçais e médicos, vizinhos e fofoqueiras: brigas e dívidas, doenças, tudo de mal e de penoso que um casal possa compartilhar; como se vísceras fossem apresentadas a nós em toda a sua feiúra. Tenho uma esposa boa e honesta; mas houve momentos em que eu não via sentada lá embaixo Luise Kadaniková, mas minha mulher Lida, acusada por ter matado seu marido chamado Firbas com um tiro na nuca. Cheguei mesmo a sentir essa dor terrível na nuca; vi Lida pálida e inchada, os lábios comprimidos, e com olhos que me encaravam cheios de medo, repugnância e terror. Era Lida que eles estavam acossando e despindo, era minha mulher, meu quarto, meus segredos, minha dor e minhas grosserias; quase chorei e disse: Você está vendo, Lida, a que ponto chegamos! Tive de fechar os olhos para me livrar daquelas visões horríveis; mas no escuro as declarações das testemunhas eram ainda mais penosas; e, quando encarei Luise, meu coração doeu: Meu Deus, Luise, como você mudou! E, quando voltei para casa depois do debate, Lida estava me esperando ansiosa e perguntou: 'Como é que foi, ela vai ser condenada?' – Era mesmo um processo sensacional, que interessava principalmente às mulheres. 'Eu', disse minha mulher bastante entusiasmada, 'eu a condenaria!' 'Você não tem nada a ver com isso', gritei; era terrível falar com minha mulher sobre aquilo. Na noite anterior ao julgamento, apossou-se de mim uma inquietude inexplicável, fiquei andando no quarto de um lado para o outro, pensando: talvez ela seja absolvida; afinal, para que há quatro mulheres entre os jurados? Mais um voto *contra*, e ela está livre; então, homem, vai ser o seu voto? Eu não encontrava nenhuma resposta; de repente me veio um pensamento: eu também tenho um revólver carregado no criado-mudo – um hábito dos tempos da guerra –, com que facilidade ele poderia cair nas mãos da minha mulher! Peguei a arma: será que eu deveria escondê-la ou levá-la para longe de casa? Ainda não, sorri, irônico, vai depender do que acontecer com Luise! E então comecei a me atormentar de novo: sim, dependendo do que lhe acontecer – e eu, como devo votar afinal?

No último dia do processo, o promotor público fez seu discurso de acusação, pronunciou-se bem e com rigor; não sei em que ele se baseou, mas falou em nome das relações familiares humanas. Eu ouvia as palavras como se viessem de muito longe, enquanto ele falava com grande ênfase de família e vida familiar, de casamento, de marido e mulher e das tarefas e deveres da esposa; afirmaram que aquele foi um dos discursos mais eloqüentes já havidos num tribunal. Depois o advogado de defesa tomou a palavra e utilizou um argumento bem ruim: baseou sua defesa numa análise sexual patológica. Provou quanta repugnância uma mulher frígida deve sentir diante do marido brutal, como sua aversão física se torna ódio; que vítima trágica torna-se a mulher entregue a um tirano sexual sem consideração. – Nesse momento dava para sentir como todos os jurados se distanciaram da senhora Luise e em seu subconsciente brotou um certo asco contra algo de anormal, que ameaça a ordem humana. As quatro mulheres abaixo de nós estavam pálidas, e se sentia a animosidade contra a mulher que, de certo modo, não havia cumprido seu dever. E aquele advogado imbecil continuava a falar sem parar de sua tese sexual.

 O presidente do júri observou indulgente a expressão irritada nos rostos dos jurados e procurou salvar a situação em sua súmula; não falou nem de família, nem de assuntos sexuais, mas do assassinado. Para nós jurados a situação ficou mais fácil; para ser franco, desse lado o caso nos pareceu mais esclarecedor e quase suportável.

 Até o final eu não sabia como ia responder à questão da culpabilidade. Mas, quando nos fizeram a pergunta: 'Luise Kadaniková é culpada por ter atirado em seu marido, Jan Kadanik, com a intenção de matá-lo?', então respondi, porque era o primeiro da fila, sem refletir, com um sim! Pois ela tinha tido a intenção de

matar e também tinha matado. E todos os doze jurados responderam com um sim.
Em seguida reinou um silêncio impressionante, olhei para as quatro mulheres abaixo de nós. Tinham um olhar severo, quase festivo, como se tivessem participado de uma luta pelos interesses da família.
Quando cheguei em casa, minha mulher correu excitada em minha direção. 'E então, como foi?' 'Com Luise?', perguntei distraído. 'Foi considerada culpada por doze votos. Condenada à morte por enforcamento.'
'Isso é terrível', comentou minha mulher, 'mas ela fez por merecer!'
Nesse momento alguma coisa se liberou em mim. 'É', gritei nervoso para Lida, 'ela mereceu, pois fez uma burrice! Preste bem atenção nisso, Lida, pois, se ela tivesse mirado as têmporas, em vez da nuca, poderia ter afirmado que tinha sido suicídio, você está me entendendo, Lida? Teria sido considerada inocente – preste bem atenção nisso!'
Fechei a porta atrás de mim; precisava ficar sozinho. E, para que os senhores saibam, meu revólver ainda se encontra na gaveta destrancada, não o tirei de lá."

Jaroslav Hašek
Schwejk diante dos médicos-legistas

Os quartinhos limpos e confortáveis do presídio deram uma ótima impressão a Schwejk. As paredes caiadas de branco, as grades laqueadas em preto e até mesmo o gordo supervisor geral dos que estavam em prisão preventiva, o senhor Demartini, com as palas roxas e o galão roxo no quepe de funcionário. A cor roxa não é prescrita apenas neste caso, mas também em cerimônias religiosas na quarta-feira de cinzas e na sexta-feira da paixão.

A gloriosa história do domínio romano sobre Jerusalém se repetia. Conduziram os prisioneiros para fora e colocaram-nos no andar térreo diante dos Pilatos do ano de 1914. E os juízes de instrução criminal, Pilatos da nova era, em vez de lavar as mãos com todas as honras, mandavam que lhes buscassem no 'Teissig' *gulasch* e cerveja Pilsen e enviavam ao ministério público cada vez mais ações novas.

Na maior parte dos casos, qualquer tipo de lógica deixava de existir, e o § vencia, o § estrangulava, o § imbecilizava, o § crepitava, o § ria, o § ameaçava e não perdoava. Eram equilibristas da lei, sacerdotes do sacrifício das letras da lei, devoradores de acusados, tigres da floresta austríaca, que calculavam seu salto sobre o acusado de acordo com o número do parágrafo.

Uma exceção constituíam alguns senhores (bem como na direção da polícia), que não levavam a lei tão a sério, pois em qualquer lugar se encontra trigo no meio do joio.

Schwejk foi conduzido a um desses senhores para interrogatório. Um homem de idade, de aparência benevolente, que, ao interrogar o famoso assassino Valesch, não se esqueceu de dizer: "Por favor, sente-se, senhor Valesch, aqui há uma cadeira vazia."

Quando conduziram Schwejk diante dele, este lhe ordenou com sua amabilidade natural que se sentasse, e disse:
"Então o senhor é o senhor Schwejk?"
"Acho que sim", retrucou Schwejk, "já que meu pai também era um Schwejk e minha mãe era uma Schwejk. Não posso fazer os dois passar por essa vergonha de negar meu próprio nome."
Um sorriso amigável passou pelo rosto do juiz de instrução criminal.
"Mas o senhor arranjou uma bela história, não é? O senhor tem muita coisa nessa sua cabeça."
"Sempre tenho muita coisa na cabeça", disse Schwejk, rindo ainda mais amigavelmente que o senhor juiz, "talvez eu tenha mais coisa na cabeça do que o senhor, Vossa Senhoria."
"Isso dá para perceber pelo auto que o senhor assinou", disse em tom não menos gentil o juiz de instrução criminal, "alguém na polícia pressionou o senhor de algum modo?"
"Mas por que haveria, Vossa Senhoria? Eu mesmo perguntei a eles se eu tinha de assinar aquilo, e, como eles disseram que sim, eu obedeci. Não era por causa de minha assinatura que eu ia brigar com eles. Eu não sirvo pra isso. A ordem tem de ser cumprida."
"O senhor está se sentindo bem de saúde, senhor Schwejk?"
"Bem, bem, não, Vossa Senhoria. Sofro de reumatismo, me trato com Opodeldoque."
O senhor de idade sorriu mais uma vez cordialmente: "O que o senhor diria, se nós mandássemos que

médicos-legistas o examinassem?" "Acho que não estou tão mal assim para que os senhores perdessem um tempo precioso comigo. Um senhor doutor lá do departamento de polícia já me examinou para ver se não tenho gonorréia."

"Sabe de uma coisa, senhor Schwejk, mesmo assim vamos tentar com os médicos-legistas. Vamos organizar uma comissão, mantê-lo em prisão preventiva e, nesse meio tempo, o senhor vai poder descansar. Só mais uma pergunta: de acordo com suas declarações, o senhor andou espalhando por aí que uma guerra está para começar?"

"É isso mesmo, Vossa Senhoria, loguinho ela vai estar por aí."

"E o senhor não é acometido de ataques de tempos em tempos?"

"Não, por favor, só uma vez um carro quase me pegou na Karlsplatz, mas isso já faz tempo."

E com isso terminou o interrogatório. Schwejk estendeu a mão ao juiz. Quando voltou para sua cela, disse a seu vizinho: "É isso aí, por causa do assassinato do senhor arquiduque Ferdinando, os médicos-legistas vão me examinar."

"Também já fui examinado pelos médicos-legistas", disse um jovem, "foi daquela vez que fui julgado por causa dos tapetes. Falaram que eu não batia bem da bola. Desta vez destruí um torno a vapor, e não podem fazer nada comigo. Meu advogado me disse ontem que, se eu já fui declarado insano uma vez, então já devo ter um precedente para a vida toda."

"Eu não acredito nem um pouco nesses médicos-legistas", comentou um homem de aparência inteligente. "Uma vez eu falsifiquei uma letra de câmbio e, para me garantir, assisti a todas as palestras do doutor Heveroch[1], e, quando eles me pegaram, simulei ser um paralítico, do mesmo jeito que o doutor Heveroch tinha descrito. Mordi na perna um dos médicos-legistas da comissão, bebi toda a tinta do tinteiro e em vão, meus amigos, fiz minhas necessidades diante da comissão. Mas justamente por eu ter mordido a canela de um deles me consideraram totalmente são, e eu me saí mal."

"Não tenho nem um pouco de medo desses senhores", declarou Schwejk; "quando cumpri o serviço militar, um veterinário me examinou, e deu tudo certo."

"Os médicos-legistas são uns patifes", manifestou-se um homenzinho encurvado; "há pouco tempo encontraram por acaso um esqueleto no meu terreno, e os médicos-legistas disseram que esse esqueleto foi morto há quarenta anos por um golpe de um objeto embotado na cabeça. Tenho trinta e oito anos e fui detido, embora eu tenha uma certidão de batismo, um pedaço da certidão de nascimento e um documento de identidade."

Na minha opinião, disse Schwejk, "deveríamos olhar tudo pelo seu lado bom. Todo o mundo pode errar e tem de errar, quanto mais pensar numa coisa. Os médicos-legistas são pessoas, e as pessoas têm seus defeitos. Como uma vez em Nusle, bem pertinho da ponte

---

1. Psiquiatra famoso.

sobre o regato de Botitsch, quando à noite um homem chegou perto de mim. Eu estava saindo do 'Banzet' para voltar para casa, e alguém bateu com um vergalho na minha cabeça. Depois que caí no chão, ele olhou para mim e disse: 'Foi um engano, esse não é ele.' E ficou com tanta raiva por ter-se enganado, que ainda me bateu mais nas costas. Faz parte da natureza humana errar até a hora da sua morte. Como o homem que encontrou de noite um cachorro louco quase congelado. Ele o leva para casa e coloca-o para dormir junto com ele e sua mulher. Depois que o cachorro esquentou e se recuperou, mordeu toda a família, e estraçalhou e devorou o menorzinho que estava no berço. Posso também dar como exemplo o caso do torneiro que cometeu um erro lá na minha terra. Ele abriu com a chave a porta da igreja, porque achava que era sua cozinha, e se deitou no altar, porque achava que estava em casa, na sua cama, e se cobriu com alguns desses panos com inscrições sagradas e, sob a cabeça, o Evangelho e outros livros sagrados, para ficar com a cabeça alta. Logo cedo, quando o sacristão o encontrou, o homem lhe disse bem mansinho, ao dar-se por si, que se tratava de um engano. 'Um belo de um engano', disse o sacristão, 'se por causa dele precisarmos mandar consagrar a igreja de novo.' Sendo assim, esse torneiro foi parar diante dos médicos-legistas, que lhe certificaram sua total responsabilidade e sobriedade. Se estivesse bêbado, não teria conseguido acertar a fechadura da igreja com a chave. E o torneiro acabou morrendo em Pancrác. Ou ainda outro exemplo, do caso de um cão policial que se enganou em Kladno, o pastor alemão do famoso guarda Rotter. O guarda Rotter criou essa raça de cães e fez experiências com vagabundos, até que todos eles começaram a deixar a região. Depois deu ordem para que os gendarmes, custasse o que custasse, trouxessem uma pessoa suspeita. Estes levaram até ele um homem até que bem vestido, que tinham visto sentado num tronco de árvore nos bosques Laner. Já começaram mandando cortar um pedacinho da aba do casaco dele e deram para os cachorros da polícia cheirar; em seguida levaram o tal homem até um lugar fora da cidade e mandaram esses cachorros amestrados atrás dele. Eles acharam o homem e trouxeram-no de volta. Depois o homem teve de subir uma escada, pular o muro e saltar no lago, com os cachorros atrás dele. No final descobriram que o homem era um deputado tcheco, radical, que tinha ido dar um passeio nos bosques Laner porque estava cansado do parlamento. Por isso digo a vocês que todas as pessoas estão sujeitas ao erro, todas elas se enganam, seja um sábio ou uma pessoa sem nenhum estudo. Até os ministros erram."

A comissão dos médicos-legistas, que devia decidir se o horizonte espiritual de Schwejk correspondia ou não aos crimes de que era acusado, compunha-se de três senhores extraordinariamente sérios, cujos pontos de vista eram significativamente diversos.
Eles representavam três escolas científicas e três concepções psiquiátricas diferentes.

Se no caso de Schwejk chegou-se a uma total concordância entre essas posições científicas opostas, isso só pode ser explicado por meio da impressão fulminante que Schwejk provocou na comissão inteira. Ao entrar na sala em que sua condição mental seria testada e notar pendurado na parede o quadro do monarca austríaco, exclamou: "Meus senhores, viva o imperador Francisco José I."
O caso ficou totalmente esclarecido. Graças à manifestação espontânea de Schwejk, uma série inteira de perguntas deixou de ter sentido, restavam apenas algumas das mais importantes, cujas respostas, seguindo o sistema do psiquiatra Kallerson, do doutor Heveroch e do inglês Weikin, determinariam o verdadeiro estado mental de Schwejk.
"O rádio é mais pesado que o chumbo?"
"Desculpem, nunca pesei nenhum dos dois", respondeu Schwejk com seu sorriso cordial.
"O senhor acredita no fim do mundo?"
"Primeiro eu precisaria ver o fim do mundo", respondeu Schwejk impassível, "mas com certeza não o veremos amanhã."
"O senhor seria capaz de medir o diâmetro do globo terrestre?"
"Perdão, eu não gostaria de fazer isso", respondeu Schwejk, "mas, meus senhores, eu também gostaria de lhes propor uma charada: é uma casa de três andares, cada andar tem oito janelas. No telhado há duas cumeeiras e duas chaminés. Em cada andar há dois inquilinos. E agora me digam, meus senhores, em que ano morreu a avó do zelador do prédio?"

Os médicos olharam-se significativamente, mas mesmo assim um deles ainda fez a pergunta:
"O senhor não conhece a maior depressão do Oceano Pacífico?"
"Não, senhor", foi a resposta, "mas acho que, decididamente, ela não pode ser maior que a do Moldau sob os rochedos de Wyschehrad."
O presidente da comissão perguntou apenas: "Chega?", mas um dos membros ainda se permitiu fazer a seguinte pergunta:
"Quanto é 12 897 vezes 13 863?"
"729", respondeu Schwejk, sem pestanejar.
"Acho que isso é mais do que suficiente", disse o presidente da comissão. "O senhor pode levar o acusado de volta."
"Agradeço aos senhores", disse Schwejk respeitosamente, "para mim também isso foi mais do que suficiente."

Depois que ele saiu, o colegiado dos três concluiu que Schwejk era um imbecil e idiota notório de acordo com todas as leis naturais descobertas pelas ciências psiquiátricas.

No relatório enviado ao juiz de instrução criminal encontrava-se, entre outras coisas, o seguinte: "Os médicos-legistas abaixo-assinados baseiam-se em seu julgamento de total embotamento mental e de cretinismo inato de Josef Schwejk, levado à presença da acima mencionada comissão, no dito proferido por ele: Viva o imperador Francisco José I, que é totalmente suficiente para que se permita reconhecer o estado mental de Josef Schwejk como o de um notório idiota. A comissão abaixo-assinada requer, portanto: 1º arquivamento da sindicância contra Josef Schwejk; 2º translado de Josef Schwejk para observação na clínica psiquiátrica, para que se verifique até que ponto seu estado mental é perigoso para a comunidade."

Enquanto esse relatório era feito, Schwejk explicava a seus colegas de cela: "Fizeram pouco caso do Ferdinando, e só conversaram bobagem comigo. No final disseram que nossa conversa tinha sido mais do que suficiente para nós e foram embora."

"Não acredito em ninguém", observou o homenzinho encurvado, em cujo quintal tinham encontrado um esqueleto, "é tudo uma bandalheira."

"Até essa bandalheira tem de existir", disse Schwejk, deitando-se no colchão de palha; "se todas as pessoas sempre quisessem o bem das outras, logo uma ia acabar matando a outra."

Christa Reinig

O carrasco

ele abriu o colarinho
e para o cadafalso foi sozinho
seu guarda lhe trouxe aguardente
pois além disso não tinha nada em mente

o ajudante pôs com cuidado
a corda no pescoço do mestre condenado
depois fez-lhe o nó com muita destreza
e o mestre lhe disse já sem firmeza:

seja competente ao me substituir
e não se esqueça, antes de sair,
de verificar se o nó foi bem dado
mostre bem qual foi seu aprendizado.

§ 5 A descoberta da verdade

"Pare! Não diga nada! - - -
Ciúme? - - Cobiça? - - -
Perfídia? ..."

Dicionário ilustrado Duden
Polícia

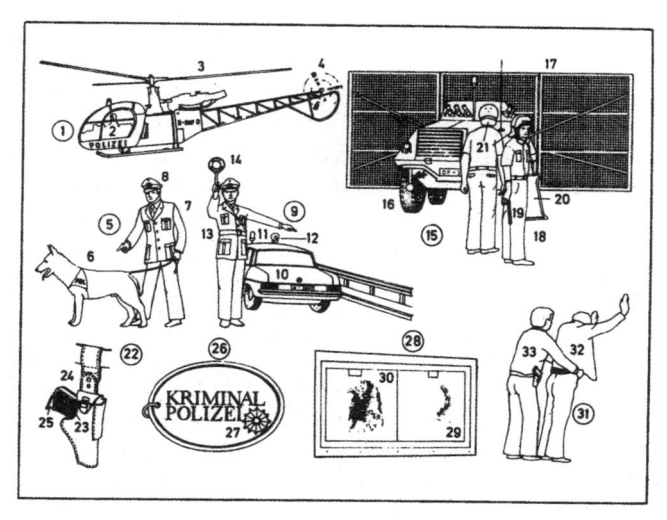

1-33 o serviço de execução policial
1 o **helicóptero da polícia** (helicóptero de controle de trânsito), para supervisão aérea do trânsito
2 a cabine do piloto
3 o rotor (rotor principal)
4 o rotor da cauda
5 **a mobilização com cães policiais**
6 o cão da polícia
7 o uniforme
8 o quepe, um boné com emblema
9 **o controle de trânsito de uma patrulha motorizada**
10 a radiopatrulha
11 o sinal luminoso azul
12 a sirene
13 o patrulheiro
14 o sinalizador policial
15 **a mobilização contra manifestações**
16 o carro especial
17 a grade de isolamento
18 o policial em traje de proteção
19 a arma branca (o cassetete de borracha)
20 o escudo de proteção
21 o capacete de proteção
22 **a pistola de serviço**
23 o cabo da pistola
24 o coldre
25 a coronha do revólver
26 **o distintivo** da polícia criminal
27 a estrela da polícia
28 **a dactiloscopia**
29 a impressão digital
30 a tabuleta luminosa
31 **a revista corporal**
32 o suspeito
33 o policial em traje civil

Carl Sternheim
O policial do sexto distrito

Ao romper o dia de epifania, o policial do sexto distrito, Christoph Busekow, ocupava seu posto no ponto de confluência das ruas principais havia quatro horas. A princípio, a consciência de que a ordem e a segurança dependiam apenas de sua pessoa fortaleceu seu senso de prontidão; aos poucos, como tudo se acomodava, sua atenção perdeu o interesse, desapareceu com a massa das coisas que se moviam e eram movidas.

Quanto mais se aproximava a hora da sua substituição, mais sentia-se tomado por duas sensações. A chuva parecia iminente, e ele calculava como faria para evitar as poças de água entre as pedras a caminho de sua casa, mantendo os ombros encolhidos e pisando com cautela; mais do que essa visão, deixava-o feliz o cheiro do café, que deveria estar pronto sobre a mesa assim que ele entrasse em casa. Só de tempos em tempos sua vontade regressava aos óculos, procurando com indignação distraída alguma coisa errada à sua frente.

Esse olhar armado atingia não apenas pedestres em trajes civis; da forma como lançava olhares flamejantes, impressionava também seus próprios colegas, que sentiam: ele enxerga tudo, é um policial nato.

Com habilidade, converteu a derrota do nascimento, a miopia, numa vantagem. Certo de sua inaptidão para um cargo de fiscalização no julgamento de instâncias competentes e elevando todas as forças saudáveis dos outros órgãos para o olho, assumira por trás dos óculos uma expressão tão briosa, que as pessoas qualificadas diziam esperar algo de especial de sua visão penetrante. Ele, por sua vez, preocupado em decepcionar essa esperança e violando cada vez mais o corpo, com o passar do tempo transformou todo seu pecúlio em marcada força muscular no poder de espiar e farejar, até que suas coxas, que sob o sargento do qüinquagésimo regimento de infantaria tinham deixado para trás poderosas marchas diárias, agora moles e fracas mal conseguiam mantê-lo no posto; os braços, antes intumescidos de tanto movimentar a arma, perderam o prazer de entrar em ação. Como, porém, ele geralmente ficava imóvel numa ilha de concreto entre duas vias de tráfego, e nesse local avivado pelo trânsito, além dos olhos, raramente era exigido o braço da lei, esse mal corporal lhe permanecia oculto.

Por outro lado, nos últimos tempos ele começou a investir apropriadamente naquele capital da capacidade visual, que no início, por conhecer tantos recursos, havia dissipado no mundo que o circundava. Agora apenas os transeuntes que não conhecia mereciam o crédito da sua atenção. Pois, como o local encontrava-se próximo de algumas lojas de departamento e de bancos, grande parte do público era sempre o mesmo, e, depois de ter examinado e julgado a presença de cada um durante longos anos de participação involuntária, Busekow fixava conscientemente apenas um novo chapéu ou a mudança da moda de verão e de inverno.

Desse modo, comportava-se diante de sua clientela inversamente ao banqueiro que, quanto mais conhecesse um cliente, e quanto mais provas de confiabilidade recebesse dele, menos dinheiro lhe emprestaria. Busekow, por sua vez, dirigia todo o pecúlio do olhar a um que adentrasse pela primeira vez seu campo de visão e, quanto mais confiável o novato se mostrasse, tanto mais solícito ele o servia. Graças a essa medida, algumas vezes ele conseguiu reconhecer em pessoas que haviam passado despercebidas em outros postos policiais características de oculta agitação, além de descrevê-las a colegas que faziam as patrulhas e presenciar o fato de que os surpreendidos, ao serem examinados, se revelavam como sendo malfeitores procurados. E assim, naquela manhã antes de sua substituição às seis horas, ainda aconteceu duas vezes de ele ter de observar com precisão primeiro a batida de um ônibus num caminhão de leite – por sorte sua advertência foi suficiente para desenredar a situação –, e depois, no meio daquela multidão de mulheres que à noite procuram pão no mesmo trecho de rua e das quais ele conhecia até a barra da combinação, uma nova surgiu: loira, esplendorosa, com uma marca de sangue na bochecha esquerda, perto do canto da boca.

Roda Roda
Educação

Continuo afirmando: apenas uma infância bem cuidada nos dá base para a vida.

O barão Frimmel, o primeiro-tenente Berghammer –
mas fora de serviço – e eu – fomos uma vez passear no
Prater. Na verdade, não se tratava de um passeio, mas
de uma marcha forçada a serviço da mudança de local
– três horas da manhã –, e nós nos mantínhamos um
segurando no ombro do outro, para não sucumbir às
agruras do dia.
 Três horas da manhã. Frimmel tinha consigo um dogue, Berghammer, um cassetete de borracha, e eu, um pouco de jiu-jitsu.
 Depois disso fomos presos, porque o auxiliar de barbeiro Kamillo Lendecke (solteiro, católico, travessa Novara 26) tinha saído com vários ferimentos.
 Do momento da prisão em diante não trocamos nenhuma palavra entre nós.
 Apesar disso, quando fomos interrogados um por vez, dissemos exatamente a mesma coisa: Lendecke, apesar de nossos bons conselhos, tinha metido sua cabeça numa cerca de arame farpado.
 Os três depoimentos idênticos, dados com extrema segurança e calma, permitiram, portanto, nossa libertação.
 E nem tínhamos podido nos encontrar.
 Também não era necessário. Uma pessoa discreta saberá se comportar bem mesmo numa situação tão difícil.

Albert Camus
O estrangeiro

Logo depois da minha prisão, fui interrogado várias vezes. Mas se tratava apenas de perguntas sobre minha identidade, não demoravam muito. A princípio, meu caso parecia não interessar ninguém no comissariado. Oito dias mais tarde, porém, o juiz de instrução criminal me olhou com curiosidade. No início, só quis saber meu endereço, meu nome, minha profissão, a data e o local de nascimento. Depois perguntou se eu tinha conseguido um advogado. Neguei e lhe perguntei se era mesmo necessário ter um. "Como assim?", disse ele. Respondi que achava meu caso bastante simples. Ele disse, sorrindo: "Essa é a sua opinião. No entanto, a lei existe. Se o senhor não constituir um advogado, determinaremos que um advogado público de defesa assuma o caso." Achei bastante cômodo que a justiça se incumbisse desses detalhes. Isso eu também disse a ele. Ele concordou comigo e disse que achava a lei bastante boa.

A princípio eu não o levei a sério. Ele me recebeu numa sala com cortinas fechadas, sobre sua escrivaninha havia uma única luminária, que iluminava a cadeira na qual me fez sentar, enquanto ele permanecia no escuro. Eu já havia lido uma descrição semelhante em alguns livros, e tudo me pareceu um jogo. Depois de nossa conversa, porém, eu o observei e vi um homem de traços finos, profundos olhos azuis, alto, com um longo bigode grisalho e vasta cabeleira, quase branca. Pareceu-me bastante sensato e, no geral, simpático, apesar dos tiques nervosos que lhe repuxavam a boca. Ao sair, cheguei quase a lhe estender a mão, mas me lembrei a tempo de que eu havia matado um homem. No dia seguinte, um advogado me visitou na prisão. Era pequeno e roliço, bastante jovem, com os cabelos cuidadosamente penteados. Apesar do calor (eu estava em mangas de camisa), ele usava um terno escuro, um colarinho engomado e uma gravata esquisita com largas riscas pretas e brancas. Colocou sobre minha cama a pasta que trazia sob o braço, apresentou-se e disse que havia estudado meus autos. Meu caso era delicado, mas ele não duvidava do sucesso, se eu confiasse nele. Agradeci, e ele disse: "Vamos ao que interessa."

Sentou-se na cama e me explicou que haviam colhido informações sobre minha vida particular. Souberam que minha mãe tinha morrido havia pouco tempo no asilo. Depois fizeram uma investigação em Marengo. Os monitores haviam informado que no dia do enterro de minha mãe "eu havia dado provas de insensibilidade". "Espero que o senhor entenda", disse-me o advogado, "que fico um tanto constrangido ao lhe fazer tal pergunta. Mas é muito importante. E será um forte argumento para a acusação se eu não tiver nada a dizer." Ele queria que eu o ajudasse. Perguntou-me se eu tinha ficado triste naquele dia. Essa pergunta me surpreendeu bastante, e acho que eu ficaria constrangido se tivesse de fazê-la. Respondi, no entanto, que havia perdido um pouco o costume de me observar e que me era difícil informá-lo a respeito. Naturalmente eu gostava muito de minha mãe, mas isso não significava nada. Todas as pessoas sãs já chegaram a desejar de algum modo a morte daqueles que amam. Neste ponto o advogado me interrompeu e me pareceu muito agitado. Fez-me prometer-lhe não dizer aquilo na audiência nem diante do juiz de instrução criminal. Expliquei-lhe, porém, que minha natureza fazia com que minhas necessidades físicas freqüentemente contrariassem meus sentimentos. No dia do enterro de minha mãe, eu estava muito cansado e tinha sono. De maneira que não me dei conta do que se passava. O que podia dizer com certeza é que eu teria preferido que minha mãe não tivesse morrido. Mas meu advogado não pareceu satisfeito. Ele disse: "Isso não é suficiente."

Ele refletiu. Perguntou-me se podia dizer que naquele dia eu havia dominado meus sentimentos naturais. Respondi-lhe: "Não, porque não é verdade." Ele me olhou de maneira estranha, como se eu lhe inspirasse um pouco de desgosto. Disse-me quase com maldade que, de qualquer modo, o diretor e os funcionários do asilo seriam ouvidos como testemunhas, e que "isso podia me colocar em maus lençóis". Chamei sua atenção para o fato de que essa história não tinha nada a ver com meu caso, mas ele me respondeu apenas que era visível minha falta de experiência com a justiça.

Foi embora aborrecido. Eu queria tê-lo segurado, explicar-lhe que desejava sua simpatia, não para ser mais bem defendido, mas, se assim posso dizer, espontaneamente. Notei, sobretudo, que não o deixava à vontade. Ele não me entendia e estava um pouco bravo comigo. Eu queria lhe assegurar que sou como todo mundo, exatamente como todo mundo. Mas, no fundo, tudo aquilo não fazia muito sentido, e eu desisti de fazer isso por indolência. Pouco tempo depois, fui novamente conduzido ao juiz de instrução. Eram duas horas da tarde e, desta vez, sua sala encontrava-se tomada por uma luz que acabava de ser filtrada por uma cortina de *voile*. Estava muito quente. Mandou-me sentar e, muito educadamente, explicou que meu advogado, "devido a um contratempo", não pudera vir. Mas eu tinha o direito de não responder às suas perguntas e esperar até que meu advogado pudesse me assistir. Eu disse que podia responder sozinho. Ele apertou com o dedo um botão na escrivaninha. Um jovem escrivão apareceu e sentou-se quase atrás de mim.

Nós dois nos acomodamos em nossas cadeiras. O interrogatório começou. No início, ele me disse que me consideravam uma pessoa reservada e fechada, e quis saber qual minha posição diante disso. Respondi: "É porque nunca tenho nada de especial a dizer. Por isso prefiro me calar." Ele sorriu como da primeira vez, reconheceu que aquela era a melhor das razões e acrescentou: "Além do mais, isso não tem nenhuma importância." Calou-se, olhou para mim e endireitou-se bruscamente para me dizer com rapidez: "O que me interessa é o senhor." Não entendi direito o que ele queria dizer com aquilo e não respondi. "Há alguma coisa nos seus gestos", acrescentou, "que me escapam. Estou certo de que o senhor vai me ajudar a compreendê-la." Eu disse que tudo era muito simples. Ele mandou que eu lhe descrevesse os acontecimentos daquele dia. Descrevi-lhe o que já lhe havia contado uma vez: Raymond, a praia, o banho, a briga, de novo a praia, a pequena fonte, o sol e os cinco tiros. A cada frase ele dizia: "Bom, bom." Quando então falei do corpo estendido, ele concordou novamente, dizendo: "Bom." Eu já estava cansado de repetir sempre a mesma história, e me parecia nunca ter falado tanto.

Após um certo silêncio, ele se levantou e disse que queria me ajudar, que eu o interessava e que, com a ajuda de Deus, faria algo por mim. Antes, porém, ele queria me fazer algumas perguntas. Inesperadamente me perguntou se eu amava minha mãe. Respondi: "Sim, como qualquer pessoa", e o escrivão, que até o momento havia datilografado com regularidade, deve ter errado alguma tecla, pois ele se atrapalhou e precisou retomar do começo. Sem qualquer lógica aparente, o juiz me perguntou então se eu tinha dado os cinco tiros seguidos. Eu pensei um pouco e precisei que primeiro tinha dado um tiro e depois de alguns segundos os quatro restantes. "Por que o senhor esperou entre o primeiro e o segundo tiro?", perguntou ele então. Mais uma vez vi a praia vermelha e senti o sol queimando em minha testa. Mas desta vez não respondi. Durante o silêncio que se seguiu, o juiz pareceu se inquietar. Sentou-se, passou a mão pelos cabelos, apoiou os cotovelos sobre a escrivaninha e inclinou-se em minha direção com uma expressão estranha no rosto: "Por que, por que o senhor atirou num corpo que estava caído no chão?" Mais uma vez eu não soube responder. O juiz passou as mãos no rosto e repetiu sua pergunta com a voz um pouco alterada: "Por quê? O senhor precisa me dizer! Por quê?" Continuei calado. De repente ele se levantou, foi a passos largos até uma extremidade de seu escritório e abriu a gaveta de um arquivo. Dela tirou um crucifixo prateado, que brandiu vindo em minha direção. Com a voz totalmente diferente, quase trêmula, gritou: "O senhor conhece isso aqui?" Eu disse: "Sim, claro." Então me contou com rapidez e ardor que acreditava em Deus e que, segundo sua convicção, ninguém era tão culpado para que Deus não pudesse perdoar, mas para tanto era necessário que a pessoa, por meio do seu arrependimento, se transformasse como que numa criança, cuja alma é pura e pronta a aceitar tudo. Ele tinha todo o corpo inclinado sobre a mesa. Balançava o crucifixo quase em cima de mim. Para falar a verdade, eu havia acompanhado muito pouco seu raciocínio, primeiro porque eu estava com calor, e seu gabinete estava cheio de moscas grandes que pousavam em meu rosto, e depois porque ele me assustava um pouco. Ao mesmo tempo, eu reconhecia que isso era ridículo, pois, afinal de contas, o criminoso era eu. No entanto, ele continuou falando. Pelo que entendi, segundo ele havia um único ponto obscuro no meu depoimento: o fato de eu ter vacilado antes de dar o segundo tiro. Todo o resto estava em ordem, só aquilo ele não conseguia entender.

Eu quis lhe dizer que ele não devia se ater àquilo: esse último ponto não era muito importante. Mas ele me cortou e, ereto em toda a sua altura, exortou-me uma última vez, perguntando-me se eu acreditava em Deus. Neguei. Sentou-se com indignação. Disse que era impossível, que todas as pessoas acreditavam em Deus, mesmo as que se afastavam dele. Essa era a sua convicção, e, se alguma vez tivesse de duvidar dela, sua vida perderia o sentido. "O senhor quer", exclamou, "que minha vida não tenha nenhum sentido?" Na minha opinião, eu não tinha nada a ver com aquilo, e foi o que eu lhe disse. Mas cruzando a mesa ele avançava o Cristo sob meus olhos e gritava em desatino: "Sou cristão. Peço perdão a ele pelos teus erros. Como você pode não acreditar que ele sofreu por você?" Observei que ele estava me tratando por você, mas eu já não estava agüentando. O calor aumentava. Como sempre, quando quero me livrar de alguém que mal consigo ouvir, fingi que concordava com ele. Para minha surpresa, ele triunfou: "Você está vendo? Você está vendo?", dizia. "Então você acredita, e vai confiar nele?" Evidentemente, eu disse "não" mais uma vez. Ele se deixou cair de volta em sua poltrona.

Parecia muito cansado. Calou-se por um instante, enquanto a máquina, que não havia cessado de seguir o diálogo, prolongava-o nas últimas frases. Depois me olhou com atenção e um pouco de tristeza. Murmurou: "Nunca vi uma alma tão insensível quanto a sua. Os criminosos que já estiveram aqui na minha frente sempre choravam diante dessa imagem de dor." Quis responder que isso acontecia justamente porque se tratava de criminosos. Mas percebi que eu também era como eles. Eu não conseguia dominar esse pensamento. Então o juiz se levantou, como se quisesse me dar a entender que o interrogatório havia terminado. Ele só me perguntou com o mesmo ar um tanto cansado se eu estava arrependido de meu ato. Refleti e disse que, mais do que verdadeiro arrependimento, sentia um certo tédio. Tive a impressão de que ele não podia me compreender. Mas nesse dia não aconteceu mais nada.

Voltei a ver outras vezes o juiz de instrução. Porém, em todas elas, eu estava acompanhado de meu advogado. Limitavam-se a me fazer precisar determinados pontos de minhas declarações precedentes. Ou então o juiz discutia com o advogado a respeito da prova de culpabilidade. Mas na verdade os dois nunca me davam atenção nessas horas. De qualquer modo, pouco a pouco o tom dos interrogatórios começou a se modificar. O juiz parecia não se interessar mais por mim e ter classificado meu caso de algum jeito. Não me falou mais de Deus, e nunca mais voltei a vê-lo na excitação daquele primeiro dia. O resultado foi que nossas conversas se tornaram mais cordiais. Algumas perguntas, uma conversa rápida com meu advogado, e os interrogatórios chegavam ao fim. Meu caso seguia seu caminho, como o próprio juiz dizia. Às vezes, quando a conversa era de ordem genérica, incluíam-me nela. Eu começava a respirar. Naquelas horas, ninguém me tratava mal. Tudo era tão natural, tão bem regrado e tão sobriamente representado, que eu tinha a ridícula impressão de "pertencer à família". E, depois dos onze meses que durou o inquérito, posso dizer que quase me surpreendi por ter-me divertido como nunca com esses raros momentos em que o juiz me reconduzia à porta de seu gabinete, batia em meu ombro e dizia cordialmente: "Por hoje é tudo, senhor Anticristo." Em seguida, voltavam a me colocar entre as mãos dos guardas.

Adolf Bäuerle
O interrogatório

Cena onze

Escrivão soa a campainha.
Um funcionário aparece.
Escrivão: O detento!
(O funcionário sai.)

Cena doze

Escrivão. Funcionário. Wiesel. Ochs.

Escrivão: Esperem diante da porta! (Ochs sai.)
Wiesel (para si mesmo): Agora vou para meu primeiro interrogatório. Deus do céu, e se me mandarem para a forca? Bom, não foi para isso que viajei para Frankfurt. Eu mesmo poderia me enforcar em casa, se quisesse!

Escrivão (enquanto prepara seus papéis): Você se encontra diante do tribunal e vai responder às perguntas que lhe forem feitas. Você deve responder de modo claro, inteligível e conciso, e dizer a verdade, se não quiser se comprometer. – Vamos começar então: qual o seu nome?
Wiesel: Ulerich, Sebastian, Felix, Longinus Wiesel.
Escrivão: Longinus?
Wiesel: Na verdade eu deveria me chamar Curtinus, porque sou pequeno, mas, quando fui batizado, meu pai ainda não sabia de que tamanho eu ia ficar.
Escrivão: Isso não vem ao caso.
Wiesel: Eu estou dizendo tudo que sei.
Escrivão: Nascido?
Wiesel: Sim.
Escrivão: Nascido?
Wiesel: Sim.
Escrivão: Claro que você nasceu, mas onde?
Wiesel: Na casa do doceiro.
Escrivão: Mas que respostas são essas! Não seja tão idiota! Estamos em Frankfurt. Onde você nasceu?
Wiesel: Ah, sei! Em Viena, na travessa Gastätten, na periferia de Laimgrube, junto a Adão e Eva, na casa do doceiro – a dois lances de escada abaixo do térreo, no quarto onde meu pai fazia botas.
Escrivão (balança a cabeça com desaprovação e escreve): Idade?
Wiesel: Não, jovem.
Escrivão: Qual a sua idade?
Wiesel: Trinta e um anos, e já estou indo para os trinta e dois.

Escrivão: Quem era seu pai?
Wiesel: Meu pai era ordenhadeira na fortaleza do escocês.
Escrivão: O quê?
Wiesel: Isso mesmo. Meu pai era ordenhadeira. Já que minha mãe sofria de cãibras, meu pai tomou seu lugar.
Escrivão: Mas que burro!
Wiesel: Ele já morreu.
Escrivão: Do que você vive?
Wiesel: Às vezes de bolinho de toucinho, mas também de torta de restos e de papa de farinha.
Escrivão: Seu burro! Não estou perguntando o que você come, mas o que você faz; qual sua profissão?
Wiesel: Ah, bom. Sua Senhoria precisa ser mais claro; sou carteiro profissional, mas, como a vida era muito monótona, resolvi ser independente e me tornei um criado.
Escrivão: Solteiro? Casado?
Wiesel: Viúvo. Minha noiva me deixou e atualmente se encontra em Frankfurt, onde se casou com aquele que fez aquilo com ela por ela ter largado de mim.
Escrivão (quer ficar bravo, mas ri): Diga-me, você é formado em besteirol?
Wiesel: Não conheço nenhuma palavra em latim.
Escrivão: Por que foi preso?
Wiesel: Isso eu não sei. Acho que Sua Senhoria deve saber melhor do que eu, por isso seria melhor não me perguntar.
Escrivão: Faça o favor de responder! Por que você foi preso?

Wiesel: Bom, um cara ruim, que está em todos os cartazes de procurado pela polícia e que eu não conhecia por ele ser estrangeiro, tirou meu casaco e começou a brigar por ele comigo. Nesse momento, chegou um senhor que me tomou por um ladrão, e eu que achei que tinha cara de honesto.
Escrivão: E o estranho foi embora?
Wiesel: Meu Deus, e o que mais ele ia querer ali? Eu ainda o chamei, mas ele nem viu, nem ouviu.
Escrivão: Então me descreva o casaco que o estranho trocou por esse aqui.
Wiesel: Minha libré? Claro que conheço muito bem. Ela estava comigo por toda parte.
Escrivão: Então a descreva. Quero tomar nota disso bem rápido.
Wiesel: Sua Senhoria pode escrever tudo do jeito que eu digo; é a pura verdade. (Em tom de ditado.) Descrição da libré roubada: era um casaco usado para andar, mas eu também a usava para viajar. Era de boa qualidade, tinha gola e punhos na cor vermelho-tijolo. Por fora era cinza cor de peixe, marrom cor de mostarda, grafite, amarelo-carpa, uma misturada com a outra, do lado esquerdo do peito havia um pé de alface – não, o óleo de um pé de alface que uma vez caiu ali. Os bolsos eram bons para colocar moedinhas, mas uma vez cheguei a perder uma nota lá dentro, e na manga direita eu poderia fazer um teatro de sombras, porque era transparente. Ela nasceu no meio dos panos na fábrica de casimira em Viena; o mestre alfaiate Bockmann a fez para o homem, ou melhor, para um

homem, e meu senhor pagou o seu custo. Ele também...
(quer continuar falando).
Escrivão (interrompe rapidamente): Cale essa matraca, que eu não quero saber de besteiras — (escreve e fala) do lado esquerdo do peito, uma mancha de óleo, e a manga direita com defeito (levanta-se); pronto, agora assine isso, se é que você sabe escrever, senão faça três cruzes.
Wiesel: Eu sei escrever e fazer três cruzes (ele escreve).
Escrivão (pega a declaração e sai): E agora fique aqui até eu voltar, e não faça nenhuma tentativa de fugir; lá fora está o guarda, senão eu mando enforcá-lo ainda hoje (vai para o gabinete).

Cena treze

Wiesel sozinho (bastante assustado). Enforcar? Enforcar ainda hoje? Então vou ser mesmo enforcado. Isso seria terrível; eu não fiz nada. Mas é bem feito para mim, bem que eu li que os americanos em Frankfurt não aceitam brincadeiras e vão logo agarrando as pessoas que nem pombos, basta dizermos miau. Também, por que eu fui me meter a fazer essa maldita viagem pelo mundo! Agora tenho o que mereço! Enforcar ainda hoje? Mas então era para ser amanhã. Cautela não faz mal a ninguém, é o que vou escrever para o meu colega. Ali tem papel, tinta também — estou sozinho, se eu for perdoado, melhor para mim. "Caro colega! Querido Gregório!" Entregar nas ter-

ras do Miguel na Bavária, perto da casa grande, onde a vendedora de frutas fica sentada. (Ele começa a escrever.)
Caro colega, querido Gregório! Ontem, ou melhor, amanhã (mas eu estou escrevendo antes), felizmente fui enforcado. Fui confundido com outro, e esse sim vai ficar bravo por ter sido enganado desse jeito, quando contarem para ele. Foi um dia muito bonito. O tempo estava bom para esse acontecimento. Muita gente andava a pé – mas também dava para ver cavalos e cachorros. Fiquei pendurado três quartos de hora – foi quando me tiraram e me consideraram inocente. Pediram-me perdão, só que já era tarde demais. Morri muito resoluto. A garganta me doeu um pouco. Apesar disso, não fiz nenhum escândalo. Ainda nos vemos qualquer dia. Não tenho nenhuma novidade para lhe contar. Saio pouco. Adeus, e escreva-me logo.

Seu colega,
Ulerich Wiesel.

(Ouve-se alguém chegando. Ele se assusta, dá um salto e esconde o papel com medo.)

Monty Python
Inspetor Tigre

Corte no salão de um casarão de campo inglês. Ali se encontram sentados diversos personagens à la

Agatha Christie. Coronel Pickering, Lady Amanda Velloper, Kirt, Anona Winn. Tomam chá, lêem etc. Do lado de fora troveja. O inspetor Tigre entra na sala.
Inspetor Tigre (John): A casa está cercada. Temo não ter de pedir para alguém deixar a sala. Não, não devo pedir para ninguém... Não, devo pedir a cada um nesta sala... Não devo pedir para alguém deixar a sala. Ninguém deve ser convencido por mim a deixar a sala. Não, ninguém deve pedir à sala para se retirar. Eu... eu peço à sala para ser deixada por alguém... não. Pedir a ninguém, que alguém deixe a sala, eu vou. Vou deixar a sala? Todos devem deixar a sala... como ela está... com os senhores dentro. Ufa! Entendido?
Coronel Pickering (Graham): O senhor não quer que ninguém deixe a sala.
Inspetor Tigre (estala os dedos, para mostrar que o Coronel Pickering acertou na mosca): Agora me apresentem que eu me permita. Sinto muito. Perme aprenta os senhores de mim. Permito que merpitam me permetear. Meapre sentar osenhor espermitem. Desculpem-me um instante! (*Bate na própria cabeça.*) Permitam que eu me apresente. Sou o inspetor Tigre.
Todos: Tigre?
Inspetor Tigre (dá um salto): Onde? Onde? O quê? Ah, bom. Eu, Tigre. Você, Jane. Grrr. Desculpem, permitam que eu me apresente, temo ter de lhes pedir para ninguém deixar a sala.
Lady Velloper (Carol): Por que não?
Inspetor Tigre: Elementar. Como o cadáver foi encontrado nesta sala e ninguém saiu dela. Portanto... o assassino deve ser alguém dentro desta sala.

Coronel Pickering: Que cadáver?
Inspetor Tigre: Algáver. Caduém. Nesta sala. O assassino deve estar. O assassino do cadáver é alguém nesta sala, que ninguém deve deixar... Vamos deixar o cadáver na sala, que ninguém deve deixar. Ninguém deixa alguém ou o cadáver com alguém. Cada um, que é alguém, vai deixar na sala o cadáver. Suas pílulas, Tigre! Quem também (*enquanto procura as pílulas*) continuar com um cadáver, mas não for um cadáver, permaneça onde está. Ninguém deixe o cadáver na... (*toma a pílula*) Persentem-me lhes apremitir.
Nesse momento entra um cirurgião com duas enfermeiras e começa a operar sua cabeça. Ouve-se o barulho de uma serra.
Título intermediário: "O mesmo salão. Uma lobotomia mais tarde." O cirurgião recolhe seus instrumentos. O inspetor Tigre está com a cabeça enfaixada.
Cirurgião: Agora vamos ao Sir Gerald.
Inspetor: Bem melhor, bom, eu sou o inspetor Tigre e devo pedir que ninguém deixe a sala.
(*Acena com o polegar para cima para o cirurgião que está ao lado da porta.*) Alguém aqui acabou de cometer um assassinato, e esse assassino é alguém nesta sala. A questão é... quem?
Coronel Pickering: Escute, meu senhor, não houve nenhum assassinato.
Inspetor Tigre: Nenhum assassinato.
Todos: Não.
Inspetor Tigre: Oh! Isso não me agrada. É um tanto... fácil demais, muito óbvio. Melhor eu esperar. (*Senta-se num sofá.*) Não, fácil demais, muito óbvio.

A luz se apaga. Ouve-se um grito seguido de um tiro. A luz volta. O inspetor Tigre está morto. Tem um buraco de bala na testa, uma flecha atravessada na garganta e uma garrafa com a etiqueta "veneno" no colo.
Coronel Pickering: Por Zeus! Ele tinha razão.
O delegado Alerta entra acompanhado de um guarda.
Alerta *(Eric)*: A casa está cercada. Tenho de lhes pedir que ninguém deixe a sala. Sou o delegado Alerta.
Lady Velloper: Alerta?
Alerta *(dá um salto)*: O quê? Onde? Oh? Eu, Alerta. Alerta da Scotland Yard.
Lady Velloper: Como assim, temos de ficar alertas a quê?
Alerta: Como, por favor?
Lady Velloper: A que se refere o alerta da Scotland Yard?
Alerta: Desculpe, mas não estou conseguindo acompanhá-la. Aha. O cadáver. Então, o assassino deve ser alguém nesta sala. Se ele não tiver braços muito compridos. Digamos uns dez ou doze metros de comprimento, ra, ra, ra. (*Começa realmente a rir.*) Alerta da Scotland Yard. Essa foi boa. Tudo bem. Agora vamos reconstruir o crime. Eu vou me sentar aqui. Guarda, apague a luz. (*A luz se apaga.*) Bom. Então ouviu-se um grito (*Grito*), e depois, exatamente antes de a luz tornar a acender, ouviu-se um tiro.
Ouve-se um tiro. A luz se acende, o delegado Alerta está sentado, morto, com um buraco de bala, a flecha e tudo mais. Entra o auxiliar do chefe da guarda Temalguématrásdele.

A.C. (Terry J.): Muito bem... muito bem, a casa está cercada, e ninguém deve deixar esta sala e tudo mais. Permitam-me que me apresente. Sou o auxiliar do chefe da guarda, Temalguématrásdele.
Todos: Temalguématrásdele?
A.C.: Ninguém vai me pegar com um truque velho desses. Bom, vamos reconstruir o crime. Guarda, o senhor é o inspetor Tigre.
Guarda (Michael): Certo, senhor. Ninguém deve deixar a sala, por favor – o cadálguem deixa com ningúem o aldáver, suas pílulas, Tigreman. Mermitam sepren tarperme no saláver.
A.C.: Muito bem. Agora sente-se ali. Vamos fingir que a luz foi apagada. Guarda, grite. (*O guarda grita.*) Alguém lhe dá um tiro (*ele saca a pistola e dá um tiro na cabeça do chefe da guarda*), e a porta se abre...
A porta se abre. Um policial entra.
Fogo: Não se mexam! Sou o chefe de polícia Fogo...
Todos: Fogo! Onde?
Ele dá um salto...

§ 6 Jurisdição

Franz Kafka
A batida no portão da chácara

Foi no verão, num dia quente. Eu estava a caminho de casa com minha irmã, e passamos pelo portão de uma chácara. Não sei se ela bateu no portão de propósito ou por distração, ou se só ameaçou com o punho e nem bateu. Cem metros adiante na estrada que virava para a esquerda começava a aldeia. Não a conhecíamos, mas logo depois da primeira casa apareceram pessoas à nossa frente, que acenavam, por gentileza, ou para nos avisar; pareciam assustadas, chegavam a estar encurvadas de medo. Apontavam para a chácara por onde havíamos passado e nos lembravam da batida no portão. Os proprietários vão fazer queixa de nós, logo vão começar as investigações. Eu estava bastante calmo e acalmei também minha irmã. Ao que parecia, ela nem tinha batido, e, mesmo que tivesse, ninguém no mundo recebe uma intimação por isso. Tentei deixar isso claro também para as pessoas que estavam à nossa volta, elas me ouviram, mas se privaram de dar uma opinião. Mais tarde disseram que não só minha irmã, mas eu também, como irmão, seríamos acusados. Concordei sorrindo. Todos voltaram a olhar

para a chácara, do modo como se observa ao longe
uma nuvem de fumaça e se espera pelas chamas. E, de
fato, logo vimos cavaleiros cavalgando para dentro do
portão escancarado. Levantou-se uma poeira que encobriu tudo, apenas as pontas das longas lanças brilhavam. E, mal a tropa havia desaparecido dentro da
chácara, foi como se ela tivesse dado meia volta com
os cavalos e partisse em nossa direção. Mandei minha
irmã se afastar, eu mesmo ia colocar tudo em pratos
limpos. Ela se recusou a me deixar sozinho. Disse-lhe
que ela deveria pelo menos trocar de roupa, para aparecer diante dos senhores com um vestido melhor. Finalmente ela obedeceu e tomou o longo caminho de
casa. Os cavaleiros já estavam perto de nós, e ainda sobre os cavalos perguntaram por minha irmã. No momento ela não se encontra, foi a tímida resposta, mas
ela virá mais tarde. A resposta foi aceita quase com
indiferença; importante parecia ser o fato de terem
me encontrado. Eram principalmente dois senhores,
o juiz, um homem jovem, ativo, e seu silencioso auxiliar, chamado Assmann. Mandaram que eu entrasse
no quarto dos peões. Vagarosamente, balançando a cabeça e mexendo nos suspensórios, comecei a caminhar
sob os olhares penetrantes dos dois. Cheguei a acreditar que uma palavra bastasse para que eu, um rapaz da
cidade, me livrasse daqueles camponeses até mesmo de
forma honrada. Mas quando ultrapassei a soleira do
quartinho dos peões o juiz, que havia se adiantado e já
me aguardava, disse: "Esse homem me dá pena." Não
havia qualquer dúvida de que ele não estava se referindo a meu estado naquele momento, mas ao que iria acon-

tecer comigo. O quartinho parecia mais uma cela de prisão do que um quarto de camponeses. Grossas barras de ferro, escuro, parede totalmente vazia, num lugar qualquer um aro de ferro preso à parede, no meio algo que lembrava um catre, uma mesa de operação. Será que eu poderia sentir outro ar que não o de uma prisão? Essa é a grande questão, ou melhor, seria, se eu ainda tivesse esperança de liberdade.

Karl Valentin
Sisselberger diante do tribunal

Juiz: Vamos agora ao caso Sisselberger-Niedermeier. A acusação fala de arrombamento e roubo. Anton Sisselberger é acusado de ter arrombado o caixa da loja de seu patrão na hora do almoço, quando todos os funcionários estavam ausentes. O acusado já tem antecedentes. Foram convocadas as seguintes testemunhas: a senhora Amalie Hintendick, a senhora Anastasia Werbedorn e o zelador Emeran Glatz. Acho, porém, que podemos prescindir do interrogatório das testemunhas.
Oficial de justiça: As testemunhas podem se retirar.
As testemunhas saem.
Juiz: Tragam o acusado.
Oficial de justiça grita alto no corredor: O acusado Sisselberger deve entrar!
Juiz: O senhor foi acusado de ter tirado dinheiro do caixa da loja do seu patrão.

Acusado: Sim, senhor.
Juiz: Seu patrão, porém, é um comerciante de pouquíssimos recursos e, para concluir conforme os autos, ele realmente não tem nada além disso.
Acusado: É verdade, mas eu tenho menos ainda.
Juiz: Que vergonha! Isso não é motivo para que o senhor tire alguma coisa de alguém que tem mais que o senhor.
Acusado: Com certeza, senhor juiz.
Juiz: O que o senhor quer dizer com isso?
Acusado: Ora, se fosse o inverso, quem tem alguma coisa em algum lugar não poderia roubar de quem não tem nada.
Juiz: Sim, isso também não faria nenhum sentido, se aquele que tem alguma coisa...
Acusado: Mas isso não é verdade, senhor juiz, muitos já tiveram muito e mesmo assim roubaram alguma coisa de outra pessoa...
Juiz: Mas então o outro deve ter tido alguma coisa!
Acusado: Claro – mas só se condena, senhor juiz, quando dois, que têm muito, roubam a mesma quantia um do outro. Nesse caso eles são culpados, senhor juiz?
Juiz: Quando um devolve ao outro a quantia que roubou, então não. Mas agora vamos ao que interessa! Aqui no tribunal não temos que nos preocupar com coisas lógicas ou ilógicas, mas única e exclusivamente com o seu caso.
Acusado: O senhor quer dizer com o nosso caso? Afinal, somos três!
Juiz: Como assim três?

Acusado: Eu, meu patrão e...
Juiz: E? Quem mais?
Acusado: ... o caixa arrombado da loja.
Juiz: Portanto, senhor Sisselberger, o senhor admite ter tirado 1,50 marco do caixa do seu chefe, o senhor Niedermeier? Por que o senhor roubou essa pequena quantia?
Acusado: Porque o ditado diz: "Começamos com o pequeno e paramos com o grande."
Juiz: Ora, vejam só! O senhor não vai querer no fim da sua carreira de criminoso roubar um caminhão de mudanças! Mas eu gostaria só de saber por que o senhor se contentou com essa pequena quantia, pois o tribunal já tem experiência suficiente e sabe pela prática que todo criminoso parte do pressuposto: "Se tiver de ser, que seja bem feito!"
Acusado, titubeando: Eu não poderia pegar mais do que isso.
Juiz: Se o senhor pegou mais ou menos do que isso não interessa – o senhor arrombou o caixa, e arrombamento é sempre um arrombamento. E, se o senhor não tivesse sido apanhado, teria provavelmente tirado mais do que 1,50 marco.
Acusado: Não, isso eu não poderia ter feito.
Juiz: Então, isso o senhor não poderia ter feito, mas pôr sua honra em jogo por causa de 1,50 marco, isso o senhor pôde fazer.
Acusado: Senhor juiz, eu bem que queria tirar mais do caixa, mas não havia mais nada dentro dele.

Fliegende Blätter*

Cena de tribunal

Escrivão: "O que você quer?"
Camponês: "Quero fazer uma queixa contra meu criado."
Escrivão: "É? E você não sabe que está escrito na Bíblia: Senhor, não leve seu criado a julgamento?"
Camponês: "Senhor Jesus, isso é verdade, eu agradeço muito, senhor escrivão, adeus, fique com o Senhor."

Irmãos Marx

O juiz Flywheel

Oficial de justiça: Silêncio! Silêncio no tribunal! O tribunal da comarca encontra-se agora reunido e considera aberta a sessão de hoje. Por favor, fiquem de pé. Sua Excelência, o juiz Flywheel. Bom dia, Sua Excelência.
Groucho: Ora, deixe disso, oficial. Não seja tão adulador só porque agora sou juiz. O senhor nunca me chamou de "Sua Excelência", *antes* de eu me tornar juiz.
Oficial: Mas, Sua Excelência...
Groucho: Deixe disso. Onde está o escrivão? Gostaria que ele tomasse nota de uma carta para minha mulher.

---

* *Fliegende Blätter* é o nome de um panfleto revolucionário distribuído na época do movimento literário denominado **Junges Deutschland**. (N. da T.)

Oficial: Mas *ele* não pode tomar nota de uma carta para sua mulher.
Groucho: Não pode? Hmm. *Belo* escrivão. Providencie um *novo* escrivão. E, já que o senhor vai fazer isso, procure também alguém que possa assumir o *seu* lugar. Qual é então o primeiro caso?
Oficial: O caso de Harry Hilbert, que foi acusado de estar mantendo um escritório de apostas a uma distância de duzentos metros de uma escola.
Groucho: Um escritório de apostas a duzentos metros de uma escola? Isso é uma vergonha! Ordene que o edifício da escola seja mudado de lugar. Eu não gostaria que crianças pequenas precisassem andar tanto. Oficial de justiça, que dia é hoje?
Oficial: Quinta-feira, Sua Excelência.
Groucho: Já *quinta-feira*? Então já está mais do que na hora de eu ir almoçar.
Oficial: Mas, juiz Flywheel, o senhor não discutiu nenhum caso até agora.
Groucho: Certo, jogue um aqui. No momento estou discutindo comigo mesmo.
Oficial: O próximo caso na lista é o processo contra John H. Plunkett, acusado de suborno a funcionário público.
Groucho: Onde está seu advogado, Plunkett?
Plunkett: O senhor se refere ao Mr. *Ravelli*? Ele não está aqui, juiz.
Chico (de longe): Estou aqui, Flywheel.
Groucho: Escute aqui, Ravelli! Chame-me de *juiz*!
Chico: Qual é? O senhor mudou de nome?

Groucho: Ravelli, o senhor é o advogado do acusado?
Chico: Não, eu sou o advogado desse *malandro*, do Plunkett.
Plunkett: Escute aqui! Qual é a sua para me chamar de malandro?
Chico: Está bem, está bem. Eu não sabia que era segredo.
Promotor da comarca: Sua Excelência!
Groucho: Qual o problema, promotor?
Promotor: A acusação está pronta para que se dê início ao processo contra John H. Plunkett. Nossa primeira testemunha é Leo von Greenbury.
Groucho: Ah, não. O Greenbury não vai entrar neste tribunal como testemunha.
Promotor (admirado): *Por que não*, Sua Excelência?
Groucho: Bom, ele contou para o açougueiro da minha mulher que não tinha votado em mim. Sujeito cretino!
Promotor: Mas nunca em minha vida eu ouvi de um juiz uma coisa tão indigna.
Groucho: Oh, o senhor é um espertalhão! Por isso eu o condeno a pagar vinte dólares por desrespeito ao juiz.
Promotor: Mas, Sua Excelência...
Groucho: Está tudo bem. Por mim, o senhor pode pagar em batatas. Posso usá-las hoje à noite em casa. Vamos jogar cartas.
Promotor: Sinto ter de dizer, Sua Excelência, que considero seu comportamento extremamente indigno para um juiz.
Groucho: O que o senhor disse?
Promotor: Disse que sua observação é extremamente indigna para um juiz.

Groucho: Opa, agora o senhor já disse isso pela *segunda* vez. Por isso eu o condeno a uma multa de *cem* dólares. E estou avisando-o para não me ofender de novo.
Promotor: Oh, não se preocupe.
Groucho (tentando ganhar sua simpatia): Ora, vamos lá. A próxima ofensa vai lhe custar *cinqüenta* dólares.
Promotor: Sua Excelência, este procedimento tem pouco a ver com um debate judicial. Eu gostaria de apresentar uma petição e peço que seja marcada uma nova audiência.
Chico: Isso é bom. Pedir é mais sagrado que tirar.
Promotor: *Por favor*, não me interrompa, Mr. Ravelli. Aliás, não sei com que direito o senhor está envolvido neste processo. O senhor nem é membro da ordem dos advogados.
Chico: Ah, agora o senhor quer vir com gracinha para cima de *mim*? Certo, então *eu* o condeno a pagar uma multa de vinte dólares por ofensa ao tribunal.
Groucho: Ravelli, como vou poder exigir uma multa de *cem* dólares se o senhor se deixa injuriar por vinte?
Chico: Cale a boca, juiz, senão sou eu que vou condenar *o senhor* a uma multa de vinte dólares.
Groucho: Nesse caso, eu condeno o *senhor* a uma multa de vinte dólares, e assim estamos quites. Plunkett, o senhor está percebendo em que ponto está o jogo; e, se o senhor deixá-lo vencer, então também vou condená-lo a uma multa de vinte dólares.
Chico: Está bem. Mais uma multa e podemos abrir uma banca de multas.
Promotor: Sua Excelência, como a acusação parece

não ser levada a sério neste tribunal, solicito uma nova audiência em outro tribunal.
Groucho: Sinto muito, meu velho, mas todos os outros tribunais estão fora de questão. O senhor ficaria satisfeito com uma bela ordem de comparecimento em juízo?
Chico: Ordem de comparecimento? O senhor está maluco, chefe? Se ele quiser ir ao cinema, ele tem de pagar... Vamos lá, Plunkett, tome o lugar das testemunhas, vou lhe fazer algumas perguntas.
Plunkett: Certo, Mr. Ravelli.
Oficial de justiça: Jure dizer a verdade, apenas a verdade e nada mais que a verdade.
Plunkett: Eu juro.
Oficial de justiça: Qual o seu nome?
Plunkett: John H. Plunkett.
Oficial (anunciando): John Plunkett encontra-se agora sob juramento...
Plunkett: John *H*. Plunkett. O senhor esqueceu o H.
Chico: O Hagar? O que ele tem a ver com esse processo?
Plunkett: Nada, absolutamente nada.
Chico: Ei, juiz, eu protesto.
Groucho: O senhor protesta contra a declaração de seu próprio cliente. Por que motivo?
Chico: Não sei. Não me veio nada melhor à cabeça.
Groucho: Protesto aceito.
Promotor: Sua Excelência, o senhor está *aceitando* o protesto? Com que justificação?
Groucho: *Eu* também não pensei em nada melhor. Ravelli, continue com o interrogatório.
Chico: Certo, chefe. Mister Plunkett, o que é, o que é:

tem pés enormes, um montão de dentes, e mora no circo?
Promotor: Sua Excelência, isso é irrelevante!
Chico: Reilefante? Ei, é essa a *resposta*! No circo há mesmo um rei elefante.
Promotor: Por favor, Mr. Ravelli. Por que o senhor não pergunta ao Plunkett a respeito de acontecimentos mencionados na acusação? Por que o senhor não pergunta qual papel ele desempenhou nessa história do hotel?
Chico: O senhor está maluco? Ele não desempenhou nenhum papel na história do hotel. John Barrymore é que desempenhou.
Promotor: Mr. Ravelli, gostaria de lembrá-lo de que Plunkett está sendo acusado de ter pagado ao prefeito a quantia de mil dólares, em troca da promessa de ter permissão para abrir um cassino. Para a sorte das pessoas desta cidade, o prefeito *não cumpriu sua promessa*.
Chico: Puxa, isso é verdade? Bom, então vamos processar o prefeito por abuso de confiança. O que você acha, Plunkett?
Promotor: *Se Sua Excelência me permite*, gostaria de...
Groucho: Ora, contenha-se e dê uma chance aos outros. O senhor fala mais que minha mulher. Por isso também nunca me casei. E agora, depois de ouvir os dois lados deste caso, estou firmemente convencido de que nesta terra há muitas separações. E como começa cada separação?
Chico: Eu sei, chefe! Toda separação começa com um s...

Groucho: Fique quieto, Ravelli! Gente, vou lhes dizer como surgem as separações. O marido vai para Paris, a mulher, para o Japão, e assim cada um se desenvolve numa direção diferente.
Promotor: A acusação protesta, Sua Excelência. Este não é um caso de separação! John H. Plunkett está sendo acusado de *corrupção*!
Groucho: Corrupção? Por que ninguém me disse nada? Então eu não conto? Essa não! Sou apenas o juiz e mais nada. Plunkett, você tem de escolher entre uma dessas duas sentenças: ou dez anos na solitária em Leavenworth, ou onze anos em prisão coletiva em Twelveworth.
Plunkett: O quê?
Groucho: Está bem. Digamos, então, quinze anos de prisão com vantagens em Woolworth.
Plunkett: Espere um pouco, Sua Excelência. Até agora fui apenas *acusado*. E o Ministério Público ainda não *provou* que subornei alguém.
Groucho: E nem precisa. Eu sei que o senhor é culpado.
Plunkett: Diga-me, o que o deixa tão *seguro* de que eu sou culpado?
Groucho: Você está *brincando*, Plunkett? Não se lembra? Você *me* subornou. Foi assim que me tornei juiz.
Plunkett: Seu trapaceiro! Vou levar este caso a uma instância superior.
Chico: Muito bem, Plunkett, no andar de cima tem um tribunal muito bom.
(Murmúrios na sala de audiências.)

Monty Python
Corte numa sala de audiências

Corte numa sala de audiências. Atmosfera séria.
Juiz (Terry J.): Michael Norman Randall, o senhor está sendo acusado pelo assassinato de Arthur Reginald Webster, Charles Patrick Trumpington, Marcel Agnes Bernstein, Lewis Anona Rudd, John Malcolm Kerr, Nigel Sinclair Robinson, Norman Arthur Potter, Felicity Jayne Stone, Jean-Paul Reynard, Rachel Shirley Donaldson, Stephen Jay Greenblatt, Karl-Heinz Müller, Belinda Anne Ventham, Juan-Carlos Fernandez, Thor Olaf Stensgaard, Lord Kimberley of Pretoria, Lady Kimberley of Pretoria, do digníssimo Nigel Warmsley Kimberley, Robert Henry Noonan e Felix James Bennett na manhã ou por volta da manhã do dia 19 de dezembro de 1972. O senhor ainda tem alguma coisa a declarar antes que eu proclame a sentença?
Randall (Eric): Sim, senhor. Sinto muito.
Juiz: Sente muito?
Randall: Sim, senhor. Foi muita, muita falta de civilidade de minha parte, e estou realmente muito envergonhado. Só posso dizer que não vou mais fazer isso. Matar tanta gente num espaço tão curto de tempo realmente é terrível, e sinto muito, mas muito, *muito* mesmo, por ter feito isso e também por ter roubado tanto do precioso tempo do tribunal de instância superior, fazendo-os ouvir os detalhes escabrosos dos meus assassinatos insensatos. De minha parte e sinceramente, eu gostaria de pedir desculpas à Sua Excelência, ao se-

nhor, Sua Excelência, pelo meu comportamento *execrável* durante toda a audiência. Além disso, gostaria de me desculpar com a polícia por ter lhes causado tantos problemas (*Corte: atrás dele, três policiais bastante machucados, com faixas por todo corpo, e com aparência exausta*), pois ela literalmente teve de gastar horas e horas de trabalho para reunir todas as provas, identificar os corpos, e assim por diante. Sabe, acho que às vezes deviam deixar claro como é difícil e freqüentemente perigoso correr atrás de criminosos como eu, e gostaria que os policiais soubessem que seu bom trabalho foi reconhecido pelo menos por mim.
Os policiais sentem vergonha.
Primeiro policial (Graham): Não, não, só fizemos nosso trabalho.
Segundo policial: Não, não, não, não.
Randall: Muito digno de sua parte dizer isso, mas eu sei o que há por trás dos senhores.
Primeiro policial: Não, não, já sofremos coisa pior.
Terceiro policial: Até a prisão estava correndo tudo bem.
Randall: Eu sei disso e agradeço. Gostaria de me desculpar também com o senhor promotor, por tê-lo feito vir aqui dia após dia, com esse tempo tão bonito.
Promotor (John): Ora, eu teria de vir de qualquer jeito.
Randall: Ah, ainda bem. Mas que *bela leitura* o senhor fez do discurso de acusação!
Promotor: Oh, obrigado.
Randall: Não, não, é uma honra especial poder observar o senhor trabalhando. Eu não tive a menor chance.
Promotor: Mas claro que teve.
Randall: Não depois *do* sumário. Esplêndido.

Promotor: Oh, obrigado. (*Bastante vaidoso.*)
Randall: E agora aos jurados. O que eu devo dizer? Dia após dia precisei dos senhores aqui, afastei-os de suas casas, de seu trabalho, de seus entes queridos, apenas para que os senhores ouvissem os detalhes particulares de meus pequenos atos de horror.
Porta-voz dos jurados (Michael): Não, não, foi muito interessante.
Randall: Mas os senhores poderiam estar cuidando de um caso muito mais ameno.
Porta-voz: Não, não, assassinato é sempre muito divertido.
Primeiro jurado: Isso mesmo, e ainda mais quando se trata de tantos.
Segundo jurado: Excelente.
Terceiro jurado: Não podíamos ter nos divertido tanto.
(Os jurados aplaudem.)
Randall (assoa o nariz, imitando Dickie Attenborough): Desculpem-me, mas estou muito comovido. E agora, Suas Excelências, só resta uma coisa a fazer: condenar-me à pior pena que o tribunal prevê.
Juiz: Bem, ahn, não necessariamente.
Randall: Não, Sua Excelência, nem a maior pena do tribunal é suficiente. Insisto em servir de exemplo.
Juiz: Bem, sim e não. Quero dizer, a sociedade, enquanto tal...
Randall: Oh, não, Sua Excelência. Não num caso de assassinato em série.
Juiz: Mas, neste caso *(para os jurados)*, os senhores não concordam?

Jurado: Sim, sim!
Randall: Ora, vamos, Suas Excelências, os senhores precisam me condenar à prisão perpétua.
Jurado: Não, não, não, não.
Randall (para todos os jurados): Mas pelo menos a dez anos.
Juiz: Dez anos!
Jurado: Que vergonha! Que vergonha!
Randall: Ora, então cinco. Eu lhes peço!
Juiz: Não, não. Dou-lhe três meses.
Randall: Oh, não, agora fiquei constrangido. Não posso nem ouvir. Me dê seis... por favor!
Juiz: Está bem. Seis meses.
Randall: Obrigado, Sua Excelência.
Juiz: Mas com direito a *sursis*.
Randall: Oh não, não.
Jurado: Hurra. *(Eles aplaudem.)*
Porta-voz: Três hurras para o acusado. Hip hip...
Jurados: Hurra!
Porta-voz: Hip hip...
Jurados: Hurra!
Porta-voz: Hip hip...
Jurados: Hurra!
Todos: For he's a jolly good fellow
For he's a jolly good fellow
For he's a jolly good fellow
Voz em off: Which nobody can deny*.

---

* "Ele é um bom companheiro (...), ninguém pode negar." (N. da T.)

Joseph Heller
Diante da corte marcial

Na verdade, com exceção do segundo-tenente Schittkopp, ninguém mais dava importância aos exercícios militares, menos ainda o inchado coronel de bigode espesso, que era o presidente da junta disciplinar. Mal Clevinger entrou na sala para se defender das acusações feitas pelo segundo-tenente Schittkopp contra ele, e o coronel o recebeu aos berros. Bateu o punho na mesa, o que lhe doeu e fez aumentar tanto sua raiva contra Clevinger que voltou a bater com o punho na mesa e, mais uma vez, sentiu dor. O segundo-tenente Schittkopp olhou bravo para Clevinger e apertou os lábios, pois ficava muito irritado com a péssima impressão que este causava.

"Em dois meses o senhor deverá lutar contra Billy Petrolle!", gritou o coronel de bigode espesso, "mas o senhor leva tudo na brincadeira!"

"Eu não levo tudo na brincadeira, senhor", retrucou Clevinger.

"Não me interrompa."

"Sim, senhor."

"E, quando interromper, faça a gentileza de dizer 'senhor'", ordenou o major Metcalf.

"Sim, senhor."

"Não acabamos de lhe ordenar que não interrompesse?", perguntou o major Metcalf friamente.

"Mas eu não interrompi, senhor", protestou Clevinger.

"Não. E o senhor se esqueceu de dizer 'senhor'. Acrescente esse fato às acusações que já foram feitas", recomendou o major Metcalf ao cabo que estava taquigrafando. "O acusado esquece de se dirigir a seus superiores com 'senhor', quando ele não os interrompe."

"Metcalf", disse o coronel, "o senhor é um perfeito idiota. Sabia disso?"

O major Metcalf engoliu em seco. "Sim, senhor."

"Então, de preferência, mantenha essa sua matraca fechada. O senhor só fala besteira."

A junta disciplinar era formada por três senhores: o coronel inchado de bigodes espessos, o segundo-tenente Schittkopp e o major Metcalf, que se exercitava lançando olhares cortantes. Como membro da junta disciplinar, o segundo-tenente Schittkopp era um dos juízes que deveriam decidir a respeito da veracidade das acusações feitas contra Clevinger pelo promotor. Além disso, o segundo-tenente também era o promotor. O defensor de Clevinger era um oficial. O oficial era o segundo-tenente Schittkopp.

Aquilo era terrivelmente confuso para Clevinger, que começou a tremer de medo quando o coronel disparou para o alto como um imenso arroto e ameaçou cortar em pedacinhos o corpo fedorento e covarde de Clevinger. Certa vez, Clevinger tropeçara durante a marcha. Um dia depois, foi acusado de todas as faltas seguintes: distanciamento da formação em marcha, ataque proposital ao superior, comportamento desqualificado, preguiça, alta traição, resistência, presunção, ouvinte de música clássica etc., etc. Em suma, estavam a fim de lhe dar uma lição, e lá estava ele temeroso diante do coronel inchado, que anunciava seguidamente a intenção de enviá-lo em dois meses para lutar contra Billy Petrolle. Queria saber o que Clevinger achava de ser transferido do curso para as ilhas Salomão, onde passaria o tempo enterrando cadáveres. Clevinger respondeu educadamente que aquilo não lhe agradaria; ele fazia parte dos loucos que preferem tornar-se cadáveres a enterrá-los. O coronel sentou-se novamente e recostou-se na cadeira, assumindo repentinamente uma fisionomia tranqüila, astuta e muito gentil.

"Qual a sua intenção", perguntou vagarosamente, "ao dizer que não poderíamos puni-lo?"

"Quando, senhor?"

"As perguntas quem faz sou eu, o senhor tem de responder."

"Sim, senhor, eu..."

"Ou o senhor acha que está aqui para fazer perguntas que eu tenho de responder?"

"Não, senhor, eu..."

"Por que o senhor está aqui?"

"Para responder a perguntas."

"Isso mesmo!", gritou o coronel. "E talvez agora o senhor comece finalmente a fazer isso, antes que eu arrebente seu maldito crânio. Portanto, o que o senhor pensou, seu cabeça de asno, ao dizer que não poderíamos puni-lo?"

"Que eu saiba, nunca falei tal coisa, senhor."

"Fale mais alto, não consigo entendê-lo."

"Sim, senhor, eu..."
"Faça o favor de falar mais alto! Não estou entendendo."
"Sim, senhor, eu..."
"Metcalf."
"Senhor?"
"Eu não lhe disse para fechar a matraca?"
"Sim, senhor."
"Então faça o favor de fechar a matraca quando eu lhe digo que é para fechar a matraca. Está me entendendo? E o senhor quer fazer o favor de falar mais alto? Eu não o entendi."
"Sim, senhor, eu..."
"Metcalf, é o seu pé que estou pisando?"
"Não, senhor, deve ser o pé do segundo-tenente Schittkopp."
"Meu pé não é", disse o segundo-tenente Schittkopp.
"Então talvez seja mesmo meu pé", disse o major Metcalf.
"Tire-o daí."
"Sim, senhor. Mas primeiro o senhor precisa tirar o seu pé, coronel. Ele está em cima do meu."
"Por acaso o senhor está querendo me dizer o que fazer com meu pé?"
"Não, senhor, de jeito nenhum, senhor."
"Então faça o favor de tirar seu pé daí e fechar essa maldita matraca. E o senhor quer fazer o favor de falar mais alto? Eu ainda não o entendi."
"Sim, senhor. Eu só disse que nunca tinha dito que os senhores não poderiam me punir."

"Do que afinal o senhor está falando?"
"Estou respondendo à sua pergunta, senhor."
"Que pergunta?"
"Vejamos, o que o senhor pensou, seu cabeça de asno, quando o senhor disse que não poderíamos puni-lo?", leu de seu bloco de anotações o cabo que taquigrafava.
"Certo", disse o coronel. "Portanto, o que o senhor estava pensando?"
"Eu não disse que os senhores não poderiam me punir, senhor."
"Quando?", perguntou o coronel.
"Quando o quê, senhor?"
"Agora o senhor está começando de novo a me fazer perguntas."
"Peço desculpas, senhor. Acho que não entendi sua pergunta."
"Quando o senhor não disse que não poderíamos puni-lo? O senhor não está entendendo minha pergunta?"
"Não, senhor, não estou entendendo."
"Isso o senhor já disse. Talvez agora o senhor faça a gentileza de responder à minha pergunta."
"Como devo respondê-la?"
"O senhor está me fazendo de novo uma pergunta."
"Desculpe-me, senhor, mas não sei como devo responder. Nunca disse que os senhores não poderiam me punir."
"Agora sim o senhor está nos dizendo quando disse isso. Mas eu estou lhe perguntando quando o senhor não disse isso."

Clevinger tomou fôlego. "Sempre eu não disse que os senhores não poderiam me punir, senhor."
"Agora está bem melhor, senhor Clevinger, embora seja uma mentira deslavada. Ontem à noite, na latrina, o senhor não sussurrou para aquele outro patife, que também não suportamos, que nós não podemos puni-lo? Como é mesmo que se chama o sujeito?"
"Yossarián, senhor", disse o segundo-tenente Schittkopp.
"Certo, Yossarián. Isso mesmo. Yossarián. Yossarián? É assim que ele se chama? Yossarián? Que raio de nome é esse?"
O segundo-tenente Schittkopp tinha todas as informações prontas. "É o nome do Yossarián, senhor", explicou.
"Certo, é isso mesmo. Então, o senhor sussurrou ao Yossarián que nós não poderíamos puni-lo?"
"Oh, não, senhor. Eu sussurrei a ele que não podem me considerar culpado..."
"Talvez eu seja burro", interrompeu o coronel, "mas não vejo nenhuma diferença. É, devo ser mesmo muito burro, porque não vejo nenhuma diferença."
"C...?"
"O senhor é realmente um sujeitinho metido, não? Ninguém lhe pediu para dar explicações, mas o senhor acha que deve me dar explicações. Fiz uma observação, mas não pedi nenhuma explicação. O senhor é um sujeitinho metido, não é?"
"Não, senhor."
"Não, senhor? Por acaso o senhor está me chamando de mentiroso?"

"Oh, não, senhor."
"Oh, não, senhor."
"Então o senhor é mesmo um sujeitinho metido!"
"Não, senhor."
"O senhor quer brigar comigo?"
"Não, senhor."
"Então o senhor é um sujeitinho metido. E ponto final!"
"Não, senhor."
"Mas que diabo! Isso porque o senhor não quer brigar comigo! Estou com vontade de pular sobre a mesa e cortar seu corpo covarde em pedacinhos."
"Vamos, agora chega! Chega!", gritou o major Metcalf.
"Metcalf, seu metido. Eu não mandei você ficar com essa droga de boca fedorenta fechada?"
"Sim, senhor. Peço desculpas."
"Então entre na linha."
"Só estava tentando aprender alguma coisa, senhor. E só se aprende com a prática."
"Quem disse isso?"
"Todos dizem isso, senhor. Até mesmo o segundo-tenente Schittkopp diz isso."
"O senhor diz isso?"
"Sim, senhor", confirmou o segundo-tenente Schittkopp. "Mas isso todo mundo diz."
"Então, Metcalf, talvez o senhor aprenda alguma coisa mantendo essa sua matraca fechada. Bom, onde é que paramos? Leia a última frase."
"Leia a última frase", leu o cabo, que dominava a taquigrafia.

"Não a minha última frase, seu idiota!", vociferou o coronel. "A de um outro qualquer."
"Leia a última frase", leu o cabo.
"Mas essa é de novo a minha última frase!", berrou o coronel, vermelho de raiva.
"Oh, não, senhor", explicou-lhe o cabo. "Essa foi a minha última frase. Acabei de lê-la para o senhor. O senhor não se lembra mais? Foi nesse instante."
"Oh, meu Deus! Leia-me a última frase dele, seu imbecil. Aliás, como o senhor se chama?"
"Popinjay, senhor."
"Certo, o senhor é o próximo, Popinjay. Assim que terminarmos com essa discussão aqui, vamos discutir o seu caso, certo?"
"Certo, senhor. De que serei acusado?"
"E isso importa? Os senhores ouviram o que ele me perguntou? O senhor ainda vai aprender com isso, Popinjay – assim que tivermos acabado com o Clevinger, o senhor vai aprender. Então, Fähnrich Clevinger – o senhor é Fähnrich Clevinger e não Popinjay?
"Sim, senhor."
"Bom. O que..."
"Popinjay sou eu."
"Popinjay, por acaso seu pai é um milionário ou um senador?"
"Não, senhor."
"Então sente-se na merda agora mesmo, sem colete salva-vida, e enterre-se até o pescoço, Popinjay. O senhor se chama mesmo Popinjay? Que raio de nome é esse, Popinjay? Ele não me agrada."

"É o nome do Popinjay, senhor", explicou o segundo-tenente Schittkopp.

"Não me agrada, Popinjay, e mal posso esperar para cortar seu corpo fedorento em pedacinhos. Fähnrich Clevinger, o senhor quer agora fazer o favor de repetir o que sussurrou ou não sussurrou ao Yossarián na latrina ontem à noite?"

"Sim, senhor. Eu disse que os senhores não poderiam me considerar culpado..."

"Ah, isso é o que vamos ver. O que o senhor quis dizer, Fähnrich Clevinger, ao declarar que não poderíamos considerá-lo culpado?"

"Eu não disse que os senhores não poderiam me considerar culpado, senhor."

"Quando?"

"Quando o quê, senhor?"

"Com mil demônios, o senhor já vai começar a me interrogar de novo?"

"Não, senhor, peço desculpas."

"Então responda à pergunta. Quando o senhor não disse que não poderíamos considerá-lo culpado?"

"Ontem à noite na latrina, senhor."

"E esta foi a única vez que o senhor não disse isso?"

"Não, senhor. Eu sempre não disse que os senhores não poderiam me considerar culpado, senhor. O que de fato eu disse ao Yossarián..."

"Não interessa a ninguém o que o senhor disse ao Yossarián. A questão é o que o senhor não disse ao Yossarián. Ninguém está interessado em saber o que o senhor disse a ele. O senhor me entendeu?"

"Sim, senhor."

"Então, vamos em frente. O que o senhor disse ao Yossarián?"

"Disse-lhe, senhor, que não podem me considerar culpado sem que..."

"Sem o quê? O senhor está gaguejando."

"Pare de gaguejar."

"Sim, senhor."

"E gagueje 'senhor', quando não estiver gaguejando."

"Metcalf, seu imbecil!"

"Sim, senhor", gaguejou Clevinger. "Sem que haja justiça, senhor. Que o senhor não..."

"Justiça?", o coronel estava espantado. "O que é justiça?"

"Justiça, senhor..."

"Isso não é justiça", zombou o coronel, batendo novamente sua mão gorda na mesa. "Isso é Karl Marx, isso sim. Vou lhe dizer o que é justiça. Justiça é uma joelhada por baixo do corpo, um golpe no queixo, uma facada traidora nas costas, um saco de areia premeditado que cai inadvertidamente na sua cabeça no escuro da noite. O garrote. Isso é justiça. Para que nos tornemos duros e brutais o suficiente para poder enfrentar Billy Petrolle. Sem aviso prévio. Está claro?"

"Não, senhor."

"E faça o favor de não me chamar de senhor."

"Sim, senhor."

"E diga senhor quando o senhor não disser senhor", ordenou o major Metcalf. Clevinger obviamente era culpado, caso contrário não teria sido incriminado, e, como só poderiam prová-lo na medida em que o considerassem culpado, era um dever patriótico fazê-lo. Ele foi, portanto, condenado a fazer 57 marchas forçadas. Popinjay foi preso, para aprender sua lição, e o major Metcalf foi mandado para as ilhas Salomão, para enterrar cadáveres. A pena de Clevinger era passar todo fim de semana diante do prédio do oficial de justiça militar com a pesada espingarda pendurada no ombro durante cinqüenta minutos.

Tudo isso foi muito confuso para Clevinger. Tinha acontecido muita coisa estranha, mas o que mais lhe chamou atenção foi o ódio, o ódio brutal, despido e insaciável dos membros do conselho disciplinar, que cobria seus rostos implacáveis com uma dura camada de sede de vingança e maldosamente intumescia em seus olhos apertados como um fogo impossível de ser apagado. Essa descoberta chocou Clevinger. Se tivessem sido capazes, tê-lo-iam linchado. Eram três homens adultos, ele era um jovem, e eles o odiavam e desejavam a sua morte. Eles o tinham odiado antes de ele chegar, odiaram-no enquanto ele estava lá, odiaram-no depois de ele ter ido embora novamente, e continuaram carregando o seu ódio por ele como um tesouro protegido cuidadosamente, depois que se separaram e cada um seguiu seu caminho.

Na noite anterior, Yossarián fizera de tudo para preveni-lo. "Você não tem chance, cara!", dissera-lhe sombriamente. "Eles odeiam todos os judeus."

"Mas eu não sou judeu", retrucou Clevinger.

"Isso não faz diferença alguma", disse Yossarián, e Yossarián tinha razão. "Eles querem nos ferrar a todos." Clevinger fugiu desse ódio como de uma luz brilhante. Viu esses três homens, que o odiavam, falavam sua língua e usavam sua farda, terem seus rostos congelados em máscaras enrugadas numa animosidade imutável, vil, e compreendeu de repente que em nenhum lugar do mundo, nem nos tanques, nem nos aviões e nos botes salva-vidas dos fascistas, nem atrás das armas de guerra nos *bunkers*, atrás dos canhões e dos lança-chamas, nem entre os atiradores da divisão Hermann Göring e nem entre os brutais conjurados de todas as cervejarias de Munique reunidas, havia homens que o odiassem mais do que aqueles três.

Roda Roda
O direito penal militar

Em Essegg, um canhoneiro encontrava-se diante do tribunal militar. Era acusado de ter espancado duramente um sargento durante a noite sob a neblina.

Foi condenado a um ano e meio de prisão.

Mas na justificativa da sentença estava expresso o seguinte:

De acordo com a lei, o acusado estaria fadado a um destino bem mais severo, mas o tribunal considerou como atenuante o fato de que seu crime não pôde ser comprovado de modo algum.

Egon Friedell / Alfred Polgar
Da sala do tribunal
Arrogância do proprietário

Ontem o senhor M., morador da latrina do quarto andar, à rua da Irmandade número 14, precisou comparecer diante do juiz por não ter cumprido uma exigência do edifício. A secretaria da habitação havia, de fato, exigido uma cuba espaçosa na latrina para servir de moradia à avó do ministro da economia – uma senhora de idade, que não pode mais se mover. O senhor M. recusou-se a permitir que a respeitável anciã se mudasse, com a observação grosseira de que isso iria atrapalhar seu "conforto". Como essa sua objeção provocatória não lhe serviu para nada, ele foi mais longe em sua perfídia burguesa e fez um furo na cuba, de modo que a senhora, que sofria de gota, precisou desistir da mudança para a cuba, que passou a ficar exposta à corrente de ar. O tribunal condenou o petulante trapaceiro a uma multa de oitenta bilhões de coroas e como moradia destinou à senhora a bacia da privada, hermeticamente fechada por uma tampa. (Bravo! Nota da redação.)

§ 7 Execução da pena

Depois da tentativa de fuga. O pároco da instituição penal: Com muito pesar, ouvi dizer que o senhor tentou nos deixar...

Peter Altenberg
Jurisprudência

Há algumas semanas, uma jovem mãe foi condenada a quatro anos de prisão por ter torturado sua filhinha de quatro anos até a morte; após a primeira denúncia feita pelos vizinhos mortificados, essa mãe recebeu do juiz uma "*severa admoestação*". Com mais fúria e agindo em segredo, de forma ainda mais habilidosa (mordaça na boquinha), ela prosseguiu com sua obra "de destruição". Esse caso deveria ter sacudido a "sociedade desumana, acomodada e covarde"! De jeito nenhum. Poucas semanas depois, antes de ontem, uma jovem mãe, que batia em sua filhinha de dois anos com um chicote de couro e impedia seus gritos com panos em sua boquinha, recebeu uma "*primeira severa admoestação*", que talvez levasse a vítima à morte novamente! Não cabe a mim fazer observações críticas e desconfiadas a respeito da jurisprudência, que certamente é orgânica, histórica e bem-desenvolvida. Eu também compreendo melhor do que muitos outros o desespero de pobres jovens mães histéricas, sobrecarregadas e com excesso de trabalho, que se encontram diante de seus próprios destinos, inconsoláveis e amaldiçoando o mundo – – –. Entendo até mesmo aquelas que se vingam da brutalidade e da mesquinharia da vida "em seus inocentes rebentos" – – –. Entendo a "histeria da alma humana"! Mas o que eu nunca, jamais vou entender é por que milhares de mães ricas não enviam imediatamente doações, para que as mães irritadas com a "primeira severa admoestação" do juiz possam de alguma maneira "cuidar" de seus mal-amados filhinhos!?! Eu mesmo determino dez coroas. Não se trata de magnanimidade; só não quero ouvir durante o sono o chicote de couro sibilar sobre a pele supersensível de uma criança de dois anos! Isso me incomoda.

Georg Heym
Os prisioneiros I

Eles batem com os pés pelo pátio formando
                      [um círculo fechado.
Seu olhar vagueia de lá para cá pelo espaço vazio.
Ele procura por um campo, por uma árvore,
E esbarra contra o branco da muralha vazia.

Como a engrenagem da roda nos moinhos,
Assim gira a negra pista de seus passos.
E como um crânio com a tonsura de um monge,
Assim fica o centro do pátio vazio e branco.

A chuva fina cai sobre seu casaco curto.
Eles levantam os olhos desoladamente para a parede
[cinza,
Onde estão pequenas janelas, com celas adiante,
Como carros negros na colmeia.

São recolhidos, como ovelhas para a tosquia.
As costas cinzas empurram para dentro do estábulo.
E matraqueando ressoa por toda parte o eco
Das pantufas de madeira no corredor da escadaria.

Egon Erwin Kisch
Presídio de Zurique

A chegada

Sobretudo pelo fato de ele ser conhecido por sua instalação, sua organização e seus êxitos (quase nenhum reincidente!) no mundo da criminalidade,
pelo fato de o chefe de justiça do governo de Zurique também lecionar jornalismo na universidade e, portanto, ser um homem público,
e por esta região se encontrar sob um extenso céu generoso –
tanto mais pode-se esperar que aqui tenhamos menos chance de ser atacados por aquele terrível horror, cujo fascínio domina todos os que visitam uma prisão e os leva a pensar no significado dos anos para a vida

humana, na nulidade de todo o nosso conhecimento a respeito das forças motrizes, e que também há um crime acompanhando o criminoso.

No trem viajam turistas que falam de Rigi e de Pilatos (da montanha, naturalmente, não daquele juiz que condenava à morte e depois lavava suas mãos em sinal de inocência) e se alegram por poder chegar a Sankt Gallen em duas horas. As pessoas descem em Regensdorf; a grande construção à esquerda, afastada das pequenas casas dos camponeses, é clara, apenas um largo portão de ferro destoa sombrio em sua arquitetura e, sobre o portal, a inscrição: "Penitenciária do cantão."

Uma torre de controle de trânsito na penitenciária

O edifício é construído em forma de cruz, panorâmico, para se ter uma visão precisa de cada uma das quatro alas da cruz a partir do centro. Uma delas serve à administração, à igreja e aos banheiros, nas outras três vivem os detentos em salas de trabalho, em celas diurnas, quando encontram-se incomunicáveis, e em celas noturnas. As alas com celas têm quatro andares, e cada passo que se dá nessas galerias é visto pelo homem no centro. Ele fica em sua torre como um guarda de trânsito na praça Potsdam em Berlim. Uma estrutura de aço em forma octogonal, com dois metros e meio de diâmetro, impõe-se como pedestal sobre os andares e sustenta a plataforma. De lá o controlador mira o formigueiro à direita, à esquerda e à sua frente, espiona cada segundo das centenas de vidas que ali permanecem por longos anos ou para sempre. Ele está sozinho e, no entanto, não é um só, basta apertar um botão para o socorro chegar: no painel de controle diante dele encontram-se alarmes e telefones para as salas da direção e da administração, para os salões de trabalho, as portarias e residências dos funcionários de dentro e de fora da instituição e, durante a noite até o amanhecer, também para a estação de comutação para telefones externos. Mesmo quando o detento encontra-se à noite em sua cela, finalmente fora do olhar vindo da torre de comando, só lhe resta um caminho para procurar ajuda ao ser acometido por um ataque ou uma doença: ele pode apertar a campainha de emergência, e o número de sua cela aparece no painel da torre, diante dos dois olhos austeros que já conhecem suas necessidades durante o dia e agora também ficam sabendo dos seus sofrimentos durante a noite.

A vida dos prisioneiros

Já houve cerca de 350 detentos nessa penitenciária, e ainda há lugar para mais alguns na abóbada-deberço. Agora são 280; a condenação condicional, a extradição de estrangeiros e cidadãos não pertencentes ao cantão depois de cumprida a pena e principalmente depois do fim da guerra, que também na Suíça provocou um excesso de "criminosos militares", diminuíram a freqüência. Na penitenciária de Zurique vigora o sistema irlandês, segundo o qual a pessoa enviada para lá é enquadrada na primeira classe, passando cerca de um terço de seu tempo trabalhando e dormindo isolada, sem ver ninguém, com exceção do guarda que entra na cela ou do mestre de obras. Quando é promovida para a segunda classe, passa a trabalhar nas oficinas comunitárias, mas dorme e come sozinha. A cada dois meses, pode enviar uma carta e receber a visita de um parente – ainda mais triste é o recluso da primeira categoria, que recebe apenas uma visita a cada quatro meses e só pode escrever uma carta. Em caso de boa conduta, ele passa o último terço do seu tempo na classe experimental, que presta serviços agrícolas variados; nesse caso lhe são permitidas uma visita e uma carta por mês, e nos campos agrícolas ele pode talvez trocar uma palavrinha com um colega prisioneiro, longe dos olhos do vigia – mas geralmente impera a lei do silêncio pelos longos anos de detenção para todos... Mais mudos do que os monges trapistas, pois nem mesmo em seu "memento mori" eles podem abrir a boca, os detentos passam os anos junto a seus companheiros de sorte, mudos trabalham na mesma oficina, fazendo as mesmas coisas durante dez difíceis horas do dia, sem conversar, passeiam juntos diariamente por meia hora no pátio, e sozinhos lêem ou cochilam na cela, até baterem os 15 minutos para as nove, quando as calças e os sapatos são pendurados diante da porta e os catres são armados, a luz se apaga e eles podem dormir.

No domingo, na igreja, eles se sentam em cadeiras, cujas laterais são trancadas por portinhas providas de fechaduras de mola, suas paredes vão até a altura do pescoço, o detento vê apenas o pastor no púlpito. Ao culto, que é evangélico, todos devem comparecer aos domingos, sejam católicos, judeus ou muçulmanos. Dá-se muita importância ao recolhimento devoto: o detento recém-chegado recebe bíblia e livro de cantos em sua cela, bem como um livro de leitura, que é trocado após quatorze dias.

Cenas das oficinas de trabalho

Dezoito ofícios são praticados na penitenciária de Zurique, e cada sala de trabalho é palco de associações insólitas: na oficina de costura, homens despenteados e vestindo grosseiras roupas de brim fazem ternos elegantes da última moda; colados à parede estão fotos da moda, que eles reproduzem e nunca vêem sua utilização; na gráfica, ficam diante das caixas de tipografia, sem serem "jovens livres da arte negra", ou trabalham nas três prensas rápidas – a imprensa é livre –; na oficina de cestos de vime, figuras com olhares ameaçadores ficam sentadas, balançando imensas facas afiadas, para dar ao cesto de flores uma forma ornamental homogênea, e tecendo capachos para pés femininos; pendurados em ganchos encontram-se fios e cordas, longos o suficiente para conduzir um fugitivo do teto da prisão do palácio veneziano dos Doges ao Canal Grande; na ferraria trabalham antigos arrombadores, que fabricam fechaduras seguras, forjam e limam correntes; na padaria preparam montanhas de massa e recebem, além do chá ou da sopa com batatas e legumes, apenas quinhentos gramas de pão por dia; nas galerias encontram-se muitos, muitos caixões, feitos na marcenaria para os ricos e que aguardam acabamentos de luxo. A colônia agrícola tem 122 hectares, bem distantes dos muros da prisão, para a qual os agricultores forçados voltam à noite. No teto da instituição estão sendo feitos reparos a cargo dos detentos; na carpintaria, um detento com dotes para a mecânica construiu o modelo de uma guilhotina, junto a ela é conservado o carro em miniatura para carregar o cadáver – segundo esse modelo, o cantão de Schaffhausen mandou fabricar sua máquina de execuções.

Na seção feminina,

num edifício próprio, separado da ala masculina por um alto muro interior, cozinha-se e lava-se para todos os internos, a principal ocupação é a costura de roupas; diante de uma máquina de costura está sentada uma jovem negra de cabelos curtos – o único corte "joãozinho" que já vi até agora numa suíça. Geralmente são senhoras acabadas, de cabelos grisalhos, que executam seu trabalho diário diante dos caldeirões de comida e das tinas de roupas da prisão feminina.

Como o trabalho é remunerado e pago

Os prisioneiros da primeira classe recebem cinco por cento do lucro do trabalho, os da segunda, de seis a dez por cento, os da terceira, doze por cento; no ano passado, o lucro foi de 24 mil francos. O mestre comunica ao prisioneiro a parte que lhe cabe; esta chega a render um juro de quatro por cento, mas que só será pago por ocasião de sua libertação. Muitos recebem apenas 27 rappen (vinte pfennig)* por dia, alguns, em sua maioria alfaiates, chegam a receber um franco e meio, algo como um marco e vinte pfennig por dia de trabalho. Quem deixa a instituição pode comprar com seu salário terno e sapatos, mas, se recebeu pouco para isso, a associação de vigilância e proteção paga a roupa; cada um precisa ter pelo menos 25 francos no bolso ao sair em liberdade. Do lado de fora, ele precisa inicialmente se dirigir ao inspetor da associação, que tem o dever de providenciar sua primeira hospedagem e de lhe procurar um emprego. Caso um prisioneiro morra enquanto está na prisão, seu ganho é recolhido numa poupança comum, com a qual se compram próteses, cintas para hérnias e óculos para os que precisam.

---

* Cada franco suíço divide-se em 100 rappen; cada marco alemão, em 100 pfennig. (N. da T.)

Prisão perpétua

Três meses é o mínimo de tempo para alguém enviado a essa penitenciária, mas a maioria precisa cumprir uma pena bem mais longa. Na seção feminina, das 28 prisioneiras, não menos do que cinco estão condenadas à prisão perpétua – uma percentagem assustadoramente alta, e tanto mais assustadora se levarmos em consideração que no cantão de Zurique o assassinato de recém-nascidos recebe uma pena de apenas dois a três anos. (Não há pena de morte no cantão.) Duas dessas mulheres são cúmplices; junto com uma outra, que morreu nesse meio tempo, envenenaram a esposa do condutor de bondes Karli a mando dele, em 1911. Duas outras também mataram seus esposos por envenenamento, a quinta matou a pancadas seu filho adulto.

Dos 252 homens, oito estão condenados a passar o resto de suas vidas na prisão, por crimes executados pelas razões mais medonhas, com os quais o autor das "Novelas de Zurique" jamais poderia sonhar. Um deles apunhalou um homem de comum acordo com a esposa deste último, para poder se casar com ela; viveram dez anos num casamento normal, até que um dia ela, com raiva por causa de maus-tratos, denunciou-o à justiça. Ele foi condenado à prisão perpétua, e ela, a cinco anos por assistência ao crime – há sete anos ela está livre e visita novamente o homem que matou por sua causa e que ela levou à prisão para a vida toda. – Três dos condenados à prisão perpétua cometeram juntos, em 1921, um assassinato seguido de roubo do proprietário da máquina de café automático na

Bahnhofstraße (rua da Estação Central) de Zurique. – Dois são ladrões que cometeram homicídio, foram surpreendidos durante um roubo (Repischthal e Zürcherberg) pelo então proprietário e o mataram. – Um desocupado de nome Jureczek, da Eslováquia, já está nessa prisão há catorze anos. Próximo ao lago de Zurique, ele tentou roubar o alforje de um aprendiz de ofício que estava dormindo; quando este acordou e saltou no pescoço do ladrão, Jureczek bateu na cabeça dele com um pedaço de pau e o rapaz caiu morto. – A instituição abriga um duplo assassino: em Hinwyl, preso por suspeita de roubo, ele assassinou o policial e a mulher deste.

Cada um dos condenados à prisão perpétua pode, depois de doze anos de bom comportamento, pedir clemência ao conselho supremo da comunidade. Mas nunca, depois de quinze anos, tal petição conseguiu ser deferida; os cidadãos suíços são rígidos e acreditam em seu direito de condenar. E, além disso, a prisão de Zurique é considerada por eles humana demais. Humana demais! Viver calado, não fumar, comer pouco e passar anos a fio trabalhando como robôs, por um parco salário, passar meses sem receber carta nem visita, não ver nada dos brancos Alpes tão próximos e dos lagos azuis como o céu – isso é humano demais!

Johann Peter Hebel
A resposta do cordoeiro

Em Donauwörth, quando chegou sua hora, um ladrão de cavalos foi enforcado, e quem entende do assunto algumas vezes tem pensado: quem quer ir para a forca ou atualmente para a prisão, para que precisa roubar um cavalo? Indo a pé não dá para chegar na hora? O homem de Donauwörth também achou que não chegaria à forca em tempo se não cavalgasse; e, do mesmo modo como o cavalo caiu nas mãos de um ladrão desajeitado, o ladrão acabou caindo nas mãos de um auxiliar de carrasco desajeitado. Pois, ao lhe colocar o colar de cânhamo no pescoço e tirar-lhe a escada de apoio, este ficou estremecendo por muito tempo, com os olhos de um lado para o outro, como se quisesse escolher um cavalinho no meio da multidão. Pois, entre os espectadores, havia muitos a cavalo e em carroças, pensando: assim dá para ver melhor. Mas, quando o povo começou a reclamar em voz alta, fazendo com que o carrasco desajeitado se atrapalhasse ainda mais, ele, muito amedrontado, acabou se atirando para cima do enforcado, envolveu-o com os dois braços, como se quisesse se despedir dele, e puxou-o com toda força, para que o nó se fechasse e o outro finalmente morresse asfixiado. Porém, eis que a corda se partiu em dois pedaços e os dois caíram juntos no chão, como se nunca tivessem estado lá em cima. O criminoso ainda estava vivo, e seu advogado conseguiu salvá-lo mais tarde. Conforme sua alegação: "O malfeitor roubou apenas um cavalo, não *dois*, e, portanto, mereceu apenas *uma* corda", e acrescentou no verso várias letras e números em latim, do modo como estão acostumados a fazer. O carrasco, porém, quando viu o cordoeiro à tarde, deu-lhe uma bronca daquelas: "E aquilo é corda que se faça?", perguntou, "é você que deveria ser enforcado com ela." O cordoeiro, no entanto, tinha a resposta pronta. "Ninguém me disse que ela deveria suportar dois ladrões", respondeu. "Era bastante resistente para um, você ou o ladrão de cavalos."

Heinrich von Kleist
Anedota

Um capuchinho acompanhava um suábio até o cadafalso debaixo de chuva. O condenado reclamava o tempo todo de Deus, pelo fato de ter de seguir um caminho tão amargo debaixo de um tempo tão ruim e desagradável. O capuchinho quis consolá-lo como bom cristão e disse: seu velhaco, por que você reclama tanto, você só tem de ir, mas eu vou ter de voltar todo o caminho mais uma vez, com esse tempo horrível. Quem já sentiu como é desolador, mesmo num dia bonito, o caminho de volta de uma praça de execução não vai achar tão idiota a observação do capuchinho.

Johann Peter de Memel
Sem cabeça

O rei Carlos da Inglaterra
Foi reconhecido indigno da coroa
Como ele não podia usar coroa
Deixaram-no sem cabeça.

Ludwig Rubiner
A execução

O amigo está sentado na prisão de Sing-Sing.
Chega o padre que vai prepará-lo para a morte.
O homem vai ser conduzido à cadeira elétrica,
Pois foi pego cometendo um assassinato.

Fred, que como técnico procede à salvação,
está a serviço junto ao dínamo central.
Por meio de um anel Tesla, transforma
A corrente alternada, que passa pelo corpo.

O carrasco gira o botão até atingir a voltagem certa.
O amigo assobia uma valsa em bemol;
Quando o teto voa em estilhaços silenciosamente.

De cima aspira a máquina de vácuo,
E sorve o amigo junto com o protocolo.
No azul desaparecem dois zepelins amarelos.

Friedrich Bischoff
A execução após a morte

    Quando Josef Koruth, ex-assistente de magistrado e considerado culpado pelo assassinato de sua amante Else Flohr, deveria ser decapitado no pátio do palácio da justiça em B., o carrasco deixou cair o machado de suas mãos no momento em que seus auxiliares encontravam-se prontos para afivelar o delinqüente no cepo. Deixou-o cair, ou seja, o homem respeitável e corpulento lançou-o com um soluço sufocado numa curva para o alto, de modo que o machado, sibilando, abriu um buraco no chão entre as autoridades perplexas que se afastaram correndo, enquanto ele mesmo, acometido de uma síncope repentina, caiu para trás e depois de alguns segundos perdeu os sentidos. No meio da confusão que naturalmente acabou surgindo, ninguém mais se preocupou com o assassino. O padre chamava por um médico, o promotor secava o suor da testa com o protocolo, seus subordinados olhavam-no sem saber o que fazer, e os auxiliares e ajudantes da polícia empenhavam-se, gritando uns mais que os outros, em fazer voltar a si o pretenso desmaiado.

Enquanto tudo isso acontecia de maneira confusa e irrefletida, Josef Koruth despertou de seu atordoamento apático e levantou-se do cepo de execução. Da ponta dos seus pés, o sangue jorrava com força e abundância em seu plexo arterial já amortecido. Sua mandíbula caída voltou a encontrar os dentes da mandíbula superior, e, embora seu olhar que retornava das profundezas da morte ainda não pudesse associar o ambiente aos acontecimentos que nele ocorriam, diante do grupo de pessoas que se ocupavam do massudo corpo do carrasco, viu com toda nitidez e clareza o saco aberto, dentro do qual sua cabeça deveria ter caído, e a depressão escura e com calhas, na qual pouco antes seu magro pescoço se oferecera ao machado justiceiro.

Viu tudo aquilo marcado por manchas, danos e particularidades indeléveis, como se estivesse reabsorvendo com imagem e reflexo a força visual emitida e deixando-a agir sobre um apático sentimento de vida, que se desdobrava de forma cada vez mais poderosa e exigente, e lhe devolvia a sensibilidade para sentir o sol sobre sua pele suada de medo, o calor ameno, a luz e uma brisa que brincava em sua nuca raspada. Desde que se levantara do local de execução não se passara nem um minuto. Fria como gelo, a língua lhe colava ao palato. Ele escancarou a boca, e um grito mudo ecoou nos muros altos como casas. Desse estridente grito mudo veio-lhe à mente, como uma clarabóia num poço, a consciência daquilo que deveria ter sido feito com ele ou que talvez já tivesse sido cometido contra ele. Pareceu-lhe que já se encontrava no sono da morte havia semanas. Mas, aqui, o cepo, o machado, pessoas vestidas de negro solene. Cartolas encontravam-se no chão. Seus donos gritavam, prostravam-se em torno e não olhavam para ele. Certamente ele já estava morto, uma alma franzina que pairava sobre o local de execução, apenas uma cabeça no saco, que alucinada acabava de pensar em seu corpo separado.

Não importa como, ele fez o que o impulso original lhe exigiu: com um leve salto se livrou do suporte. Dez passos titubeantes bastaram para ele desaparecer tranqüilamente pelo portão aberto do palácio da justiça. Em seu terno azul de domingo, que tinha sido seu último desejo, sem colarinho, com a camisa aberta, saiu aos tropeções pelos corredores das galerias. Chegando ao portal, parou por um momento. Lágrimas escorriam em sua face magra. Em seguida, pegou repentinamente sua cabeça com suas mãos úmidas e frias e, ao esticá-la na direção do barulho todo iluminado da rua matutina, convenceu-se de que seu corpo, inteirinho, com pescoço, barriga e pernas se lançava para trás e começava a levá-lo rua abaixo com saltos cada vez mais rápidos.

Depois de deixar para trás a primeira fileira de casas, virou de improviso numa travessa com menos movimento. Durante sua longa corrida em ziguezague, em que viu pessoas alegres e ocupadas passar rapidamente por ele, o funcionário outrora pontual se afastava cada vez mais ligeiro da tenebrosa idéia de ser um fora-da-lei e uma vítima do machado justiceiro. Tremendo, pensava nas orações fervorosas com as quais todos os dias havia incomodado Deus para que anulasse a sentença, já que ele, o Onisciente, deveria sentir que seu contrito Josef Koruth, apesar do tiro que havia desferido com bastante temeridade na infiel, continuava sendo bom e seu humilde filho.

Ele corria, ofegava levemente. Relembrou tudo. Sentia-se pertencente aos seres honrados: estava vestindo um terno azul. Educado por sua mãe para ser honesto, tinha chegado aos quarenta anos sem antecedentes criminais. Se pelo menos no dia do julgamento o promotor pudesse ter compreendido sua explicação de que, por exemplo, havia uma gaiola pendurada em seu quarto! Prezada senhora que agora mesmo teve a bondade de roçar na manga da minha camisa, considere uma gaiola, uma gaiola vazia todo dia de manhã ao sol, perto de um calendário de folhas destacáveis, bordado com miçangas. E agora um machado, um machado de carrasco no pescoço? Como é possível? Ó meu Deus, obrigado, graça, justiça! Naquele mesmo momento, tropeçou assustado. Um policial o tinha agarrado. "Fui pontual", sussurrou silenciosamente no rosto encoberto do homem. Mas então sentiu que, em vez das algemas nos pulsos, estava sendo conduzido a uma placa, e leu que aquela rua estava fechada ao público devido a obras de canalização. Leu de novo, e mais uma vez, quatro, cinco vezes, com alegria, e não se esqueceu de olhar agradecido a lanterna vermelha colocada sobre o cartaz. Ele sentiu e festejou o fato de o Todo-Poderoso tê-lo avisado do falso caminho por meio dos serviços públicos, que ele servira fielmente durante vinte anos. Sim, senhor, departamento de obras subterrâneas II b. Ele pronunciou essas palavras e deu a entender que era do ramo.

 Nesse meio tempo, o policial soltou-o e repreendeu-o com simpatia, um pouco também como passatempo, enquanto o assassino continuou a cumprimentá-lo e tentou até mesmo apertar sua mão. "Tudo bem", disse o policial, "mas agora vá para casa, homem, e coloque um colarinho nessa camisa."

 Koruth recuou assustado. Em seus olhos arregalados, a autoconfiança que acabara de adquirir se turvava. Colocou as mãos no pescoço e deu a entender titubeando que iria obedecer imediatamente à bondosa ordem e, ao dizer isso, olhou para o colarinho branco, dignidade do homem civilizado, amassado e manchado pela mão do carrasco, ao lado do cepo de execução, e os esbirros silenciosamente enviados à sua procura, para os quais deveria ser bem fácil reconhecer entre milhares uma pessoa sem colarinho, com a nuca raspada e com um terno de verão azul. Sem levar em consideração o alvoroço que causava ao fazer isso, saiu correndo, voltando pela rua o mais rápido que podia, quase sem ter consciência do que estava fazendo, e conseguiu chegar, encoberto por um caminhão, até o quintal de uma casa, onde, ofegante e encostado à parede, tentou em vão espantar o medo mortal que estava sentindo.

Ouviu um relógio dar sete badaladas, mas seu pescoço estava descoberto. E estava mesmo. E por intermédio dele sua vida destruída se revelava a todo mundo. Ele não estava usando um colarinho. Um honrado funcionário municipal busca seu colarinho com a lavadeira e não precisa deixá-lo ao lado de um cepo de execução. Seus joelhos tornaram-se pedras de gelo. Soletrou a palavra de trás para a frente e de frente para trás. Revolveu-a tartamudeante sobre a língua, e a palavra perdeu o sentido, repentinamente deixou de ser compreensível e lhe escapou. O que estava lhe faltando, hehe, para que a vida voltasse a lhe pertencer? O quê? O quê? Pôs a mão na boca, como se quisesse retirar dela a palavra, o nome para a coisa que pertencia ao pescoço. "Um... limpo, sem manchas", balbuciou, "um... imaculado." Com as costas encurvadas, escorregou pela parede até chegar ao chão. Seu casaco se arregaçou por trás de sua cabeça, todo cheio de pó de argamassa.

Nesse momento, um homem, aparentemente um cocheiro, saiu de uma das estrebarias que cercavam o pátio. Ao ver o suposto mendigo agachado junto ao muro, foi em sua direção com passos pesados. Num tom rude, perguntou o que o vagabundo estava fazendo ali àquela hora da manhã. Em seguida, observou o terno razoavelmente bem conservado e o bom sapato do homem, que mendicante só era capaz de levantar a mão, e deu à sua voz aquele tom convincente e benévolo, que as pessoas costumam usar quando se dirigem a bêbados. Colocou de pé o homem que cambaleava, perguntou onde ele morava e qual sua profissão e riu bem alto, quando o interrogado começou apenas a balançar a cabeça e, soluçando, começou um discurso confuso a respeito de uma salvação frustrada, apesar da gaiola e do calendário, e de uma situação pendente num local de execução. Com um leve toque nos ombros, empurrou o homem que ele achava estar absurdamente embriagado até a passagem para a rua, fê-lo voltar-se e mandou-o embora com uma piada de mau gosto.

Koruth afastou-se cambaleando. Com a gola do casaco fazendo as vezes de colarinho, arrastou-se pelas casas, esperando a qualquer momento encontrar-se sob o machado de execução. Sentiu que estavam ficando atentos a ele. A nuvem do eclipse rompeu-se por alguns instantes sobre seu cérebro. Na breve claridade que surgiu repentinamente, descobriu admirado que se encontrava no começo da rua onde morara antes. Fungando, levantou o nariz. Da mercearia da esquina continuava vindo o cheiro de pão caseiro, de leite azedo e de doce de ameixa. Soando familiarmente, o bonde veio em sua direção, aquele bonde que tantas vezes o conduzira ao emprego e à dignidade. Ele estava em casa, a poucos metros do apartamento de sua antiga senhoria, que tinha considerado tanto sua respeitabilidade. Decidiu aventurar-se em lhe pedir abrigo. Com cautela, abriu a velha porta do prédio. Tropeçando nos degraus, subiu a escada. A senhora Balcke, engomadeira, continuava morando no primeiro andar. Um perfume de roupa limpa que acabava de ser passada pairava na escadaria. O colarinho! Ó Deus, você não me enganou, um anjo já está com ele de prontidão. O friso de miosótis ainda estava na parede raspada. Que bonito, que bom! Com a ponta do dedo indicador, tocou na campainha do terceiro andar e aguardou humildemente. Já se ouvia um passo. Seu coração bateu forte. A dona da casa abriu toda a porta e olhou, pálida como cera, para o visitante que sorria angustiado.

"Senhora Melbach", disse Josef Koruth suplicante, "a senhora não está me reconhecendo?"

Um grito estridente veio em sua direção. A dona da casa saltou para trás bruscamente. Parecia que tinha visto um fantasma, pois seus olhos pequenos tinham saltado das órbitas repletos de medo. Koruth entrou e levantou a mão. O lusco-fusco pesado do vestíbulo familiar lhe fez bem. Morto de cansaço, ele se lançou na direção de uma cadeira, mas a dona da casa a tirou dele. Ela tentou falar alguma coisa. Ele queria se explicar. Batendo os dentes, ela fixou seu olhar no pomo-de-adão de Koruth e parecia não entender como aquele nó podia ficar subindo e descendo são e salvo. Com suas últimas forças, apontou para ele com o dedo tremendo a notícia destacada no jornal que estava diante dela sobre a mesa. Então deixou-se cair e arrastou-se para longe dele como um animal, enquanto Koruth lia a respeito de sua própria morte, lia nos tipos negros que tinha sido executado naquela manhã, às seis horas, no pátio do palácio da justiça.

Então tinha mesmo acontecido? Seu rosto abatido esboçou um sorriso alienado. Olhou para a dona da casa. Ficou olhando docilmente para o vestíbulo. Como as coisas aconteciam de maneira estranha neste mundo! Sentiu o cheiro de café. Pensativo, levantou com cuidado sua senhoria. Sussurrando, pediu-lhe que fosse rapidamente buscar suas roupas na casa da senhora Balcke, pois no domingo pretendia fazer com a senhorita Flohr o passeio havia tanto tempo planejado. A senhoria arrastou-se transtornada. Antes mesmo de ele terminar de falar, ela já estava do lado de fora, e Josef Koruth ficou sozinho. Cambaleando, dirigiu-se a seu quarto. Havia outro nome na plaqueta da porta. Outra mala estava no canto do quarto. Manchas de cinza de cigarro no forro do sofá. Isso ele não percebeu. Viu apenas a gaiola vazia ao sol, perto do calendário de folhinhas destacáveis. Acariciou-a e apoiou a cabeça nas grades. Era ali que ele queria ficar. Ninguém poderia tirá-lo dali. Então começou vagarosa e pensativamente a arrancar folha por folha do calendário. Mais cedo ou mais tarde deveria aparecer, marcado em vermelho como um feriado, entre as muitas folhas, o dia em que ele estranhamente morrera e, no entanto, continuou a viver. Não podia ser aquele dia. Tinha de ser um outro. E continuou a arrancar as folhas. Os dias esvoaçavam. Rapidamente cresceu um ano obscuro ao seu redor.

No momento em que os policiais entraram estrepitosamente, seguidos pelas senhoras Balcke e Melbach, além dos outros moradores apertados em bandos, Koruth balançou a cabeça. "Não pode ser", disse ele enquanto juntava as folhinhas para limpar o chão, "desculpem-me, ele está faltando, não está aqui aquele dia."

Com a gola levantada, acompanhou obediente. No dia seguinte, sob o cutelo do carrasco que foi buscado às pressas na capital, sua cabeça morta rolou para dentro do saco.

Alfred Döblin
Com o 41 para a cidade

Ele se encontrava diante do portão da prisão de Tegel e estava livre. No dia anterior, ainda passara o ancinho na plantação de batatas junto aos outros, com roupas de prisioneiro, e agora estava com um casaco amarelo de verão; eles estavam trabalhando na plantação, e ele estava livre. Deixou vários bondes elétricos passarem, as costas pressionadas contra o muro vermelho, e não ia embora. O vigia do portão passou algumas vezes por ele, mostrou-lhe seu caminho, e ele não ia embora. O momento assustador tinha chegado [assustador, Franze, por que assustador?], os quatro anos chegaram ao fim. Os negros batentes de aço do portão, que havia um ano ele vinha observando com crescente aversão [aversão, por que aversão?], estavam fechados atrás dele. Ele tinha sido posto em liberdade de novo. Lá dentro estavam os outros, trabalhando na marcenaria, laqueando, escolhendo, colando, ainda tinham dois anos, cinco anos. Ele estava na parada de bonde.

A pena está começando.

Sacudiu-se, engoliu em seco. Brigou consigo mesmo. Depois tomou coragem e sentou-se no bonde elétrico. No meio das pessoas. Vamos. No princípio foi como estar sentado na cadeira do dentista, que extraiu uma raiz com o alicate e continua puxando, a dor aumenta, a cabeça quer explodir. Ele virou a cabeça para o lado do muro vermelho, mas o elétrico afastou-se com ele rapidamente pelos trilhos, e só sua cabeça continuou olhando na direção da penitenciária. O carro fez uma curva, árvores, casas apareceram. Ruas movimentadas surgiram, a Seestrasse, pessoas subindo e descendo. Dentro dele, algo gritava com pavor: atenção, atenção, está começando. A ponta do seu nariz congelou-se, sobre sua bochecha zuniam vozes. "Jornal do meio-dia", "B. Z.", "A nova ilustrada", "A nova hora da notícia", "Mais alguém entrou?" Os policiais agora usam fardas azuis. Ele desceu do bonde sem ser notado, estava entre outras pessoas. E qual era o problema? Nenhum. Pare aí, seu porco esfomeado, contenha-se, vou lhe meter a mão nas fuças. Que bulício, que bulício! E como se move! Minha cuca não tem mais nada dentro, secou totalmente. O que era tudo aquilo? Sapatarias, chapelarias, lâmpadas incandescentes, destilados. As pessoas precisam mesmo usar sapatos, se andam tanto de um lado para outro; nós também tínhamos uma sapataria, e queríamos mantê-la. Centenas de vidraças reluzentes, deixe-as brilhar, elas não vão amedrontá-lo, afinal você pode quebrá-las, e o que vai ser delas se tiverem acabado de ser limpas? Tiraram o calçamento da praça Rosenthal, ele foi andando atrás dos outros sobre pranchas de madeira. A gente se mistura aos outros, tudo passa, e você não repara em nada, cara. Havia figuras nas vitrinas usando ternos, casacos, com saias, meias e sapatos. Lá fora tudo se movia, mas – lá atrás – não havia nada! Nada vivia! Havia rostos alegres, que sorriam, aguardavam na ilha de proteção diante da Aschinger em dois ou três, fumavam cigarros, folheavam jornais. Essa cena fazia parte da paisagem tanto quanto os postes de luz – e ficava cada vez mais imóvel. As pessoas faziam parte das casas, tudo branco, tudo de madeira.

Apavorou-se ao descer a rua Rosenthal e ver um homem e uma mulher sentados bem junto à janela de um pequeno bar: vertiam a cerveja dos canecos para dentro da garganta, isso mesmo, o que era aquilo, eles bebiam, tinham garfos e com eles espetavam pedaços de carne que colocavam na boca, depois tiravam os garfos e não sangravam. Oh, seu corpo todo se contorcia, não vou conseguir sair daqui, para onde devo ir? Ele respondeu: a pena.

Não podia voltar, ele tinha ido longe demais com o elétrico, tinha sido libertado da prisão e tinha de voltar para cá, cada vez mais para dentro.

Eu sei, suspirou, que tenho de entrar aqui e que eu fui libertado da prisão. Afinal, eles tinham de me libertar, a pena já tinha terminado, tudo tem sua ordem, o burocrata cumpre o seu dever. Eu também vou ter de participar disso, mas eu não quero, meu Deus, não posso.

Seguiu a rua Rosenthal, passando pela loja Tietz, e virou à direita na estreita rua Sophie. Pensou, essa rua é mais escura, e onde está escuro deve ser melhor. Os presos são levados para a solitária, para as celas comuns, ou para as coletivas. Na solitária, o prisioneiro permanece dia e noite separado dos outros presos. Na cela comum, também fica sozinho, mas quando há atividade ao ar livre, aulas e culto religioso, ele se junta aos outros. Os carros faziam barulho e continuavam a buzinar, as frentes das casas se sucediam. E havia telhados pairando sobre as casas; seus olhos vagaram para o alto: que os telhados não despenquem e as casas continuem de pé. Para onde um pobre coitado como eu deve ir? Ele se arrastava próximo às paredes das casas, aquilo não tinha fim. Sou um tremendo de um imbecil, as pessoas aqui podem tentar entrar, cinco, dez minutos, depois tomam um conhaque e se sentam. O trabalho deve começar assim que tocar a campainha correspondente. Só pode ser interrompido no tempo determinado para a comida, o passeio, a aula. Durante o passeio, os prisioneiros precisam manter os braços esticados e movê-los para a frente e para trás. Havia uma casa no local, ele afastou o olhar do chão, deu de encontro com uma porta, e de seu peito saiu um oh, oh triste e resmungão. Abraçou a si mesmo. Aqui, meu jovem, você não vai morrer de frio. A porta do pátio abriu-se, uma pessoa passou por ele arrastando os pés e postou-se atrás dele. Ele gemeu e se sentiu bem gemendo. Da primeira vez que ele ficou na solitária, passou o tempo todo gemendo, e ficava feliz em ouvir sua voz, é uma forma de ter alguma coisa, de saber que nem tudo está acabado. É o que muitos faziam nas celas, alguns no começo, outros mais tarde, quando se sentiam sozinhos. Começavam a gemer, aquilo era algo humano, consolava-os. E lá estava o homem de pé no corredor da casa, sem ouvir os barulhos assustadores da rua, as casas malucas não estavam ali. Com a boca em forma de bico, grunhiu e tomou coragem, as mãos fechadas dentro dos bolsos. Seus ombros no casaco amarelo estavam encolhidos em posição de defesa.

Um estranho havia se postado perto do prisioneiro liberto, olhando para ele. Perguntou: "Você está sentindo alguma coisa, está sentindo dores?", até que ele o notou e parou de gemer. "Você está passando mal, mora aqui no prédio?" Era um judeu de barba vermelha, um homenzinho vestindo um capote, um chapéu de feltro preto e com uma bengala na mão. "Não, eu não moro aqui." Ele tinha de sair do corredor, o corredor tinha sido tão bom! E então a rua começou de novo, a frente das casas, as vitrinas, as figuras apressadas com calças ou meias coloridas, tudo tão rápido, tão ágil, diferente a cada momento. E como estava decidido, entrou de novo no corredor de uma casa, mas onde abriam os portões para deixar passar um carro. Em seguida, correu para um corredor apertado na casa vizinha, perto da escadaria. Ali não podia passar carro. Apoiou-se no pilar do corrimão. E, enquanto o segurava, sabia que queria livrar-se da pena [oh, Franz, o que você quer fazer? você não vai conseguir], com certeza ele o faria, já sabia onde havia uma saída. E baixinho ele começou de novo sua música, os grunhidos e gemidos, e eu não vou sair de novo na rua. O judeu ruivo entrou de novo na casa, a princípio não descobriu o outro apoiado no corrimão. Ele o ouviu murmurar. "Agora me diga: o que você está fazendo aqui? Não está se sentindo bem?" O ex-prisioneiro soltou-se do pilar, foi em direção ao pátio. Quando tocou no batente da porta, viu que ele era o judeu da outra casa. "Vá embora, afinal o que o senhor quer?" "Ora, nada. Você está gemendo tanto, pode-se saber o que você tem?" E, através da fresta da porta, novamente as velhas casas, as pessoas formigando, os telhados escorregadios. O liberto abriu a porta do pátio, o judeu atrás dele: "Ora, ora, o que vai acontecer não vai ser tão ruim. Ninguém vai se arruinar. Berlim é grande. Onde vivem milhares, viverá mais um."

§ 8 Processos exemplares

Salomão

Minha sentença

16. Naquela ocasião, duas prostitutas foram ter com o rei e se apresentaram diante dele.
17. E uma delas falou: Ah, meu senhor, eu e esta mulher morávamos na mesma casa, e eu dei à luz no mesmo aposento em que ela estava.
18. E, três dias depois de eu ter dado à luz, ela também o fez. E nós estávamos juntas, e não havia na casa outra pessoa além de nós duas.
19. E o filho desta mulher morreu durante a noite; pois ela o havia sufocado enquanto dormia.
20. Ela se levantou à noite e tomou meu filho que estava ao meu lado, enquanto eu, tua escrava, dormia, e colocou-o em seus braços, e seu filho morto ela colocou nos meus braços.
21. E, quando acordei de madrugada para amamentar meu filho, vi que ele estava morto. Porém, quando amanheceu, olhei-o com atenção e vi que não era meu filho, aquele a quem eu havia dado à luz.
22. A outra mulher falou: não é assim; meu filho vive, e teu filho está morto. Aquela, porém, replicou:

não é assim; teu filho está morto e meu filho está vivo. E as duas começaram a discutir diante do rei.

23. E o rei disse: Esta diz: meu filho está vivo, e teu filho está morto; aquela diz: não, teu filho está morto, e o meu está vivo.
24. E o rei disse: Tragam minha espada! E, quando trouxeram a espada diante do rei,
25. o rei disse: dividam a criança que está viva em duas partes e dêem a metade a uma e a outra metade à outra.
26. Então a mulher, cujo filho estava vivo, falou ao rei (pois seu coração materno sofria por causa do filho): Ah, meu senhor, dê a ela a criança viva e não a mate. Mas a outra falou: que não seja minha nem dela; dividam-na!
27. O rei respondeu e disse: Dêem a esta a criança viva e não a matem; esta é sua mãe.
28. E a sentença que o rei havia proferido espalhou-se por toda Israel, e eles temeram o rei, pois viram que estava nele a sabedoria de Deus para fazer justiça.

Woody Allen
Minha apologia

De todos os homens famosos que já viveram um dia, eu gostaria, de preferência, de ter sido Sócrates. Não apenas por ele ter sido um grande pensador, pois eu mesmo sou conhecido por dispor de conhecimentos bastante profundos, embora eles constantemente girem em torno de uma aeromoça sueca e de um par de algemas. Não, o que fez esse mais sábio de todos os gregos tão atraente para mim foi sua coragem diante da morte. Ele estava decidido a não desistir de seus princípios, preferiu sacrificar sua vida por eles a colocar uma convicção à prova. Eu pessoalmente não sou tão destemido em relação à morte, e qualquer barulho desagradável, como o da ignição de um carro falhando, já é motivo para eu me lançar nos braços de quem estiver conversando comigo no momento. Afinal a morte corajosa de Sócrates deu à sua vida um significado verdadeiro, o que absolutamente não se pode afirmar a respeito da minha existência, mesmo que ela tenha um mínimo de significado para os agentes de impostos do governo. Devo admitir que tentei várias vezes seguir os passos desse grande filósofo, mas, não importa quantas vezes o faça, sempre adormeço de imediato e tenho o seguinte sonho.

(O cenário é minha cela na prisão. Habitualmente estou sozinho e matutando a respeito de algum problema profundo do pensamento racional, por exemplo: pode-se chamar um objeto de obra de arte, quando ele também puder ser usado para limpar o fogão? Em seguida, Agathon e Símias vêm me visitar.)

Agathon: Ah, meu bom amigo, velho e sábio pensador. Como estão passando seus dias na prisão?
Allen: Como você pode falar em prisão, Agathon? Meu corpo pode até estar preso. Meu espírito vagueia livre por aí, irrestrito pelas quatro paredes, e por isso eu lhe pergunto, será que a prisão realmente existe?

Agathon: Bem, e o que acontece quando você quer passear?
Allen: Ótima pergunta. Isso eu não posso fazer.
(Nós três estamos sentados em pose clássica, de modo bem semelhante ao que seria num friso. Por fim, Agathon fala.)
Agathon: Temo que a notícia não seja boa. Você foi condenado à morte.
Allen: Ah, fico triste em saber que devo ter causado briga no Senado.
Agathon: Não houve briga. Foi por unanimidade.
Allen: É mesmo?
Agathon: Logo na primeira votação.
Allen: Hmmm. Eu tinha contado com um pouco mais de ajuda.
Símias: O Senado está furioso com a sua idéia de um Estado utópico.
Allen: Devo admitir que nunca deveria ter proposto um filósofo como rei.
Símias: Além do mais, do jeito que você sempre chamava a atenção para sua pessoa e discretamente pigarreava...
Allen: Nem por isso vejo meus carrascos como pessoas más.
Agathon: Eu também não.
Allen: Ahn, bem... então o que é o mal senão o bem em excesso?
Agathon: Como assim?
Allen: Veja deste modo. Se uma pessoa canta uma canção bonita, isso é bom. Se continua a cantá-la sem parar, começa a dar dor de cabeça em quem ouve.

Agathon: Isso é verdade.
Allen: E, se ela não quer parar de jeito nenhum com a cantoria, chega-se a ter vontade de entupir-lhe a goela com meias.
Agathon: É, isso é verdade.
Allen: Quando afinal deverá ser executado o veredicto?
Agathon: Que horas são?
Allen: Hoje!?
Agathon: Estão precisando desta cela.
Allen: Que seja assim! Deixem que me tirem a vida. No entanto, deve ficar registrado que preferi morrer a renunciar aos princípios da verdade e da procura constante da verdade. Não chore, Agathon.
Agathon: Não estou chorando, é uma alergia.
Allen: Pois para o homem de espírito a morte não é o fim, mas um começo.
Símias: Como assim?
Allen: Bem, deixe-me pensar por uns instantes.
Símias: Quanto for preciso.
Allen: É verdade, Símias, que o homem antes do nascimento não existe, não é?
Símias: Isso mesmo.
Allen: Nem existe depois da morte.
Símias: Sim, eu concordo.
Allen: Hmmm.
Símias: E então?
Allen: Então, espere um pouco. Estou um tanto confuso. Vocês sabem, eles só dão cordeiro para a gente comer aqui, e ele nunca está bem preparado.
Símias: A maioria das pessoas vê a morte como fim absoluto e a teme por isso.

Allen: A morte é um estado da não-existência. O que não é, não existe. Portanto, a morte não existe. Apenas a verdade existe. A verdade e a beleza. Ambas são permutáveis e, no entanto, também são manifestações de si mesmas. Ah – eles disseram o que reservaram exatamente para mim?
Agathon: Cicuta.
Allen (perplexo): Cicuta?
Agathon: Você sabe, aquele líquido negro que corroeu sua mesa de mármore.
Allen: É mesmo?
Agathon: Só uma taça cheia. A propósito, eles têm uma taça de reserva, caso você derrame alguma coisa.
Allen: Eu me pergunto se isso dói.
Agathon: Eles perguntaram se você poderia tentar não fazer cena. Incomoda os outros presos.
Allen: Hmm...
Agathon: Eu disse a todos que você preferiria morrer a ser infiel a seus princípios.
Allen: Correto, totalmente correto... ahn, por um acaso o conceito "exílio" não foi mencionado nenhuma vez?
Agathon: Eles pararam de vez com o exílio no ano passado. Muitos problemas administrativos.
Allen: Certo... é... (*perplexo e inquieto, mas tentando ficar calmo*) Eu ahn... então ahn... então – fora isso, alguma novidade?
Agathon: Ah, sim, encontrei Isósceles. Ele tem uma idéia fantástica para um novo triângulo.
Allen: Muito bom... muito bom... (*de repente deixando todo fingimento de lado*) Olhem, quero ser total-

mente sincero com vocês – não quero morrer! Ainda sou jovem demais!
Agathon: Mas essa é sua chance de morrer pela verdade!
Allen: Não me entendam mal. Não tenho nada contra a verdade. Por outro lado, fui convidado para comer em Esparta na semana que vem, e não gostaria de perder essa oportunidade. Estou com o convite aí. Vocês sabem, esses espartanos brigam por qualquer coisa.
Símias: Seria o nosso mais sábio filósofo um medroso?
Allen: Não sou um medroso, e também não sou um herói. Fico em algum lugar entre os dois.
Símias: Um verme, que rasteja.
Allen: Quase isso.
Agathon: Mas foi você quem nos comprovou que a morte não existe.
Allen: Ora, escutem aqui – eu comprovei muita coisa. É assim que pago meu aluguel. Teorias e observações à parte. Uma declaração espirituosa de vez em quando. Às vezes algumas máximas. Assim pelo menos não preciso colher azeitonas, mas não queremos nos deixar levar por isso.
Agathon: Mas você comprovou muitas vezes que a alma é imortal.
Allen: E isso ela é mesmo! No papel. Não é verdade, e este é o problema na filosofia – ela não funciona de maneira muito lógica, depois que deixamos a universidade.
Símias: E as "formas originais" eternas? Você disse que toda coisa sempre existiu e sempre existirá.

Allen: Eu estava me referindo essencialmente a objetos pesados. Uma estátua ou coisa do gênero. Com pessoas é bem diferente.
Agathon: Mas e todo aquele discurso de que a morte é a mesma coisa que o sono?
Allen: Sim, mas a diferença é que, quando estamos mortos e alguém grita: "Hora de levantar, já amanheceu", é muito difícil encontrar suas pantufas.
(O carrasco entra com uma taça de cicuta. Ele tem o rosto muito parecido com o do cômico irlandês Spike Milligan.)
Carrasco: Bem – aqui estamos. Para quem é o veneno?
Agathon: *(apontando para mim)* Aquele ali.
Allen: Ai meu Deus, essa taça é muito grande. Tem de fumegar tanto assim?
Carrasco: Tem. E beba tudo, pois freqüentemente o veneno acaba todo no chão.
Allen: (Nesse ponto meu comportamento se desvia totalmente do de Sócrates, e dizem que eu grito durante o sono.) Não – eu não quero! Não quero morrer! Socorro! Não! Por favor!
(Ele me estende a bebida borbulhante, enquanto eu choramingo pedindo socorro sem sentir vergonha alguma, e tudo parece perdido. Nesse momento, o sonho, por causa de algum impulso inato de sobrevivência, toma outro rumo, e surge um mensageiro.)
Mensageiro: Parem! O Senado mudou de opinião. Ele retira a acusação. Sua reputação está sendo restabelecida, e é fato consumado que em vez disso você será homenageado.

Allen: Finalmente! Finalmente! Eles recuperaram o juízo! Sou um homem livre! Livre! Até para ser homenageado! Rápido, Agathon e Símias, busquem minhas calças. Preciso me apressar. Praxíteles provavelmente vai querer começar logo meu busto. Porém, antes de ir, vou-lhes dar ainda uma pequena parábola.
Símias: Minha nossa, essa realmente foi uma mudança violenta. Eu me pergunto se eles sabem o que estão fazendo.
Allen: Um grupo de pessoas vive numa caverna escura. Elas não sabem que lá fora o sol brilha. A única luz que conhecem são as chamas flamejantes de algumas pequenas velas, que usam para se locomover.
Agathon: E onde conseguiram as velas?
Allen: Bem, digamos que eles as têm.
Agathon: Eles moram numa caverna e têm velas? Mas isso é inverossímil.
Allen: Você não pode acreditar por um momento?
Agathon: Ok, ok, mas vá direto ao assunto.
Allen: Num certo dia, um dos moradores vagueia para fora da caverna e olha o mundo do lado de fora.
Símias: Com toda a sua claridade.
Agathon: E, quando ele quer contar aos outros o que viu, eles não acreditam nele.
Allen: Ahn, não. Ele não conta aos outros.
Agathon: Não?
Allen: Não, ele abre uma barraca de carne no mercado, casa-se com uma bailarina e morre aos quarenta e dois anos de apoplexia.
(Eles me agarram e me forçam a tomar a cicuta. Neste momento, acordo normalmente molhado de suor, e

só alguns ovos com salmão defumado me devolvem a calma.)

Marcos

Diante de Pilatos

1. E, logo que amanheceu, os chefes dos sacerdotes fizeram um conselho com os anciãos e os escribas, além do Conselho Supremo, e amarraram Jesus, levaram-no e entregaram-no a Pilatos.
2. E Pilatos lhe perguntou: És o rei dos judeus? E ele, respondendo, disse-lhe: Tu o dizes.
3. E os chefes dos sacerdotes acusavam-no duramente.
4. Pilatos, porém, interrogou-o novamente, dizendo: Não respondes? Vê de quantos crimes te acusam!
5. Jesus, porém, não disse mais nada, e Pilatos ficou admirado.
6. Era costume que, em dia de festa, ele libertasse um preso a pedido deles.
7. Havia um, chamado Barrabás, preso com outros sediciosos, que durante uma rebelião havia cometido assassinato.
8. E o povo subiu e pediu que ele fizesse o que costumava fazer.
9. Pilatos, porém, respondeu-lhes: Quereis que eu dê liberdade ao rei dos judeus?
10. Pois ele notou que os chefes dos sacerdotes o tinham entregado por inveja.

11. Mas os chefes dos sacerdotes incitaram o povo para que pedissem a liberdade de Barrabás.
12. Pilatos, porém, respondeu novamente e lhes disse: Então, o que devo fazer com aquele que chamais de rei dos judeus?
13. E eles gritaram outra vez: Crucifica-o!
14. Mas Pilatos lhes replicou: O que ele fez de mal? E eles gritavam cada vez mais: Crucifica-o!
15. Pilatos, então, querendo contentar o povo, libertou-lhes Barrabás e mandou que açoitassem Jesus e depois o crucificassem.
16. Os soldados levaram-no para dentro do palácio, isto é, do pretório, e convocaram toda a multidão,
17. vestiram-no de púrpura, fizeram uma coroa de espinhos e puseram-na sobre sua cabeça,
18. e começaram a saudá-lo: Deus te salve, rei dos judeus!
19. E batiam em sua cabeça com um caniço, e cuspiam nele, ajoelhando-se a seus pés e adorando-o.
20. E, depois de terem escarnecido dele, despiram-no do traje púrpura e vestiram nele suas próprias roupas e o levaram para fora, para crucificá-lo,
21. e obrigaram um homem que estava passando, de nome Simão Cirene, que vinha do campo – era o pai de Alexandre e de Rufo –, a carregar sua cruz.
22. E eles o levaram ao lugar chamado Gólgota, que significa lugar do calvário.
23. E lhe deram mirra com vinho para beber; mas ele não tomou.
24. E crucificaram-no. Repartiram suas vestes e jogaram os dados, para saber quem ficaria com elas.

25. Era, pois, a terceira hora quando o crucificaram.
26. E acima dele estava escrito a culpa que lhe imputaram: O Rei dos Judeus.
27. E crucificaram-no com dois assassinos, um à sua direita e outro à esquerda.
28. E assim se cumpriu a Escritura que diz (Isaías 53,12): "Foi incluído entre os malfeitores."
29. E os que passavam por lá injuriavam-no e balançavam suas cabeças, dizendo: Ei, tu, que podes destruir o Templo e reconstruí-lo em três dias,
30. ajuda a ti mesmo e desce da cruz!
31. Do mesmo modo escarneciam os chefes dos sacerdotes entre si e com os escribas, dizendo: Ele ajudou aos outros e não é capaz de ajudar a si mesmo.
32. Esse Cristo, rei de Israel, que desça agora da cruz, para que vejamos e acreditemos. E os que haviam sido crucificados com ele também o insultavam.
33. E à hora de sexta houve trevas por toda terra até a hora de noa.
34. E à hora de noa Jesus gritou e disse: *Eli, Eli, lama asabthani?*, que significa: Meu Deus, meu Deus, por que me abandonaste?
35. E alguns dos que estavam presentes e ouviram, disseram: Vede, ele está chamando por Elias.
36. Então, um veio correndo, encharcou uma esponja com vinagre, espetou-a num caniço e deu-lhe de beber, dizendo: Deixai, vamos ver se Elias vem tirá-lo!
37. Mas Jesus gritou e expirou.
38. E o véu diante do Templo rompeu-se em dois pedaços, de alto a baixo.

Fedor Dostoievski
Ao irmão Mikail Dostoievski

A M.M. Dostoievski
[Petersburgo, Presídio de Peter-Paul,] 22 de dezembro de 1849

Irmão, meu querido amigo! Tudo está resolvido! Fui condenado a quatro anos de trabalhos forçados num presídio (provavelmente em Oremburgo) e depois devo servir como soldado raso. Hoje, no dia 22 de dezembro, fomos conduzidos à praça Semionov. Lá leram a todos nós a sentença de morte, fizeram-nos beijar a cruz, quebraram as espadas sobre nossas cabeças e nos vestiram para a execução (camisas brancas). Depois colocaram três junto ao poste para a execução da sentença. Éramos chamados em grupos de três, eu estava na segunda fila e não me restava mais que um minuto de vida. Pensei em você, meu irmão, e nos seus; nesse último minuto era você, meu irmão, só você que estava em meus pensamentos, e só então tomei consciência de quanto eu o amo, meu caro irmão! Também me restou tempo para abraçar Pleschtscheiev e Durov, que se encontravam a meu lado, e me despedir deles. Finalmente rufaram os tambores para a interrupção, os que estavam presos aos postes foram trazidos de volta, e nos leram que Sua Majestade Imperial nos estava concedendo a vida. Depois se seguiram as verdadeiras sentenças. Apenas *Palm* foi indultado, tendo sido aceito no exército em seu antigo posto.

Acabei de saber, querido irmão, que nos poremos em marcha hoje ou amanhã. Pedi que me deixassem vê-lo. Mas me disseram que isso era impossível; só posso lhe escrever esta carta, por isso peço-lhe que me responda o mais breve possível. Temo que nossa condenação (à morte) tenha lhe chegado aos ouvidos de algum modo. Da janela do coche que nos conduziu à praça Semionov, vi um grande número de pessoas; talvez a notícia tenha chegado até você e o tenha feito sofrer por minha causa. Agora você deve estar aliviado. Irmão! Não desanimei e não perdi a coragem. A vida tem o mesmo significado em toda parte, a vida está em nós mesmos e não no exterior. Terei pessoas perto de mim; e ser uma *pessoa* entre pessoas e assim permanecer para sempre, não perder a coragem e não se deixar abater pela desgraça, seja ela qual for, este é o sentido da vida e a tarefa. Isso eu compreendi. Esse pensamento tornou-se uma segunda natureza em mim. Sim! Verdade! Aquela cabeça, que era criadora, que vivia para a vida mais elevada da arte, que havia crescido para as mais supremas exigências espirituais e com as quais estava familiarizada, aquela cabeça me foi separada dos ombros há tempos. Restaram-me lembranças e formas, que planejei, mas que até agora não preenchi com vida. Na verdade, são como feridas purulentas! No entanto, restou-me o coração e o mesmo corpo capaz de amar e de sofrer, de despertar compaixão e de se lembrar, e isso, apesar de tudo, constitui a vida. *On voit le soleil!* Então, tudo de bom para você, irmão! Não fique triste por minha causa! E agora vamos às coisas materiais: meus livros (a bíblia eu pude conservar), alguns manuscritos, planos para um drama e um romance (inclusive a história já terminada *Um conto de fadas infantil*) foram tirados de mim e muito provavelmente serão enviados a você. Meu casaco e meu velho capote também estou deixando para trás, caso você mande alguém vir buscá-los. Bem, irmão, com certeza terei um longo dia pela frente com o transporte. Preciso de dinheiro. Querido irmão, se você receber esta carta e se houver uma possibilidade de arranjar pelo menos um pouco de dinheiro, envie-me de imediato. Dinheiro para mim agora (devido a uma circunstância especial) é mais necessário do que o ar. Escreva-me também algumas linhas. E se os fundos chegarem de Moscou – intervenha a meu favor e não me abandone. Bem, isso é tudo! Tenho dívidas, mas o que posso fazer com elas?...

Mande um beijo para sua esposa e seus filhos. Fale de mim para eles; não deixe que me esqueçam. Quem sabe um dia nos tornemos a ver?! Irmão, cuide de si mesmo e da sua família, aja com calma e prudência. Pense no futuro dos seus filhos... Leve uma vida sensata. Nunca cheguei a sentir dentro de mim uma reserva tão poderosa de substância espiritual como agora. No entanto, pergunto-me se o corpo vai suportá-la. Vou fazer transporte estando doente, estou com escrofulose. Mas talvez eu tenha sorte! Irmão, já passei por tanto nessa vida, que dificilmente alguma coisa pode me assustar agora. Venha o que vier! Na primeira oportunidade, vou lhe mandar notícias minhas. Transmita aos Maikovs minhas despedidas. Agradeça-lhes por seu interesse constante em meu destino. Diga em meu nome algumas palavras carinhosas a Eugênia Petrovna, o que seu coração mandar. Desejo a ela muitas felicidades e sempre pensarei nela com gratidão. Aperte as mãos de Nikolai Apollonovitsch e de Apollon Maikov e de todos os outros. Procure Janovski. Cumprimente-o e agradeça a ele. Enfim, faça isso a todos os que não me esqueceram. E faça com que os que me esqueceram se lembrem de mim. Mande um beijo para o irmão *Kolia*. Escreva uma carta ao irmão *Andrei* e informe-o a meu respeito. Escreva também para o tio e para a tia. Peço que faça isso por mim, e mande lembranças minhas. Escreva para nossas irmãs: eu lhes desejo felicidades!

Mas talvez nos vejamos de novo, irmão. Cuide-se e, pelo amor de Deus, permaneça vivo até que estejamos juntos novamente. Talvez possamos um dia nos abraçar e nos lembrar dos anos dourados, da nossa juventude e das nossas esperanças, que eu neste momento estou arrancando de meu coração que sangra e enterrando.

Será que nunca mais tomarei uma pena nas mãos? Acredito que em quatro anos isso será possível. Vou lhe enviar o que escrever, caso eu escreva alguma coisa. Meu Deus! Quantas formas, que vivi e criei, perecerão, apagadas em meu cérebro, ou fluirão em meu sangue como veneno! Sim, se não me for permitido escrever, não sobreviverei. Melhor quinze anos de prisão, mas com a pena na mão!

Escreva-me mais, com freqüência e em detalhes. Entre em pormenores familiares em cada carta, mesmo que sejam insignificantes, não esqueça. É disso que tiro esperança para a vida. Se você soubesse que impulso suas cartas me deram aqui nas casamatas! Esses dois meses e meio (os últimos), nos quais me foi proibido qualquer tipo de correspondência, foram muito difíceis para mim. Deixaram-me doente. O fato de você não poder me enviar dinheiro de tempos em tempos deixou-me preocupado com você; eu sabia que você também estava em grandes dificuldades! Mande mais beijos para as crianças; seus queridos rostos não me saem da memória. Ah, tomara que elas sejam felizes! E que você também o seja, irmão, seja feliz!

Mas, pelo amor de Deus, não fique triste por mim! Saiba que não desanimei, pense que nunca deixei de ter esperança. Em quatro anos meu destino voltará a ser mais tranqüilo. Então serei um soldado – portanto, não mais um prisioneiro, e esteja certo de que a qualquer momento tornarei a abraçá-lo. Pois hoje, por cerca de três quartos de hora, tive a morte diante de mim, vivi o último instante de minha existência e agora começo a viver de novo!

Se alguém tiver uma má lembrança de mim, se eu briguei com alguém ou despertei má impressão em alguém, então diga-lhes, caso os encontre, que deveriam esquecer isso. Em minha alma não há qualquer traço de rancor ou ressentimento, nesse momento eu amaria e abraçaria qualquer um, fosse quem fosse. Esse é um sentimento que me torna feliz, foi isso que aprendi hoje, quando antes da morte me despedi dos meus entes queridos. Pensei naquele minuto que a notícia de minha execução o mataria. Mas agora você pode sossegar, estou vivo e no futuro serei abençoado pelo pensamento de poder abraçar você novamente. É só o que tenho em mente agora.

Afinal, o que você anda fazendo? Em que você pensou hoje? Sabe alguma coisa de nós? Como fez frio hoje! Ah, tomara que você receba logo minha carta. Do contrário, passarei quatro meses sem notícias suas. Vi os pacotes com os quais você me enviou dinheiro nos últimos dois meses; o endereço foi escrito por você mesmo, e fiquei feliz em saber que você está com saúde.

Sinto-me muito triste quando olho para o passado e reflito a respeito de quanto tempo foi desperdiçado, de quanto custaram os caminhos errados, as falhas, a ociosidade e a incapacidade de viver; e também ao pensar em quão ínfimo me parecia o valor do tempo e em quantas vezes pequei contra meu coração e meu espírito. A vida é uma dádiva, a vida é felicidade, cada minuto poderia ter significado uma eternidade de felicidade. *Si jeunesse savait!* Bem, agora que minha vida mudou, renascerei de maneira nova. Irmão! Eu lhe prometo não perder a esperança, conservar-me puro de corpo e alma. Vou me tornar uma pessoa melhor. Nisso reside toda a minha esperança, todo o meu consolo!

A vida nas casamatas já suprimiu o suficiente das minhas necessidades não puramente carnais; antigamente eu dava pouca atenção a mim. Agora as privações não me incomodam mais, e por isso não temo que necessidades materiais acabem comigo. Isso é impossível. Ah! Se pelo menos eu permanecer com saúde! Adeus, irmão, adeus! A qualquer momento escrever-lhe-ei de novo! Possivelmente você receberá um relatório detalhado sobre minha viagem. – Se eu permanecer saudável, todo o resto estará bem! Então, fique bem, fique bem, irmão! Um abraço bem apertado e beijos carinhosos. Pense em mim sem dor no coração. Por favor, não chore por mim! Na próxima carta vou lhe contar como estou vivendo. Pense no que lhe disse: siga sua vida com prudência, não a desperdice, forme seu destino, pense nas crianças. – Oh, quando, quando vou vê-lo novamente! Adeus! Agora devo me separar de tudo o que me foi caro; dói-me fazer isso! Dói ter de se separar e partir o próprio coração. Adeus! Adeus! Mas hei de revê-lo, disso estou certo, espero, permaneça quem você é, ame-me e não deixe sua memória congelar. Pensar no seu amor será a melhor parte de minha vida. Adeus, mais uma vez adeus! Adeus a todos!

Seu irmão Fedor Dostoievski

22 de dezembro de 49

Quando fui preso, levaram alguns dos meus livros. Entre eles havia apenas dois proibidos. Você não poderia pegar os outros para você? E mais um pedido: um desses livros era a *Obra de Valerian Maikov*, suas críticas – o exemplar de Eugênia Petrovna. Ela me emprestou como uma preciosidade. Ao ser preso, dei o endereço dela a um oficial com o pedido de que o devolvesse. Não sei se isso aconteceu. Assuma essa incumbência! Não quero privá-la dessa lembrança. Adeus, mais uma vez, adeus.

Seu F. Dostoievski

Não sei se farei o caminho a pé ou de condução. Provavelmente de condução. Talvez eu tenha sorte.
Cumprimente mais uma vez Emilia Fiodorovna e mande beijos para as crianças.
Lembranças a Krajevski; talvez...
Conte-me em detalhes a respeito de sua prisão, da cadeia e da libertação.

[no verso]
A Mikail Mikailovitsch Dostoievski
No Prospecto Nevski, em frente à Griasnaia, na casa Neslind.

Erich Kästner
Observações de Nurembergue

Nurembergue, 22 de novembro de 1945

Rodovia Munique-Nurembergue... Estamos viajando para a abertura do processo contra os criminosos de guerra. Alguns dos acusados tinham solicitado que

o começo da sessão fosse adiado mais uma vez. O pedido foi negado. Amanhã cedo ele começa...
Uma neblina de outono paira sobre a estrada e as colinas. O sol brilha com pouca intensidade no céu, como se estivesse atrás de uma vitrina de vidro fosco. Nos campos escalvados e mortos, acocoram-se os corvos...
Quando eu ainda criança comecei a ouvir na escola a respeito de guerras e vitórias – e nossas aulas estavam repletas de usurpadores, generais e similares como bondes lotados –, eu sempre tinha as mesmas idéias. Eu pensava: "Como esses senhores da guerra conseguem pegar no sono à noite?" Eu via como eles se movimentavam sem parar em seus acampamentos. Eu os ouvia gemer e orar em sonho e sono leve. As filas dos abatidos passavam sanguinolentas por seus castelos e tendas de cor púrpura... E mesmo assim esses atacadistas da morte dormiam como uma pedra!
À beira da estrada pára um caminhão militar americano. Um negro lança madeira de caixotes numa fogueira. Algumas mulheres e um bando de crianças se aquecem e riem...
Amanhã deve ser feita a acusação contra 24 homens que são cúmplices graves na morte de milhões de pessoas. O juiz Jackson, do Supremo Tribunal, enviado da América como principal acusado, explicou: "Eles não se encontram diante do tribunal porque perderam a guerra, mas porque a começaram!" Ah, por que os povos desta terra não começaram tais processos há milhares de anos? Muito sangue e sofrimento teriam sido poupados ao globo...

Mas as pessoas são mesmo sinistras. Quem mata a própria sogra é decapitado. Esse é um costume muito antigo e que pode ser compreendido. Quem, porém, causa a morte de centenas de milhares de pessoas recebe um monumento. Ruas recebem seu nome. E as crianças em idade escolar precisam decorar quando ele nasceu e quando fechou os bondosos olhos pacificamente para sempre...

Por acaso matar uma única pessoa ou centenas de milhares não é a mesma coisa? Então é glorioso? Não, não é a mesma coisa. É exatamente centenas de milhares de vezes mais assustador! – Agora os 24 acusados vão dizer que eles simplesmente não conheciam essa nova e singular regra do jogo. Quando tomaram conhecimento, já era tarde demais. Por isso não poderiam ter parado. Por isso precisariam ter mandado matar, querendo ou não, mais alguns milhões de pessoas...

A propósito, não se trata mais de 24 acusados. Ley suicidou-se. Krupp, dizem, está à beira da morte. Kaltenbrunner está com derrame cerebral. E Martin Bormann? Será que morreu no caminho entre Berlim e Flensburgo? Ou será que, num lugar qualquer da Floresta Negra alemã, deixou a barba crescer e está pensando, enquanto lê os jornais: "O pessoal de Nurembergue não está mandando ninguém para a forca; então o pegaram"?

Um carro de boi cheio de esterco vai andando aos tropeços por entre a neblina. As rodas se ocultam até o meão no vapor branco que se forma. E, mais adiante, no meio do campo, algumas dúzias de estacas de lúpulo, altas e desfolhadas, erguem-se no ar. Parecem forcas armadas para uma reunião de delegados...

Terça-feira de manhã. O palácio da justiça de Nurembergue encontra-se cercado por um amplo círculo formado pela polícia militar americana. Apenas as pessoas, automóveis e ônibus com permissão especial podem passar. Diante do portal, controle renovado. Perto dos degraus do edifício, duas sentinelas com baioneta em riste. Dos ônibus e automóveis saltam fardas. Russos, americanos, franceses, ingleses, tchecoslovacos, poloneses, canadenses, noruegueses, belgas, holandeses, dinamarqueses. Mulheres de farda. As russas com dragonas largas, raiadas em ouro. Jornalistas, fotógrafos, promotores, radialistas, secretárias, intérpretes, oficiais da Marinha com pastas de documentos, homens de cabelos brancos com boinas do exército inglês e pequenas máquinas de escrever, advogados de defesa alemães com maletas, nas quais carregam as togas pretas e as gravatas brancas...

No térreo o controle é rigoroso. No primeiro andar o controle é rigoroso. No segundo andar o controle é duas vezes rigoroso. Alguns, apesar da farda e dos documentos, são mandados para fora.

Finalmente encontro-me dentro do salão, no qual o processo vai ocorrer. Nele, num dia qualquer, daqui a centenas de anos, um homem idoso qualquer, rodeado por uma multidão de turistas admirados, vai recitar com monotonia um texto decorado: "E agora os

senhores se encontram no histórico salão, em que no dia 20 de novembro do ano de 1945 iniciou-se o primeiro processo contra criminosos de guerra. Do lado direito do salão estavam sentados, diante das bandeiras da América, da Inglaterra, da União Soviética e da França, os juízes dos quatro países. O estrado elevado é o mesmo de antigamente. Na parede oposta, meus senhores, estavam sentados os vinte acusados. Em duas filas, uma atrás da outra. Atrás deles encontravam-se quatro policiais da ISD*, usando capacetes de aço brancos. 'Capacete de aço' era o nome que recebia no século XX um protetor de cabeça, que se costumava usar em lutas denominadas 'guerra', travadas entre diferentes povos. À minha esquerda os senhores podem observar um desses capacetes sob a proteção de vidro na pequena mesa. Diante do estrado dos acusados, que continua igual ao do ano de 1945, sentavam-se cerca de vinte advogados. No lado estreito do espaço em madeira diante de nós encontravamse os advogados de acusação das Nações Unidas. Onde os senhores se encontram agora, ficavam na época os representantes da imprensa dos maiores jornais e revistas, agências e rádios do mundo. Quatrocentos homens e mulheres, cuja tarefa era..."
É mais ou menos assim que o velho vai falar. Tomara. E os turistas do mundo inteiro vão ouvi-lo com atenção e balançar a cabeça, pensando que antigamente havia algo que era chamado de "guerra"...

---

* Internationaler Suchdienst (Serviço Internacional de Busca). (N. da R.)

Os refletores presos nas vigas do teto se iluminam. Todos se levantam. Os juízes aparecem. Os dois russos usam farda. As pessoas sentam-se novamente. Os homens dentro das cabinas construídas para as transmissões radiofônicas começam a trabalhar febrilmente. Das cinco janelas abertas no alto das paredes, fotógrafos se inclinam com suas câmaras. Os desenhistas da imprensa colocam seus blocos diante do peito. O presidente do júri abre a sessão. Em seguida, passa a palavra ao principal acusador americano. A maioria dos presentes coloca seu fone de ouvido. Um botão em cada poltrona permite ouvir a acusação, traduzida imediatamente por intérpretes no salão, em inglês, russo, alemão, ou francês. Os acusados também utilizam fones de ouvido. Soldados americanos os ajudam. E, enquanto a acusação que o mundo lança contra os vinte homens penetra nos ouvidos de cada um em quatro idiomas através dos fios, o salão está quase em silêncio. A voz do acusador soa como se estivesse bem longe. Os intérpretes murmuram atrás de seus tapumes de vidro. Todos os olhos se dirigem para os acusados...

Göring está usando um casaco cinza-claro com botões dourados. As insígnias de marechal do Reich foram retiradas. As condecorações desapareceram. Restou apenas uma espécie de casaco de motorista... Ele está mais magro. Algumas vezes observa curioso o local onde os acusadores estão sentados. Quando ouve seu nome, presta atenção. Então balança a cabeça concordando. Ou, quando o acusador diz que ele foi general da SS, ele balança negativamente a cabeça sorrindo. De vez em quando inclina-se na direção de seus advogados e conversa com eles. Na maioria do tempo está em silêncio.

Rudolf *Hess* mudou. É como se sua cabeça tivesse encolhido. Isso faz com que suas negras sobrancelhas assumam um certo ar sinistro. Quando fala com Göring ou Ribbentrop, mexe a cabeça aos solavancos. Como um pássaro. Seu sorriso não parece natural. Será que essa cabeça não raciocina mais direito?

Joachim *von Ribbentrop* parece um velho. Seu cabelo ficou grisalho. O rosto tem muitas rugas e uma expressão desolada. Fala pouco. Mantém o queixo ereto, como se isso lhe custasse bastante esforço. Ao sair rapidamente da sala e depois voltar, sempre acompanhado por um policial, pode-se perceber que caminha com dificuldade.

Keitel também parece ter diminuído de tamanho. Ele está sentado, sério e em silêncio. Veste o casaco cinza de gola verde de sua farda, sem galões. Como um guarda florestal.

Alfred *Rosenberg* não mudou. Sua tez sempre teve um aspecto doentio. Às vezes mexe na gravata. Freqüentemente leva a mão ao rosto. Apenas a mão trai seu nervosismo.

Ao seu lado está sentado Hans *Frank*, o antigo governador-geral da Polônia. Vez por outra ele mostra os dentes brilhantes. Depois um sorriso mudo e cínico deforma os traços fortes. Por que ele ri de maneira tão ostensiva? Os observadores não encontram motivo para que ele possa rir aqui. Ele também conversa muito com seus vizinhos, *Rosenberg*, de um lado, e Wilhelm *Frick*, do outro. *Frick* parece forte, saudável e enérgico. Tem o rosto bronzeado. Seu modo de ouvir, de falar com os vizinhos e com os advogados — tudo revela uma surpreendente energia. A energia do homem a seu lado parece menos verdadeira. É Julius *Streicher*. Com freqüência, o canto direito de sua boca se retrai nervosamente para o lado. E logo depois seu olho direito pisca. O tempo todo. Depois vem Walter *Funk*. Pequeno, como um molusco, com seu horroroso rosto pálido de sapo. Perto dele, aprumado, reservado, alheio, Hjalmar *Schacht*. O último da primeira fila.

Atrás de Göring e Hess estão sentados *Dönitz* e *Raeder*, os dois antigos almirantes-mores. De casacos azuis. O dourado desapareceu. Dönitz parece se conter. Ambos estão em silêncio.

O rosto de Baldur *von Schirach* está pálido e deprimido. Parece um estudante que se preparou mal para o exame. A seu lado, *Sauckel*, um pequeno-burguês de cabeça redonda. Com um bigodinho sob o nariz, como seu Führer usava.

Jodl passa despercebido. Chega a chamar a atenção quando, ocasionalmente, tira os óculos, mas apenas devido ao movimento das mãos. Ao seu lado, de cabelos brancos e bem-cuidado, reclinado levemente na poltrona, com uma perna jogada sobre a outra, o senhor *von Papen*.

Depois *Seyss-Inquart*, grande, magro, agitado. Inseguro. O cabelo desgrenhado e arrepiado. Perto dele, quieto como Papen, alheio como Schacht, de cabelos brancos, parecendo seguro de si: Konstantin *von Neurath*.

E por último na segunda fila, e, portanto, último dos vinte, Hans *Fritsche*, o oleoso pregador da rádio do Terceiro Reich. Pálido. Pequeno. Nervoso. Mas muito atento a tudo.

Após o acusador americano vem o francês. Ele apresenta quais crimes a Europa ocidental atribui aos criminosos de guerra. Assassinato de prisioneiros de guerra, assassinato de reféns, roubo, deportação, esterilização, execução em massa com acompanhamento musical, torturas, privação de alimento, transmissão artificial de câncer, morte por gases, congelamento de pessoas vivas, desarticulação mecânica de ossos, utilização de restos humanos para preparo de adubo e sabão... Um mar de lágrimas... Um inferno de horrores... Às doze há o intervalo do almoço. Nos corredores formigam jornalistas, togas, conversas, fardas. Ali – um rosto conhecido! "Como vai?" "How do you do?"

Minha primeira pergunta é: "Quem o senhor conhece nessa confusão? Os leitores de nosso periódico. O senhor entende..." O outro entende. Para que serve um jornalista?

"Portanto: o homem alto lá adiante, sim, aquele de farda, com o luar nos cabelos, é John *Dos Passos*. O famoso romancista. Veio para Nurembergue representando a revista nova-iorquina 'Life'... A americana de cabeça pequena e os cabelos curtos, lisos e negros é Erika *Mann*, filha de Thomas Mann. Está aqui pelo jornal londrino 'Evening Standard'. E por um jornal ameri... Espere, está vendo o inglês lá adiante? Aquele com óculos de tartaruga, bem à direita! É Peter *Mendelssohn*. Antes de 1933 ele era um escritor ale... ah, isso com certeza o senhor sabe... Agora ele está escrevendo seus romances em inglês... Suas narrativas do processo vão para o 'New Statesman', em Londres, e para o 'Nation', na América. E quem mais?... Os dois perto da janela são Howard Smith, da rede radiofônica nova-iorquina CBS, e William Shirer; até pouco antes da guerra ele estava em Berlim escrevendo um *best-seller* chamado 'Berlin Diary'. Mais adiante – oi, Irvin!" E para mim: "Pardon!" E se foi.

Pouco antes das duas horas o salão volta a se encher. Agora o presidente passa a palavra ao principal acusador russo. Esse lê as acusações que o mundo oriental tem a fazer. Mais uma vez, milhões de pessoas assassinadas intencionalmente. Mais e mais contravenções contra as disposições de Haag, do ano de 1907. Novamente um inferno... Novamente um abismo...

Mais tarde é a vez do acusador inglês. Ele lê alguns pontos da acusação que são válidos em especial para os vinte acusados. Eles ouvem serenos. Alguns colocaram os fones de ouvido de lado e olham para a frente com olhares baços ou indiferentes.

Batem as cinco horas. A sessão é suspensa. Os acusados ainda ficam um pouco por lá e conversam com seus advogados. Depois desaparecem, um após o outro, com escolta especial, por trás da porta marrom que conduz de volta à prisão. Amanhã será outro dia...

E eu passo novamente pelos vários controles, sendo controlado a cada vez, até sair do edifício histórico. O coração me dói, depois de tudo o que ouvi...

E os ouvidos também me doem. Os fones de ouvido estavam muito apertados na cabeça.

A volta para casa pela rodovia. A neblina ficou ainda mais espessa. Daria quase para cortá-la. O carro precisa ir devagar. Olho pela janela e não consigo ver nada. Apenas a névoa espessa e opaca...

Agora, portanto, encontram-se sentados no banco dos réus a guerra, a perseguição racial ou religiosa, o rapto, o assassinato em massa e as torturas. Gigantescos e invisíveis estão sentados ao lado das pessoas acusadas. Os responsáveis deverão assumir sua responsabilidade. Será que vai dar certo? E depois: não pode dar certo só desta vez, mas em todos os casos futuros! Apenas assim a guerra poderia deixar de existir. Como a peste e o cólera. E os veneradores e amigos da guerra poderiam deixar de existir. Como os bacilos.

E gerações futuras poderiam um dia rir dos tempos em que as pessoas se matavam de várias maneiras.

Se isso pelo menos se tornasse verdade! Se eles um dia pudessem rir de nós!

O processo contra Fritz Teufel e Rainer Langhans

Interrogatório individual / Teufel

Teufel: Nunca tive uma vida tão instável como Rainer. Cresci bem protegido. Em 1963, prestei o exame para entrar na universidade pela segunda vez. Antes disso eu tinha repetido uma vez.
Schwerdtner: O senhor tem irmãos?
Teufel: Tenho mais cinco irmãos, sou o mais novo, por isso talvez eu não tenha sido tão bem educado quanto os outros.
Schwerdtner: Como foi na escola?
Teufel: Eu era um pouco preguiçoso. Às vezes me mordia o bichinho da revolta, foi por isso também que repeti uma vez no exame final. Minha miopia me poupou do exército. Fui para Berlim e comecei a freqüentar a faculdade. Meu pai teria gostado muito se eu estudasse direito, mas resolvi ser publicitário.
Schwerdtner: Por que o senhor veio exatamente para Berlim?
Teufel: Eu me sentia atraído pelo que considerava uma metrópole.
Schwerdtner: Como era seu relacionamento com seus pais?
Teufel: Em si era bom, só que eu achava que tinha de lhes dar aulas de política. Mas isso era um tanto sem sentido depois do que tinham vivido.
Schwerdtner: O senhor está agora no oitavo semestre.
Teufel: É.

Schwerdtner: Esteve engajado politicamente?
Teufel: Estive, isso começou devagarinho, depois de eu ter me dedicado dois anos aos estudos. Foi quando, por acaso, eu me encontrei num círculo de trabalho do SDS*. Então participei também de manifestações. Naquela época estávamos insatisfeitos. O SDS não nos era mais suficiente.
Schwerdtner: Por que o senhor estava insatisfeito com o SDS?
Teufel: No SDS você pode ou fazer análises científicas, ou ficar frustrado. Aquilo era muito pouco para mim. Não era o que eu tinha vontade de fazer.
Schwerdtner: A respeito de que eram feitas as análises?
Teufel: A respeito da má situação social – aqui em nosso país e em outros lugares.
Schwerdtner: Qual profissão o senhor pretende ter?
Teufel: Antigamente eu pensava em ser uma espécie de escritor humorístico.
Schwerdtner: Quando foi isso?
Teufel: Quando comecei com os estudos universitários.
Schwerdtner: E agora?
Teufel: Agora estou engajado politicamente – e por isso de vez em quando acaba-se perdendo o humor.
Schwerdtner: Quais são seus planos para o futuro?
Teufel: Eu poderia me formar ou me inscrever para o doutoramento. Os pré-requisitos para a matéria principal eu já tenho, mas não para as secundárias. Não

---

* Abreviação para Sozialistischer Deutscher Studentenbund (Associação Universitária Socialista Alemã). (N. da T.)

tenho vontade de estudar gótico ou alemão medieval. Por isso acho que vou largar os estudos.
Schwerdtner: E o que o senhor pretende fazer então?
Teufel: Já tive vontade de ser escritor... Desde o início não tenho estudado muito para o exame final. Mas mesmo assim acho que vou ser aprovado.
Schwerdtner: O senhor tem antecedentes penais?
Teufel: Sim, juridicamente disseram que eu havia me apossado de coisas que não me pertenciam, numa loja com *self-service*.
Schwerdtner: Roubo, portanto? – Como isso aconteceu?
Teufel: Isso tem tudo a ver com minha visão a respeito da propriedade privada. Acho que a propriedade privada deveria ser abolida. Mas constatei que o método era muito individualista, muito insuficiente.
Schwerdtner: O senhor pretende se aperfeiçoar nisso?
Teufel: Quando digo insuficiente não quero dizer que eu vou me aperfeiçoar nessa área, mas que não faz sentido continuar assim. Eu já tinha mencionado que sou a favor da abolição da propriedade privada.
Schwerdtner: E como isso deve acontecer?
Teufel: Coletivamente.
Schwerdtner: Como foi que o senhor chegou à comuna?
Teufel: Nós discutimos por muito tempo, em grupos dentro e fora do SDS, e justamente sobre a possibilidade da prática política nesta sociedade. E foi assim que a comuna foi se desenvolvendo com o tempo.
Schwerdtner: Então, quais são os objetivos da comuna?
Teufel: Os pontos essenciais talvez: morarmos juntos, fazermos economia juntos, discutirmos.

Schwerdtner: E os objetivos internos? Gostaria de saber como vocês vivem.
Teufel: Visite-nos algum dia. É difícil explicar.

Contestação ao assunto / Teufel

Schwerdtner: Agora, quanto aos panfletos a que nos referimos. O senhor os distribuiu no dia 24 de maio?
Teufel: Sim, na frente do restaurante universitário.
Schwerdtner: E quem redigiu cada uma das folhas?
Teufel: Nós todos. Respondemos juntos por ele como co-autores.
Schwerdtner: E como se deu a realização de um panfleto como esse?
Teufel: Nesse caso também seria melhor se o senhor nos visitasse... Discutimos se devemos fazer um e, se concordamos, o que vai ser feito. Depois é elaborado um rascunho, e uma ou outra coisa é então publicada.
Schwerdtner: Por que esses panfletos que falam do incêndio da loja de departamentos em Bruxelas foram publicados exatamente agora?
Teufel: Ficamos interessados em despertar a indignação moral das pessoas que nunca se indignam quando lêem sobre o Vietnã e sobre outras coisas ruins durante seu café da manhã.
Schwerdtner: Então vocês estão se manifestando contra o Vietnã?
Teufel: Não apenas isso, também estamos nos manifestando contra a saturação e a arrogância...

Schwerdtner: Quem afinal está saturado?
Teufel: Podemos formular de outro modo. Os alemães são um povinho democrático, livre, ativo. Está certo que assassinaram um monte de judeus, mas em compensação agora os árabes estão sendo mortos com armas alemãs, isso é um tipo de reparação. – Funciona mais ou menos assim: quanto mais pretos ou amarelos de lá morrerem, melhor para nós.
Schwerdtner (assustado): O senhor não está falando sério, está? *(Risos na sala.)*
Teufel: Claro que estou!
Schwerdtner: E por isso vocês escreveram o panfleto?
Teufel: Queríamos dar ao povo mais uma oportunidade de observar com repugnância os cabeças-ocas e os radicais atrapalhados e gritar pelo cádi.
Promotor Kunze: E se alguém tivesse a idéia de pôr em prática o que está no panfleto, como acender um cigarro no provador de uma loja de departamentos?
Teufel: Devo dizer que nenhum de nós pensou que alguém pudesse fazer isso – com exceção do senhor promotor. Mas ele também não o fez, só redigiu uma acusação.

Diálogo entre o promotor Tanke e Rainer Langhans

Entreato: a armadilha

Promotor Tanke (em voz alta): Sua incredibilidade só é reforçada com isso que acabou de dizer. Qual foi então sua intenção com os panfletos? O senhor acabou se desviando do assunto!

Langhans: Não grite desse jeito!
Promotor Tanke: Pensei que o senhor ouvisse mal por causa dos cabelos compridos.
Langhans: Agora não estou entendendo.
Promotor Tanke: Então vou me aproximar mais.
Langhans: Isso mesmo, chegue mais perto!
Schwerdtner: Melhor não fazer isso!
Langhans: Só porque estou fedendo?
Schwerdtner: Isso! *Na ata S. exige que além do isso acrescentem 'mesmo'.*
Langhans: O senhor acha que isso faria uma grande diferença? [...]
Promotor Tanke: Gostaria de tentar esclarecer os fatos. Os senhores disseram que não tinham nenhum conhecimento a respeito do motivo para a catástrofe causada pelo incêndio, senão teriam procurado a imprensa. Isso também quer dizer que os senhores em parte se apoiaram na interpretação feita pela imprensa de que se tratava de um incêndio político, tendo como motivo a exposição da loja americana?
Langhans: Tentei explicar que essa era uma questão irrelevante na época — nós levamos as idéias até o fim e foi nesse sentido que publicamos o panfleto...
Promotor Tanke (lê o parágrafo circular. KI Incitação ao ato).
Langhans: O senhor poderia me informar até que ponto a citação lida é relevante?
Promotor Tanke: Eu lhe direi no momento adequado.
Langhans: Se é assim que ocorre nos discursos de defesa, então provavelmente será tarde demais, para que

eu possa me defender contra isso. Seria muito importante para mim entender o contexto em que se encaixa essa pergunta.
Promotor Tanke: Eu poderia lhe explicar a pergunta, mas não me sinto obrigado a isso.
Langhans: Então eu declaro que a citação não tem nada a ver com os panfletos.

Os bastidores

Schwerdtner: Diga-nos alguma coisa sobre a comuna!
Langhans: No caso do senhor Kurras*, as coisas nos bastidores eram totalmente insignificantes.
Schwerdtner: Há uma diferença em pertencer à força policial ou à comuna.

Diálogo entre Horst Mahler e Gutachter Spengler

Compensação

Spengler: Eu já disse que a aparência e os trajes coloridos também são um sinal de insegurança interna. Langhans, por exemplo, tem pêlos muito finos no rosto. Ele compensa a falta de barba com seus cabelos compridos. Se tivesse a barba cerrada como o senhor Teufel, certamente usaria cabelos curtos. O cabelo lon-

---

* No dia 2 de junho de 1967, Karl-Heinz Kurras matou com um tiro o estudante Benno Ohnesorg durante uma manifestação contra o Xá.

go, sem dúvida alguma, é uma compensação em seu caso.

Advogado Mahler: Um caso hipotético: um jovem que diz a si mesmo: droga, está tudo dando errado! Temos de chocar as pessoas, para que elas acordem! E por isso ele usa cabelos compridos e barba – isso é imaginável?

Spengler: É notável o fato de se tratar de grupos cujas personalidades revelam uma forte busca pelo prestígio. Quero dizer que os que fazem protestos com muita freqüência são levados a aspirar ao prestígio. Quem alguma vez foi impelido a essa linha de conduta é porque já tem essa necessidade interna.

Advogado Mahler: Também é possível que essa gente diga a si mesmo, de modo consciente: temos de nos apresentar assim para chocar os outros? Uma personalidade que desde o início apresenta uma constituição anormal.

Spengler: Devo dizer que, se essa visão de mundo baseia-se numa personalidade anormal desde a sua origem, é porque há falta de adaptação social, de relacionamentos pessoais.

Advogado Mahler: Do fenótipo da comuna o senhor não deduz o genótipo do psicopata? Não seria possível chegar a um outro genótipo, como o do ser humano, segundo a definição de Marcuse? – Marcuse diz, por exemplo: a esperança para a humanização da sociedade é que há pessoas que se livram das dependências irracionais. Portanto, são tudo menos "bons burgueses". – Como o senhor descobriu entre os acusados que lhes falta relacionamentos pessoais e adaptação social?

Spengler: Por meio de seu comportamento espiritual e psíquico e por causa das observações na audiência principal.
Promotor Heldenberg (intervindo): No entanto, pode haver duas possibilidades para o comportamento. De um lado, o fenômeno do jovem desordeiro. Isso pode talvez basear-se na busca por prestígio. – Mas, por outro lado, devo perguntar com a defesa: pode haver pessoas que conscientemente se coloquem fora da ordem burguesa e que por esse motivo se destacam? – Não é possível tratar todos da mesma maneira.

O comportamento sexual anormal

Spengler: Examinei um grupo considerável de jovens desordeiros, são extremistas ideológicos, mas se encontram à margem de uma determinada ordem social. Com certeza há pessoas nas quais o extremo não se baseia num comportamento psíquico básico. Mas já enfatizei o comportamento sexual anormal do acusado, como está demonstrado nas atas das discussões.
Advogado Mahler: O senhor é de opinião de que o ser humano é monógamo?
Spengler: Não, claro que não. Mas neste caso se trata de personalidades às quais falta a capacidade de contatos interpessoais.
Advogado Mahler: De que ponto o senhor parte? Em que fatos está se baseando para afirmar isso?
Spengler: Eu elaborei isso. Os acusados são excêntricos.
Advogado Mahler: Onde o senhor constatou isso?

Spengler: Aqui na audiência principal. Quando menciono conceitos, faço-o com base em observações na audiência principal.
Advogado Mahler: Onde os acusados se vangloriaram? Eles usaram essa expressão?
Spengler: Seu comportamento denota que são presunçosos.
Advogado Mahler: O senhor poderia explicitar melhor?
Spengler: Já mencionei que o visual é um exemplo disso. Naturalmente pode ser um fator externo, mas vem da personalidade. A pessoa de que falamos quer ocultar muita coisa que acontece em seu estrato profundo. – Posso formar um julgamento psiquiátrico a partir dessa visão geral.
Advogado Mahler: Mas é a imagem que o senhor usa como base para o julgamento!
Spengler (sente-se acossado): Naturalmente eu me baseei amplamente nos atos.

Meu diagnóstico

Advogado Mahler: Senhor perito, hoje o senhor não mencionou nenhuma frase das atas que pudesse sugerir um comportamento sexual anormal dos dois acusados.
Spengler: Eu formulei um diagnóstico médico e apresentei um parecer baseado no diagnóstico. O diagnóstico é: personalidades anormais.
Advogado Mahler: Mas o senhor precisa se basear em fatos.

Spengler: Eu já lhe apresentei meu diagnóstico!
Risos reprimidos na sala.
Advogado Mahler: O que o senhor entende por comportamento sexual normal e anormal, de modo bastante geral?
Spengler: É difícil dizer onde fica a fronteira entre os dois.
Advogado Mahler: Como é então no caso concreto dos acusados?
Spengler: Eu apresentei um parecer científico.
Novamente risos, não apenas na platéia.
Langhans (ameaça os presentes): Silêncio aí atrás. Senão eu mando os presidentes colocá-los para fora. 'Eu mando esvaziar a sala!'

Patologia sexual

Advogado Mahler: No entanto, o senhor deve poder mencionar os fatos em que seu parecer se baseia.
Spengler: Já disse, observei o senhor Teufel naquela audiência por perturbação da ordem pública e também aqui.
Advogado Mahler: E o senhor acha que ele mostrou um comportamento sexual anormal?
Teufel (com voz suave): Por acaso fiz alguma proposta indecente ao presidente?
Advogado Mahler: Eu protesto e peço que conste da ata que o perito, ao se referir sempre de maneira genérica ao conteúdo dos autos, não é capaz de declarar se todos esses autos foram lidos.

Spengler: Eu me baseio nos autos apresentados na audiência principal.
Advogado Mahler: Em que sentido os acusados se desviam da norma?
Spengler: Nesse caso eu precisaria recorrer a um colega a respeito de patologia sexual.
Teufel e Langhans (em uníssono): Isso mesmo! Por favor! Por favor!
Advogado Mahler: Interessa-nos saber onde os acusados se desviam da norma.
Spengler: Com base nos extratos dos autos apresentados, eles se desviam da norma.

Motivação da sentença

... Há, portanto, duas possibilidades: absolvição ou condenação. Caso sejamos absolvidos, e isso seria provavelmente a única coisa compreensível, então será preciso um certo esforço para explicar aos pagadores de impostos todos os gastos e todo esse teatro, do qual eles nem mesmo puderam participar. E o cidadão não gosta de teatros de marionetes sem conclusão. Caso sejamos condenados, possivelmente pegaremos mais ou menos seis meses, e, em casos como esses, a pena requerida pela promotoria é dividida pela metade, de acordo com a aritmética jurídica. Isso seria no mínimo igualmente absurdo e, sobretudo, não seria o fim. Estamos curiosos e agradecemos por esta peça.

A sentença

Na sessão do dia 22 de março pronunciou-se a sentença:
Os acusados foram considerados inocentes à custa dos cofres públicos de Berlim.

Deus

O juízo final

31. Mas, quando vier o Filho do homem em sua glória com todos os seus anjos, então se assentará no seu trono glorioso,
32. e em sua presença todas as nações se reunirão, e ele separará uns dos outros, como o pastor separa as ovelhas dos cabritos,
33. e colocará as ovelhas à sua direita e os cabritos, à esquerda.
34. E o rei dirá aos que estiverem à sua direita: Vinde, abençoados por meu Pai! Tomai posse do reino preparado para vós desde a criação do mundo!
35. Porque tive fome, e me destes de comer, tive sede, e me destes de beber, fui hóspede, e me acolhestes.
36. Estive nu, e me vestistes, enfermo, e me visitastes, estive no cárcere e viestes ver-me.
37. E os justos lhe responderão, dizendo: Senhor, quando foi que te vimos com fome e te alimentamos, com sede e te demos de beber?

38. Quando foi que te vimos hóspede e te acolhemos, ou nu e te vestimos?
39. Quando foi que te vimos enfermo ou no cárcere e te fomos visitar?
40. E, respondendo, o Rei lhes dirá: Na verdade vos digo, *em todas as vezes que fizestes isso a um desses meus irmãos menores, a mim o fizestes.*
41. Depois dirá aos da esquerda: Afastai-vos de mim, malditos, para o fogo eterno, que está preparado para o diabo e seus anjos!
42. Porque eu tive fome, e não me destes de comer, tive sede, e não me destes de beber.
43. Fui hóspede e não me destes abrigo; estive nu, e não me vestistes, enfermo e no cárcere, e não me visitastes.
44. E eles também lhe responderão, dizendo: Senhor, quando foi que te vimos faminto ou sedento, hóspede, ou enfermo ou no cárcere e não te servimos?
45. E ele lhes responderá, dizendo: Na verdade vos digo: quando deixastes de fazer isso a um desses pequeninos, foi a mim que não o fizestes.
46. E estes irão para o suplício eterno, enquanto os justos, para a vida eterna.

Oscar Wilde
A casa do juízo

O silêncio reinava na casa do juízo, e o homem entrou, nu, diante de Deus.

E Deus abriu o livro da vida do homem.

Deus falou para o homem: "Sua vida foi ruim, você se revelou mau a todos os que precisavam de ajuda, e aos que precisavam de um líder você mostrou um coração amargo e duro. Os pobres lhe chamaram, e você não os ouviu, e seus ouvidos estavam fechados aos gritos dos meus aflitos. Você tomou para si a herança dos órfãos e mandou raposas para a vinha de seu vizinho. Você tomou o pão das crianças e deu-o para que os cães comessem; e meus leprosos, que moravam nos pântanos, viviam em paz e me louvavam, você os expulsou para as estradas; na minha terra, da qual você foi moldado, você jorrou sangue dos inocentes."

O homem respondeu: "Tudo isso eu fiz."

E novamente Deus abriu o livro da vida do homem.

E Deus falou para o homem: "Sua vida foi ruim, e a beleza que dei para que os olhos apreciassem, você tornou objeto de pesquisas, e ao bem, que eu ocultei, você nunca deu atenção. As paredes do seu aposento estavam pintadas com figuras, e da cama de suas infâmias você se levanta com o toque das flautas. Você erigiu sete altares para os pecados pelos quais eu morri, e você comeu o que não deve ser comido, e a púrpura do seu manto estava adornada com os três sinais da vergonha. Seus ídolos não eram de ouro nem de prata, que duram, eram de carne, que perece. Você embebeu os cabelos deles em aromas e deu-lhes maçãs perfumadas nas mãos. Você banhou seus pés com açafrão e estendeu tapetes diante deles. Com antimônio pintou suas sobrancelhas e com mirra coloriu seus corpos.

Você se prostrou diante deles, e os tronos dos seus ídolos foram erigidos ao Sol. Você mostrou ao Sol sua ignomínia e à Lua sua demência."
  O homem respondeu: "Tudo isso eu fiz."
  E pela terceira vez Deus abriu o livro da vida do homem. E Deus falou ao homem: "O mal foi sua vida. Você retribuiu o bem com o mal e causou danos aos que eram bons com você. As mãos que o alimentaram, você mutilou, dos peitos que o amamentaram, você escarneceu. Aquele que veio a você com água, foi embora com sede, e os fora-da-lei que procuraram abrigo em sua tenda durante a noite, você traiu ao romper do dia. Seu inimigo, que poupou sua vida, você pegou numa emboscada; vendeu por dinheiro o amigo que caminhava com você; e àqueles que lhe trouxeram amor você deu em troca a libertinagem."
  O homem respondeu: "Tudo isso eu fiz."
  Deus fechou o livro da vida do homem e disse: "Com certeza quero lhe mandar para o inferno; sim, para o inferno é que quero lhe mandar." O homem gritou: "Você não pode!" Deus falou para o homem: "Por que não posso mandá-lo para o inferno?"
  "Porque passei toda a minha vida no inferno", respondeu o homem.
  E o silêncio reinou na casa do juízo.
  Então Deus respondeu, dizendo ao homem: "Como não posso mandá-lo para o inferno, então quero mandá-lo para o céu; sim, para o céu é que vou mandá-lo."
  O homem gritou: "Você não pode!"

E Deus falou para o homem: "Por que não posso enviá-lo para o céu?"

"Porque eu nunca em minha vida pude imaginar o céu em lugar nenhum", respondeu o homem.

E o silêncio reinou na casa do juízo.

§ 9 Direito internacional

Uma coisa bem feita

Havia uma seita no Islã

que adorava bundas e peitos

Quando contaram isso ao Aiatolá

essa seita chegou ao fim do expediente.

Johann Gottfried Herder

A sentença africana

Alexandre da Macedônia chegou certa vez a uma distante província da África, rica em ouro; os habitantes foram ao seu encontro levando salvas cheias de maçãs e frutos de ouro. "Vocês comem esses frutos em suas casas?", perguntou Alexandre; "eu não vim aqui para ver suas riquezas, mas para aprender sobre seus costumes." Então eles o levaram ao mercado, onde seu rei estava julgando.

Naquele momento, chegou a ele um cidadão e disse: "Ó Soberano, comprei desse homem um saco cheio de palha e nele encontrei um tesouro considerável. A palha é minha, mas não o ouro; e esse homem não quer tomá-lo de volta. Diga a ele, ó Soberano, pois o ouro é dele."

E seu oponente, também um cidadão do lugar, respondeu: "Você teme estar conservando algo de ilegal; e eu não deveria temer por estar tomando algo de você? Eu lhe vendi o saco com tudo o que há dentro dele; conserve o que é seu. Fale com ele, ó Soberano."

O rei perguntou ao primeiro se ele tinha um filho. Ele respondeu: "Sim." Perguntou ao outro se tinha uma

filha, e recebeu um sim como resposta. "Pois bem", disse o rei, "vocês dois são pessoas honestas: casem seus filhos entre si e dêem a eles o tesouro encontrado como dote; essa é minha decisão."
Alexandre espantou-se ao ouvir essa sentença. "Teria eu julgado de modo injusto", disse o rei do país distante, "para que você fique tão espantado?" – "De maneira alguma", respondeu Alexandre, "mas em nossa terra julgaríamos de modo diferente." – "E como então?", perguntou o rei africano. "Os dois oponentes", disse Alexandre, "perderiam suas cabeças, e o tesouro iria para as mãos do rei."
Então o rei fez um gesto de espanto e perguntou: "O sol também brilha em sua terra? E o céu permite que ainda chova sobre vocês?" Alexandre respondeu: "Sim." – "Então", continuou ele, "deve ser por causa dos animais inocentes que vivem em sua terra: pois sobre tais pessoas não deveria brilhar nenhum sol, e nenhum céu deveria permitir que chovesse."

Bertolt Brecht
A aplicação da lei

O senhor K. costumava chamar de exemplar um preceito jurídico da antiga China, segundo o qual para grandes processos eram trazidos os juízes de províncias distantes. Desse modo, seria muito mais difícil suborná-los (o que significa que deviam ser menos incorruptíveis), uma vez que os juízes locais vigiavam sua integridade – eram, portanto, pessoas especializadas justamente em assuntos como esse e lhes queriam mal. Esses juízes trazidos de longe também não conheciam os costumes e as condições da experiência cotidiana da região. A injustiça muitas vezes ganha um caráter de justiça simplesmente pelo fato de ocorrer com mais freqüência. Para que pudessem distinguir as peculiaridades dos casos, os novos precisavam ouvir todos os relatos novamente. E, por fim, não eram obrigados, em nome da virtude da objetividade, a ferir muitas outras virtudes, como a gratidão, o amor pelas crianças, a ingenuidade em relação ao próximo conhecido, ou a ter tanta coragem para fazer inimigos em seu ambiente.

Samuel Pepys
Diário

24.9.1660

Fui para a igreja de Temple, onde havia combinado um encontro com Sir W. Batten, e lá, no escritório de Sir Heneage Finch, o segundo procurador do reino, fomos juramentados diante dele e de Sir W. Wilde, o juiz da comarca de Londres (que mandamos buscar em seu escritório), como juízes de paz para Middlesex, Essex, Kent e Southampton, com cuja honra me alegro enormemente, embora ignore totalmente quais sejam os deveres de um juiz de paz.

4.12.1660

Hoje o parlamento decidiu que os corpos de Oliver, Ireton, Bradshaw etc. devem ser retirados de seus túmulos na abadia e arrastados até o patíbulo onde serão enforcados e enterrados sob ele: deixa-me triste o fato de que a um homem de tão grande bravura seja cometida essa ignomínia, embora ele talvez a tivesse mesmo merecido.

19.1.1661

Fui até o fiscal de contabilidade e juntos, de coche, fomos até Whitehall; em nosso caminho encontramos Venner e Pritchard numa carroça da justiça, que seriam enforcados hoje com outros homens da quinta monarquia, e os dois primeiros, supliciados na roda e esquartejados. Lá íamos nós sacolejando pelo caminho quando finalmente encontramos Sir G. Carteret, que eu não via fazia tempo, e conversamos com ele a respeito do fato de devermos ajudar os comissários no pagamento da frota, o que tencionamos indeferir. – De lá dirigi-me a Mylady, que me contou que Mr. Hetley morreu de varíola quando viajava com Mylord para Portsmouth. Mylady foi almoçar na casa de seu pai, e eu fui até a estalagem comer um coelho com Will; depois do almoço, mandei-o para casa e fui sozinho ao teatro, onde vi "A dama perdida", que não me agradou muito.

8.2.1661

Passei a manhã inteira no escritório. Na hora do almoço, fui à bolsa de valores para encontrar Mr. Warren, o comerciante de madeira, mas ele não apareceu. Lá estavam vários comandantes navais, entre outros o capitão Cuttle, Curtis e Moothan, que foram comigo beber na bodega Tosão de Ouro; lá ficamos até as quatro horas conversando sobre a Argélia e o modo de vida dos seus escravos. E realmente o capitão Mootham e Mr. Dawes (que foram ambos escravos lá) me contaram em detalhes como era a sua situação na região, sem receber nada além de pão e água. Ao comprar a própria liberdade, pagam uma certa soma pela água que beberam de fontes públicas durante o tempo de sua escravidão. São surrados nas solas dos pés e na barriga, segundo a arbitrariedade dos senhores. À noite são chamados para o calabouço de seu senhor, onde pernoitam. As pessoas mais pobres tratam melhor seus escravos. Alguns patifes podem viver bem, caso se comprometam a trazer para seu senhor um pouco de dinheiro por semana, seja por meio de empenho ou de roubo, e depois se livram de qualquer outro tipo de trabalho. E o roubo não é visto de modo algum como um grande delito. De lá fui para a casa de Mr. Rawlinson, depois de ter encontrado meu velho amigo Dick Scobell; bebemos muito. Em boa hora fui me deitar, com dor de cabeça.

19.4.1662

Hoje cedo, antes de nossa sessão, fui a Aldgate; fiquei um tempo na loja da esquina, de um comerciante de tecidos, e vi Barkestead, Okey e Corbet serem conduzidos para o patíbulo em Tyburn, e lá serem enforcados e esquartejados. Eles estavam com uma aparência tranqüila; mas ouvi dizer que, mesmo na hora da morte, continuavam alegando que haviam agido pelo bem do rei, o que é bastante estranho. Depois fui para o escritório e mais tarde para casa para comer.

1.12.1663

Após o almoço, fui até a prefeitura, para presenciar a um processo no supremo tribunal diante do juiz de instância superior, Lorde Hyde, devido ao seguro de um navio, o mesmo que eu mencionei ontem em meu diário. No tribunal ficou tudo comprovado: como o dinheiro foi depositado para o empréstimo sobre o valor do navio e para o seguro, como o navio ficou preso entre rochedos e como foi abandonado pelo capitão e sua tripulação no local em que deveria naufragar quando a maré subisse. Ofereceram ajuda ao capitão, mas ele deu aos pilotos vinte soldos para que gastassem com bebidas e disse que eles deveriam se preocupar com seus próprios problemas, que os rochedos eram antigos, mas seu navio era novo, e que todos os danos provocados poderiam ser sanados com seis libras ou até menos; agora o navio foi conduzido com sua carga para o Tâmisa por alguém da seguradora; barris cheios de sebo cobertos de manteiga em vez de totalmente cheios de manteiga, tudo não valendo mais do que 500 libras, contando o navio, e, conforme se verificou, eles haviam cobrado 2400 libras. O capitão dera dinheiro à sua tripulação para que todos ficassem satisfeitos, porém fez alguns jurarem que o tempo estava tempestuoso e que tinham feito todo o possível para salvá-lo, que a água chegara a sete pés no porão do navio e eles tinham sido forçados a cortar o mastro principal e o mastro de traquete; o capitão teria sido o último a abandonar a embarcação, forçado pelos tripulantes, quando ela estava para ir a pique e o leme quebrara; o navio teria sido rebocado até o porto como carcaça depois que eles já tinham ido embora; estava totalmente destruído e as mercadorias tinham se perdido, de modo que ele não poderia mais navegar sem ser reconstruído; e muitas outras coisas que se contradiziam de tal maneira que não se poderia imaginar nada pior. Todos os advogados do reino estavam se ocupando do caso, mas, depois de um ou dois depoimentos de testemunhas da acusação, tudo foi considerado como uma fraude sem tamanho; essa era a situação dos jurados na acusação, que não podiam sequer se retirar. Mas foi divertido, as declarações malucas que, um após o outro, os marinheiros faziam, e não podiam ser demovidos delas, e depois o jargão que o juiz não conseguia entender, e todo mundo ria quando o juiz e o advogado precisavam se referir aos fatos sem conseguir usar os termos adequados. E principalmente um francês, que por necessidade falava francês e teve de prestar um juramento em inglês sem entender; ele tinha um intérprete, que precisava nos relatar sob juramento o que o francês estava dizendo; essa foi a melhor declaração de testemunha de todas. Depois fui para casa, totalmente satisfeito com a ocupação dessa tarde, e pretendo passar nos períodos entre as sessões uma ou duas tardes dessa maneira; em seguida fiquei um pouco em meu escritório e mais tarde voltei para casa para o jantar, fiz aritmética com minha mulher e fui para a cama.

10.1. 1664

Toda nossa conversa hoje à noite girou em torno do assalto cometido há pouco tempo contra Mr. Tryan e do coronel Turner (um camarada insensato, sacrílego, descarado, conhecido por todos e por mim também), que deveria ser grato ao primeiro por sua mera subsistência, mas que, no entanto, foi quem praticou o roubo ou planejou tudo; o dinheiro e as coisas foram encontrados na casa de Turner; por esse motivo, ele e sua mulher encontram-se agora em Newgate, o que nos deixa a todos muito felizes, já que ele era um patife tão notório.

Heinrich von Kleist
Extraordinário caso jurídico na Inglaterra

Sabe-se que na Inglaterra cada acusado tem como juízes doze jurados de sua classe social, cuja sentença deve ser unívoca, e que, para que a decisão não demore muito tempo, permanecem isolados sem comer e sem beber, até que todos tenham a mesma opinião.

Dois *gentlemen*, que moravam a algumas milhas de distância de Londres, tinham tido uma briga bastante séria na presença de testemunhas; um deles ameaçou o outro e disse que em menos de 24 horas este iria se arrepender de sua conduta. Ao cair da tarde, o tal nobre foi encontrado assassinado por um tiro; a suspeita naturalmente caiu sobre aquele que havia feito as ameaças a ele. Levaram-no para a prisão, instituiu-se o processo, havia muitas outras evidências, e onze dos jurados o condenaram à morte; apenas o décimo segundo insistia obstinadamente em não concordar, porque o considerava inocente.

Seus colegas lhe pediram que justificasse o porquê daquela crença, mas ele simplesmente não se deixava convencer, e perseverava em sua opinião. Já era tarde da noite, e a fome incomodava terrivelmente os jurados; um deles finalmente se levantou e disse que seria melhor considerar inocente um culpado do que deixar onze inocentes morrer de fome; prepararam, então, o pedido de indulto, mas ao mesmo tempo alegaram as circunstâncias que haviam conduzido o tribunal a tal conclusão. Todo o público ficou contra o único teimoso; o ocorrido acabou chegando ao rei, que exigiu conversar com ele; o nobre compareceu, e, depois que o rei lhe deu a palavra de que sua sinceridade não lhe traria conseqüências desfavoráveis mais tarde, contou ao monarca que, quando estava voltando à noite da caçada, disparou com a espingarda e, desgraçadamente, o tiro acabou matando aquele nobre, que se encontrava atrás de um arbusto. Como eu não tinha testemunhas de meu ato e nem de minha inocência, continuou ele, decidi ficar em silêncio; mas, quando ouvi falar que um inocente estava sendo acusado, fiz de tudo para me tornar um dos jurados; resolvi que seria melhor morrer de fome do que permitir que o acusado fosse executado. O rei manteve sua palavra e o nobre recebeu seu perdão.

Heinrich Heine
Old Bailey

Já o nome Old Bailey enche a alma de tristeza. Imagina-se imediatamente um edifício alto, negro, desanimador, um palácio da miséria e do crime. A ala esquerda, que forma o verdadeiro Newgate, serve de prisão criminal, e lá se vê apenas uma parede alta de pedra lavrada, enegrecida pelo tempo, e, nela, dois nichos com figuras alegóricas, igualmente negras, e, se não estou enganado, uma delas representando a justiça, na medida em que, como de hábito, a mão que segura a balança está quebrada, e nada resta senão uma imagem feminina cega segurando uma espada. Mais ou menos no meio do edifício fica o altar dessa deusa, aliás a janela, que abriga o patíbulo, e finalmente à direita encontra-se o tribunal criminal, onde ocorrem as sessões trimestrais. Neste lugar há um portão, que deveria trazer a mesma inscrição dos portais do inferno de Dante:

> Per me si va nella città dolente,
> Per me si va nell'eterno dolore,
> Per me si va tra la perduta gente*.

Através desse portão, chega-se a um pequeno pátio, onde o populacho se reúne para ver passar os criminosos; aqui também se encontram seus amigos e inimigos, parentes e crianças pedintes, idiotas, principalmente mulheres velhas, que discursam a respeito do caso jurídico do dia, e talvez com mais visão do que o juiz e o júri, apesar de toda sua solenidade divertida e jurisprudência maçante. Vi do lado de fora, diante das portas do tribunal, uma senhora de idade, que no círculo de suas comadres julgou melhor o pobre negro William do que o douto advogado dele na sala de audiências – do mesmo modo como ela enxugou a última lágrima dos olhos vermelhos com o avental roto, toda culpa de William também parecia ter sido extirpada.

A sala do tribunal propriamente dita, que não é lá muito grande, tem na sua área inferior, diante do chamado bar (barreiras), pouco lugar para o público; mas na parte superior, de ambos os lados, há ga-

---

* "Através de mim se chega à cidade dolente, / Através de mim se chega à eterna dor, / Através de mim se chega aos condenados." (N. da T.)

lerias bastante espaçosas, com bancos elevados, onde os espectadores, cabeça sobre cabeça, amontoam-se em pé.

Quando visitei Old Bailey, também encontrei lugar numa dessas galerias, depois de ter dado uma gratificação de um xelim a uma velha porteira. Cheguei no momento em que o júri se levantava para pronunciar a sentença: se o negro William era culpado ou não do crime de que era acusado.

Também aqui, como nos outros tribunais de Londres, os juízes usam toga preta e azul, com forro roxo-claro, e a peruca empoada de branco cobre sua cabeça, o que muitas vezes causa um contraste engraçado com as sobrancelhas e as suíças pretas. Eles ficam sentados a uma mesa comprida e verde, em cadeiras de espaldar alto, na extremidade superior da sala, onde se encontra gravada na parede, com letras douradas, uma passagem bíblica, advertindo contra o julgamento injusto. Em ambos os lados, há bancos para os homens do júri e um local onde os reclamantes e as testemunhas ficam em pé. Bem diante dos juízes encontra-se o lugar dos acusados; estes não ficam sentados em banquinhos de condenados, como em julgamentos públicos na França e na província Renana, mas de pé, atrás de um pranchão esquisito, com um recorte em forma de portinhola arredondada na sua parte superior. Ao lado há um espelho, através do qual o juiz pode observar claramente qualquer expressão facial do acusado. Há também algumas folhagens diante do réu, para dar forças a seus nervos, e isso pode ser necessário às vezes, quando se trata de um caso de vida ou morte. Também sobre a mesa dos juízes vi as mesmas folhagens e até mesmo uma rosa. Não sei por que a visão dessa rosa me comoveu profundamente. A rosa vermelha entreaberta, a flor do amor e da primavera, encontrava-se sobre a horrorosa mesa do juiz de Old Bailey! No salão estava muito abafado e úmido. Tudo parecia de uma hostilidade enorme, de uma gravidade imensa. É como se as pessoas tivessem aranhas acinzentadas se arrastando por seus rostos estúpidos. Ouvia-se o tilintar dos pratos de ferro da balança sobre a cabeça do pobre negro William.

Também na galeria formava-se um júri. Uma senhora gorda, cujos olhos pequenos saltavam de seu rosto avermelhado e inchado como pirilampos, observou que o negro William era um rapaz muito bonito. Ao que sua vizinha, uma delicada alma franzina num corpo de papel de correio de má qualidade, afirmou: ele usa o cabelo preto muito comprido e muito embaraçado e fulmina com os olhos como o senhor Kean, no Otelo – "por outro lado", continuou, "o Thomson é uma pessoa totalmente diferente, com os cabelos claros e lisos, penteados conforme a moda, e é uma pessoa bastante versada, toca um pouco de flauta, pinta um pouco, fala um pouco de francês" – "E rouba um pouco", acrescentou a senhora gorda. "Ora, roubar alguma coisa", complementou a vizinha magra, "isso não é tão bárbaro quanto falsificação; pois um ladrão, supondo-se que ele tenha roubado um carneiro, vai ser transportado para Botany Bay, enquanto o malvado que falsificou uma assinatura vai ser enforcado sem dó nem piedade." "Sem dó nem piedade!", suspirou perto de mim um homem magro num paletó preto, todo amassado, "Enforcar! Nenhum homem tem o direito de mandar matar um outro, muito menos os cristãos poderiam pronunciar uma sentença de morte, pois deveriam pensar no fato de que o criador de sua religião, nosso Senhor e Salvador, foi condenado e executado injustamente!" "Ei, o quê", gritou novamente a mulher magra, e sorriu com seus lábios finos, "se um falsificador dessa laia não fosse enforcado, nenhum homem rico teria segurança de seus bens, por exemplo o judeu gordo da Lombard Street, cuja assinatura foi imitada de maneira tão perfeita. E o senhor Scott, que conseguiu seus bens a tão duras penas, e dizem até mesmo que ficou rico porque por dinheiro pegava para si as doenças dos outros, isso mesmo, as crianças correm atrás dele pela rua, gritando: 'eu lhe dou seis pence se você me tirar a dor de dente, nós lhe damos um xelim se você quiser ficar com a corcunda do Godofredinho!'" – "Estranho!", intrometeu-se a senhora gorda na conversa, "é muito estranho, pois o negro William e o Thomson antes eram ótimos companheiros, moravam, comiam e bebiam juntos, e agora Edward Thomson acusa seu velho amigo de falsificação! Mas por que a irmã de Thomson não está aqui, já que passava o tempo todo correndo atrás do seu doce William?" Uma moça jovem e bonita, que tinha o rosto gracioso tomado por uma sombria desolação, como se fosse uma flor negra sobre um ramalhete de rosas entreabertas;

sussurrou então uma longa e triste história, da qual eu só entendi que sua amiga, a bela Mary, tinha apanhado muito de seu irmão e agora se encontrava à morte em sua cama. "Não a chame de bela Mary!", resmungou aborrecida a senhora gorda, "ela é magra demais, magra demais para poder ser chamada de bela, e se seu William for mesmo enforcado..."

Nesse momento apareceram os homens do júri e explicaram que o acusado era culpado da falsificação. Quando conduziram o negro William para fora da sala, ele lançou um longo, longo olhar para Edward Thomson.

Segundo uma saga do Oriente, Satã outrora foi um anjo que vivia com outros anjos, até quando quis levá-los à rebelião, e por isso foi expulso pela divindade para a noite eterna do inferno. Mas, enquanto caía do céu, continuava olhando para o alto, sempre para o anjo que o tinha acusado; e quanto mais ele caía, tanto mais execrável se tornava seu olhar. E deve ter sido um olhar terrível, pois aquele anjo que ele atingiu ficou pálido, nunca mais o rubor ressurgiu em suas faces, e desde então ele se chama o anjo da morte.

Pálido como o anjo da morte ficou Edward Thomson.

Ernst Sander
O processo da ama-de-leite

Esta bela pequena história deve ter acontecido na Rússia, na longínqua e imaginária Rússia dos tempos dos czares, cheios de brilho e miséria, do império de extensão colossal, quase opressora, com aquele mecanismo estatal peculiar, brutalmente triturante, embora estremecedor diante da corrupção, triturante e estremecedor pelo menos para os ouvidos dos europeus ocidentais. Desde os dias de Catarina, prosperou por lá a estirpe dos príncipes Putjaschew, uma família não exatamente notável, de cujos descendentes nenhum se inscreveu no consagrado livro da história mundial ou na crônica mais íntima da história russa, seja por falta de oportunidade, seja por falta de ambição e capacidade, o que acaba dando no mesmo. Apesar disso, essa dinastia também teve a sua hora, embora o grande mundo, de modo geral, não tenha ficado sabendo disso: o grande mundo em especial, o grande mundo de Petersburgo, aproveitou a ocasião, riu-se dela, sorriu a respeito, fez troça, indignou-se ou estendeu-se no assunto, pensativamente ensimesmado, em suposições sombrias.

O que tinha acontecido? Nada, a não ser o fato de a ama-de-leite do recém-nascido príncipe Putjaschew ter-se negado a cumprir suas obrigações. Os motivos dessa insubordinação obstinada são desconhecidos, apenas as circunstâncias que a acompanharam devem ter sido de um tipo tão singular, que o velho príncipe, em vez de, segundo o hábito patriarcal, ter mandado surrar aquela ama-de-leite esquecida de seus deveres, decidiu recorrer à ajuda do estado, aos tribunais portanto, o que de todo modo era bastante arrojado. O príncipe denunciou a ama, exigiu que se cumprisse a lei. O processo começou, foi discutido, protelado, remetido à próxima instância, mais uma vez discutido, mais uma vez protelado, novamente discutido. Nesse ínterim, a grande roda dos acontecimentos mundiais não parou. Em lenta constância ela continuou a girar, rangendo ora com mais, ora com menos barulho. Pessoas que tinham de saber do ocorrido falavam de confusões políticas; e, por ocasião de uma delas – era bom agir com cautela, provar a si mesmo e aos outros quem e o que se era –, Sua Majestade o czar estava passando as tropas em revista. Uniformes impecáveis, armas reluzentes, música retumbando, relinchos de cavalos, comandos, passo de marcha tilintando. No alto de uma colina, o soberano pára com sua comitiva, entre eles o idoso general, príncipe Putjaschew. Enquanto um regimento de infantaria marcha à sua frente ao som de música e com bandeiras esvoaçando na cadência rítmica de uma parada, o príncipe observa ao pé da colina uma leve inquietação, uma confusão pequena, porém inconveniente, porque fora do programa. O que estava acontecendo? Uma prisão? Um atentado? Dois dos sentinelas que impediam a passagem de transeuntes conduziam um homem velho e debilitado, um oficial de justiça, a julgar por seu uniforme, até o oficial mais próximo. Este tenta persuadi-lo de alguma coisa com insistência; o velho lhe dá um documento; o oficial se aproxima, acena para o adjunto do príncipe, entrega-lhe o papel; o adjunto vai até o príncipe: "Excelência, uma sentença de julgamento. O homem não admitiu recusa. Sua Excelência teria ordenado que essa sentença lhe fosse entregue pessoalmente, sob quaisquer circunstâncias."

O príncipe abre o envelope. Um grito de alegria se lhe escapa – meio reprimido, mas alto o suficiente para chegar aos ouvidos do czar. Sua Majestade, bastante satisfeito com o sucesso da parada – naquele momento passava um novo regimento, com bandeiras esvoaçantes e ao som de música –, dirige-se ao príncipe. E este, sem conseguir conter sua alegria, conta, ereto, com a mão no capacete, respeitosamente e de maneira sucinta, a história do processo contra a ama insubmissa, que finalmente acabara de maneira feliz. O czar fica comovido, emocionado. Que belo dia! O exército cumpre o que se espera dele, e a justiça não fica atrás em nada. Afável, realmente muito afável, ele pergunta ao príncipe: "Mas e a criança, caro Putjaschew – o que aconteceu com a pobre criança? Quero dizer, sem a ama?

A postura do príncipe ancião, cuja barba branca tremula leve com o vento, torna-se ainda mais ereta: "A criança, Majestade, sou eu!"

László Ódor / Borbála Szendrö
Crimes e penas

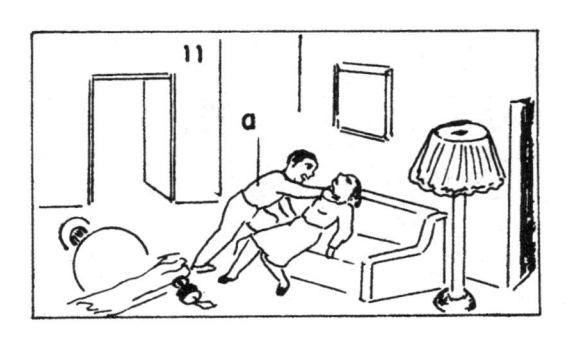

44 CRIMES E PENAS – 1
(CRIMES)

44 CRIMES E PENAS – 1
(CRIMES)

o crime
   a contravenção
   o delito
a pena

1 - 2 o roubo
   roubar
1 o roubo de carteira
   a. o punguista
      o ladrão
2 o roubo em lojas
   roubar em lojas
   a. o ladrão de lojas
      a ladra de lojas
3. o furto por arrombamento
   arrombar uma casa
   a. a chave falsa
4. o arrombamento
   arrombar
   a. o arrombador
   b. o saque
5 o assalto
   assaltar
   a. o assaltante
   b. a vítima abatida
6 o roubo na rua
   roubar
   a. o ladrão
      o ladrão de rua
7 um assalto a mão armada
   a. um carro blindado
      neste caso: um transportador de valores
   b. o gângster
      o bandido
   c. um ladrão mascarado
   d. um guarda inconsciente
8 a embriaguez ao volante
   o atropelamento
   atropelar
   a. a testemunha ocular
   b. um motorista bêbado
   c. ele foi atropelado
      atropelar alguém com o carro

**44 CRIMES E PENAS – 2
(CRIMES)**

44 CRIMES E PENAS – 2
(CRIMES)

o crime
a contravenção
o delito
a pena

9 **o rapto**
 o seqüestro
 raptar
 seqüestrar
 a. o refém
 b. o seqüestrador
  o terrorista
10 **o seqüestro de uma aeronave**
 seqüestrar uma aeronave
 a pirataria aérea
 a. o seqüestrador de uma aeronave
  o pirata aéreo
11 **o estrangulamento**
 estrangular
 sufocar
 homicídio cometido em momento de
  extrema emoção
 o homicídio passional
 a. o estrangulador
12 **o homicídio**
 o atentado
 o homicídio não-premeditado
 o homicídio premeditado

 assassinar
 matar
 o esfaqueamento
 esfaquear
 matar a punhaladas
 matar com faca
 a. o assassino
13 **o atentado**
 assassinato político
 cometer um atentado
 a. a comitiva
  a escolta
 b. o autor do atentado
  um assassino contratado

◇ 283

44 CRIMES E PENAS – 3
(BUSCA)

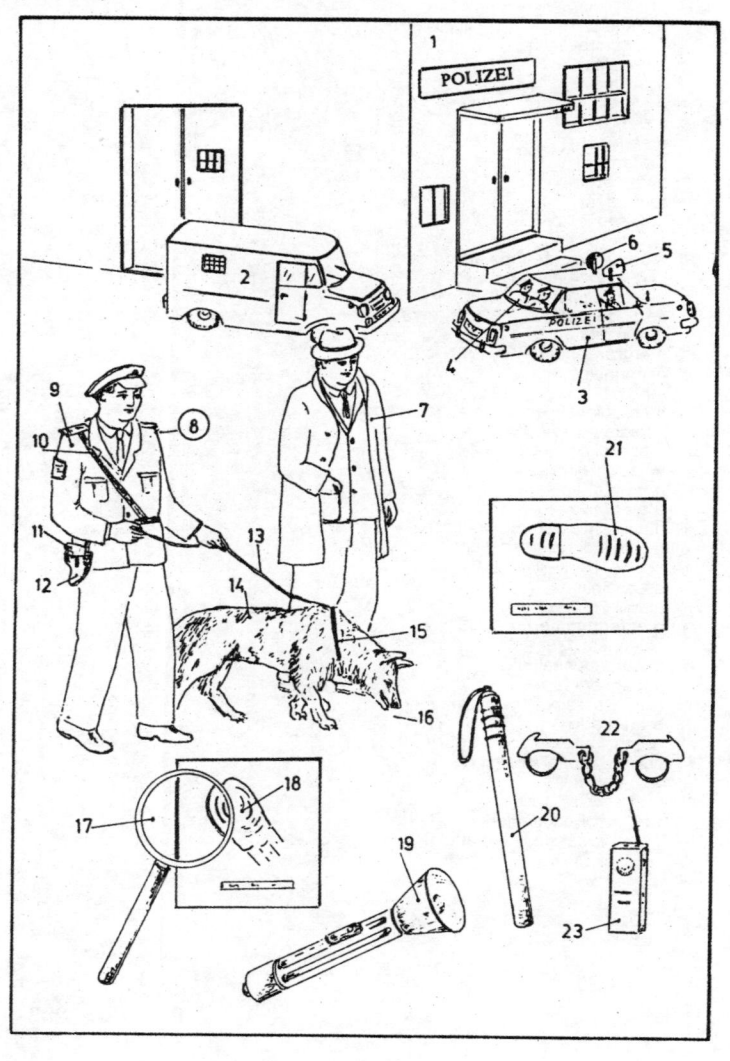

44 CRIMES E PENAS – 3 (BUSCA)

o crime
a contravenção
o delito
a pena
a busca

1 POLÍCIA
  a delegacia de polícia
  o distrito policial
2 o camburão
3 a viatura policial
  o carro patrulha
4 o patrulheiro
5 a sirene
6 o sinal luminoso
7 o agente de polícia
  o agente policial em trajes civis
8 **o policial**
  o funcionário da polícia
9 o uniforme
10 o cinturão de ombro
11 a pistola
  a arma
12 o coldre
13 a guia
  conduzir pela guia
14 o cão policial
  o pastor alemão
15 a coleira
16 a busca da pista
  seguir a pista
  a pista
17 a lupa
18 a impressão digital
19 a lanterna
20 o cassetete
21 a pegada
22 a algema
23 o rádio transmissor portátil

**44 CRIMES E PENAS – 4
(NO TRIBUNAL)**

44 CRIMES E PENAS – 4 (NO TRIBUNAL)

o crime
  a contravenção
  o delito
a pena
o tribunal

A. O PROCESSO CIVIL
1. **a sala do tribunal**
2. a estenógrafa
   o escrivão
3. o advogado
4. a reclamante
   o reclamante
5. o código civil
6. o juiz
7. o réu

B. O PROCESSO CRIMINAL
8. **os debates judiciais**
9. o carcereiro
   o guarda carcerário
10. o réu
11. o banco dos réus
12. o advogado de defesa
13. **o tribunal**
14. o juiz
    o presidente do tribunal
15. a toga
    a beca
16. a denúncia
17. o código penal
18. o depoimento
19. o promotor
20. o tribunal
21. o banco das testemunhas
22. a testemunha
    dar um depoimento
23. **o tribunal de jurados**

44 CRIMES E PENAS – 5
(PENAS)

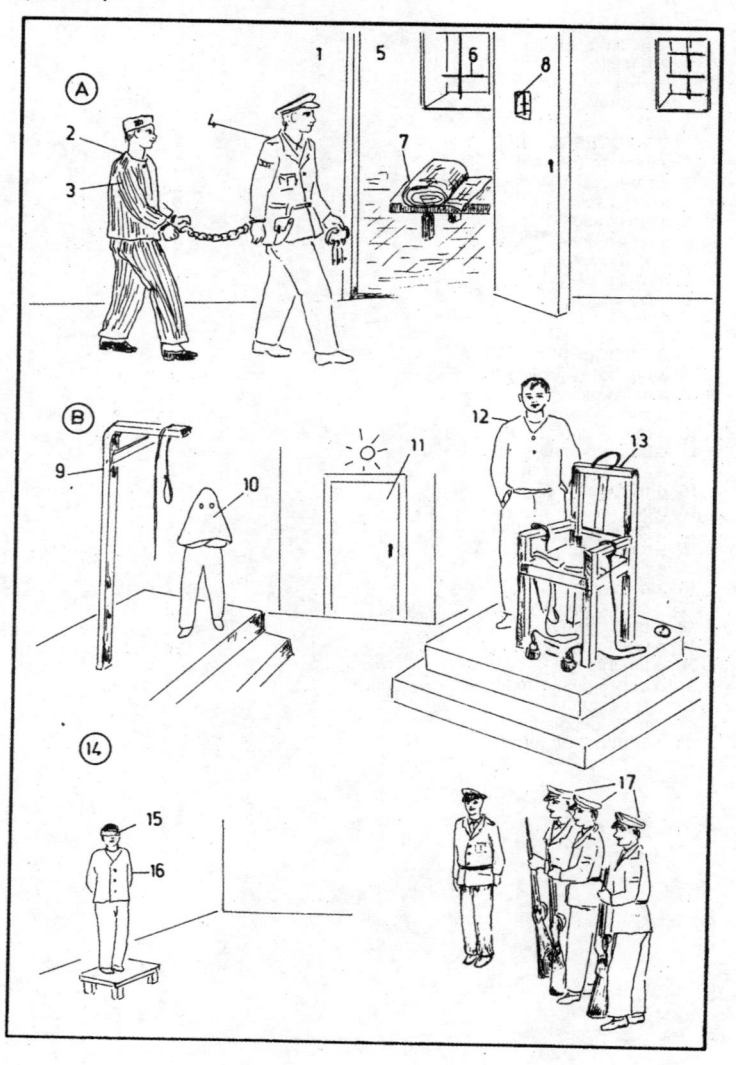

44 CRIMES E PENAS – 5 (PENAS)

o crime
a contravenção
o delito
a pena

A. A PENA DE PRISÃO
1. a penitenciária
2. o prisioneiro
   o detento
   o condenado
   o presidiário
   ele foi condenado a três anos de detenção
   condenar
3. o traje carcerário
4. o carcereiro
   o guarda carcerário
5. a cela de prisão
6. a grade
7. o catre
8. o postigo

B. A PENA DE MORTE
9. a forca
10. o carrasco
    enforcar
11. a câmara de gás
12. o executor
    o carrasco
13. a cadeira elétrica
14. a execução
    executar
15. vedaram-lhe os olhos
16. o condenado à morte
    condenar à morte
17. o pelotão de fuzilamento

Karl May
No pelourinho

Os apaches não nos deixaram esperando muito tempo pelo início do triste espetáculo. Na verdade, eu tinha a intenção de me distanciar; mas eu nunca tinha visto algo parecido e, portanto, decidi ficar ali até que não me fosse mais possível observar por mais tempo. Os espectadores sentaram-se. Vários jovens guerreiros entraram, com as facas empunhadas, e se posicionaram a cerca de quinze passos de Rattler. Atiraram suas facas na sua direção, mas tomando cuidado para não acertá-lo; as lâminas penetraram inteiras no caixão em que ele estava amarrado. A primeira faca prendeu-se à esquerda, e a segunda, à direita de seu pé, mas tão próximas dele, que quase não havia espaço entre elas. As duas próximas facas foram apontadas mais para cima, e assim prosseguiu-se, até suas duas pernas ficaram circundadas por quatro estreitas filas de facas.

Até esse momento ele vinha se comportando razoavelmente. Porém, as facas começaram a sibilar cada vez mais alto em sua direção, pois o objetivo era ladear os contornos de seu corpo com elas. Então ele começou a ficar com medo. Toda vez que uma faca voava em sua direção, ele gritava de medo. E esses gritos se tornavam cada vez mais altos e estridentes, conforme os indígenas elevavam seu alvo.

Quando o torso também já estava contornado por facas, foi a vez da cabeça. A primeira faca atingiu o caixão à direita, perto do pescoço, a segunda, à esquerda; e assim foi em torno do rosto até o alto da cabeça, até não haver espaço para mais nenhuma lâmina. Então, todas as facas foram arrancadas novamente. Aquilo tinha sido apenas um prólogo, apresentado por jovens, que deveriam mostrar que tinham aprendido a atingir silenciosamente o alvo e lançar com precisão. Eles procuraram seus lugares e sentaram-se.

Em seguida, Intschu tschuna designou pessoas mais velhas, que deveriam atirar a trinta passos de distância. Quando o primeiro se encontrou a postos, o chefe da tribo se aproximou de Rattler, apontou para o seu braço direito e ordenou:

"Acertar aqui."

A faca veio voando, atingiu exatamente o ponto determinado e penetrou através do músculo, dividindo-o sobre a tampa do caixão. Aquilo tinha sido a sério. Rattler sentiu a dor e soltou um uivo, como se corresse risco de vida naquele momento. A segunda faca passou pelo mesmo músculo do outro braço, e o uivo duplicou-se. O terceiro e o quarto arremessos dirigiram-se à coxa e atingiram exatamente os pontos que o chefe determinava a cada vez. Não se via escorrer sangue, pois Rattler não estava despido e os indígenas só podiam atingir aqueles pontos onde a ferida não trouxesse perigo e, portanto, também não encurtasse o espetáculo.

Talvez Rattler tivesse acreditado que eles não estivessem falando sério ao mencionar sua morte; mas agora ele tinha de reconhecer que sua opinião estava errada. Recebeu mais facas nos antebraços e nas pernas. Se antes ele tinha apenas lançado gritos esporádicos, agora uivava sem parar.

Os espectadores murmuravam, sussurravam e mostravam de muitas outras maneiras seu desprezo. Um indígena no pelourinho comporta-se de maneira totalmente diferente. Assim que começa o espetáculo preparado para culminar com sua morte, ele entoa seu canto de morte, no qual valoriza seus atos e minimiza os dos que o martirizam. Quanto maior as dores que lhe impingem, tanto maiores são as injúrias que ele lhes lança; nunca, porém, ele permite que ouçam dele uma queixa, um grito de dor. Enfim, quando está morto, seus inimigos proclamam sua glória e o enterram com todas as honras indígenas. Portanto, também para eles foi uma honra colaborar para uma morte tão gloriosa.

É diferente com um covarde que, ao menor machucado, grita e berra e chega até a pedir misericórdia. Martirizar um como esse não é nenhuma honra, mas quase uma vergonha; por isso, ao final, não se encontra mais nenhum bravo guerreiro que queira continuar se ocupando dele, e ele acaba sendo morto a pancadas ou levado a outro tipo desonroso de morte.

Rattler era um desses covardes. Seus ferimentos eram leves e ainda não perigosos; mesmo que lhe provocassem algumas dores, não chegavam a ser um martírio. No entanto, ele uivava e berrava, como se estivesse sentindo todos os sofrimentos do inferno, e gritava o tempo todo o meu nome, exigindo que eu fosse até ele. Então

Intschu tschuna mandou que fizessem uma pausa e me convidou:

"Meu jovem, irmão branco pode ir até ele e perguntar por que ele grita tanto. As facas não podem ter feito nenhum mal a ele até agora."

"Isso, venha até aqui, senhor, venha até aqui!", chamou Rattler. "Preciso lhe falar!"

Fui até ele e perguntei:

"O que você quer de mim?"

"Tire essas facas dos meus braços e das minhas pernas!"

"Não posso."

"Mas eu vou acabar morrendo assim! Quem é que consegue suportar tantos ferimentos?!"

"Incrível! Por um acaso você acreditou que deveria continuar vivo?"

"Mas você está vivo!"

"Não matei ninguém!"

"Não tenho culpa do que fiz. Você sabe que eu estava bêbado!"

"Isso não muda nada. Eu lhe avisei várias vezes quanto à aguardente. Você não me ouviu e agora vai ter de agüentar as conseqüências."

"Você é uma pessoa muito dura e insensível! Mas, por favor, interceda por mim!"

"Já fiz isso. Peça perdão e você morrerá rápido, sem ser martirizado vagarosamente."

"Morrer rápido! Mas eu não quero morrer! Quero viver, viver, viver!"

"Isso é impossível."

"Impossível? Então não existe salvação?"
"Não."
"Nenhuma salvação, nenhuma, nenhuma!"
Ele berrou isso com todas as forças e depois começou com uma lamentação tal, que não agüentei mais ficar perto dele e me afastei.
"Fique, senhor, fique perto de mim!", gritava em minha direção. "Senão eles vão começar tudo de novo!"
Então o chefe da tribo se aproximou dele:
"Não uive por muito mais tempo, seu cachorro! Você é um coiote fedorento, que nenhum guerreiro quer mais tocar com suas armas."
E, voltando-se para seu povo, prosseguiu:
"Qual dos filhos dos valentes apaches quer terminar com a vida desse covarde?"
Ninguém respondeu.
"Então ninguém?"
Novamente o mesmo silêncio de antes.
"Ufa! Esse assassino não merece ser morto por nós. Também não deve ser enterrado com Klekih-petra. Como é que tal sapo poderia aparecer nos campos das caçadas eternas com um cisne? Libertem-no!"
Ele fez um sinal a dois meninos. Esses saltaram, correram até lá, tiraram as facas de seus membros e libertaram-no do caixão.
"Amarrem suas mãos para trás!", continuou a ordenar o chefe da tribo.
Os garotos, que não deviam ter mais de dez anos, cumpriram a ordem, e Rattler não ousou fazer o menor movimento de resistência. Que vergonha! Quase me envergonhei de ser um homem branco.

"Conduzam-no até o rio e joguem-no na água!", soou a próxima ordem. "Se ele conseguir alcançar a outra margem do rio, será libertado."

Rattler soltou um grito de júbilo e deixou-se conduzir pelos meninos até o rio. Tiveram mesmo de jogá-lo, pois ele não teve sequer a dignidade de saltar por conta própria. Primeiro afundou, mas logo voltou à tona, esforçando-se em ir adiante, nadando de costas. Não foi difícil, embora suas mãos estivessem amarradas. Por causa de seu pouco peso específico, o ser humano não afunda totalmente na água, e, além disso, suas pernas estavam livres; com a ajuda delas conseguiu mover-se para a frente, mas de maneira sofrível.

Ele deveria poder alcançar a outra margem? Eu mesmo não desejava aquilo. Ele tinha merecido a morte. Caso o deixassem viver e escapar, acabariam assumindo a culpa do que ele viesse a fazer no futuro. Os dois meninos ainda estavam perto da água, olhando para ele. Então, Intschu tschuna lhes deu uma ordem: "Peguem as espingardas e atirem na cabeça dele!"

Eles correram para o local onde alguns dos guerreiros tinham colocado suas armas, e cada um pegou uma delas. Esses rapazinhos sabiam muito bem como manipular tais armas. Ajoelharam-se à margem do rio e miraram na cabeça de Rattler.

"Não atirem, pelo amor de Deus, não atirem!", gritou ele desesperado.

Os garotos trocaram algumas palavras; estavam tratando do caso como dois jovens esportistas, deixando-o nadar mais e mais, com a permissão silenciosa do chefe.

A partir disso, deduzi que ele sabia muito bem se eles eram capazes de atirar ou não. Então eles deram um grito de desafio com suas vozes estridentes de crianças e atiraram. Rattler foi atingido na cabeça e desapareceu por uns instantes debaixo d'água. Não ecoou nenhum grito de júbilo, como é normalmente hábito dos peles vermelhas por ocasião da morte de seu inimigo. Um covarde como aquele não era digno de que se fizesse ouvir som algum. O desprezo dos indígenas foi tão grande, que eles nem se importaram com seu corpo; deixaram que fosse levado pela correnteza, sem lançar sequer um olhar. Ele poderia estar só ferido em vez de morto; é, ele poderia muito bem ter fingido que tinha sido atingido, e, como eu, ter mergulhado, para reaparecer em outro lugar em que eles não o vissem. Mas os indígenas acharam que não valia o esforço de continuar a se preocupar com ele.

Intschu tschuna veio até mim e perguntou:

"Meu jovem irmão branco está satisfeito comigo agora?"

"Sim, muito obrigado!"

"Você não tem motivo para agradecer. Mesmo se eu não tivesse sabido de seu desejo, teria feito isso mesmo. Esse cachorro não valia mesmo nada para sofrer a morte por martírio. Hoje você viu a diferença entre nós, pagãos, e vocês, cristãos, entre guerreiros valentes de pele vermelha e brancos covardes. Os caras-pálidas são capazes de todos os atos malvados, mas, quando é hora de mostrar coragem, então eles uivam de medo como cães que merecem ser espancados."

"O chefe dos apaches não pode esquecer que em todo lugar existem pessoas corajosas e covardes, boas e más!"
"Você tem razão, e eu não quis ofendê-lo; mas, nesse caso, nenhum povo deveria pensar que é melhor do que o outro, porque esse não tem a mesma cor." Para afastá-lo desse assunto espinhoso, quis saber: "O que os guerreiros dos apaches vão fazer agora?"

Egon Erwin Kisch
Justiça contra nativos

O cádi, com cujos sábios ditados os contos das mil e uma noites terminam, continua existindo no Oriente. É preciso descer muitos degraus da praça do Governo para chegar à entrada do Djama-Dejdid, a maior mesquita da Argélia. Mas a construção é tão alta que a branca abóbada com a meia-lua dourada volta a se erguer no quadrilátero de casas européias e, como uma meia esfera contornada por ameias, situa-se com seu ar estranho, antigo, grande e misterioso bem no centro, entre a câmara de comércio, a prefeitura, a bolsa de valores e o monumento de bronze.

Saindo da praça, uma passagem estreita na lateral conduz diretamente ao alto da cúpula; entra-se numa ante-sala vazia; diante das portas há também uma pequena câmara vazia; à esquerda, chega-se até a Mahakma, a sala do tribunal, onde o cádi desempenha sua

função, há trezentos anos no mesmo espaço, há milhares de anos do mesmo modo.
Seria possível imaginar um cádi jovem? Bem, o nosso é velho; sob sua barba branca, o licham branco envolve sua garganta, como se a qualquer momento fosse preciso usá-lo para cobrir a boca e proteger-se do simum*. Um turbante trabalhado com fios de ouro envolve a fronte do cádi, e os óculos dourados, beneficiados pelo respeito dado ao cargo, conferem-lhe a aparência de uma profunda erudição.
Ele está sentado em ampla poltrona sobre um pódio, o revestimento marrom da parede lhe fornece o pano de fundo – dizem que no tempo dos califas a poltrona do juiz era um trono, e a guarnição da parede, feita com um tapete; naquela época não havia a barreira que separa o tribunal do enorme grupo de reclamantes, réus e testemunhas masculinos; as femininas ficam recolhidas na sala vazia, totalmente envoltas em véus, e só através de grades elas têm permissão para acompanhar o desenrolar dos processos, dar queixas, emitir declarações ou testemunhar.
Não menos respeitáveis do que o cádi: os dois juízes auxiliares de turbante a seus pés. Em tom quase de submissão, apresentam suas objeções; o mufti** à direita, as agravantes, o mufti à esquerda, as atenuantes. Ao lado de cada um deles senta-se um escrivão,

---

* Simum (ou samum) é o vento quente e seco que levanta as areias do deserto africano. (N. da T.).

** Chefe religioso muçulmano, a quem compete resolver em última instância controvérsias de natureza civil e religiosa. (N. da T.).

com o barrete vermelho sobre a cabeça, uma versão africana do fez; eles se incumbem de chamar os nomes, de apresentar os autos e protocolar as sentenças. Os processos não demoram muito, dificilmente um quarto de hora cada um. Trata-se de pequenas disputas civis dos comerciantes árabes do bazar e do porto, rixa entre inquilinos das pequenas casas do bairro de Kasbah e conflitos de cunho religioso. A maioria dos intimados não apareceu, habitualmente só obedecem a uma segunda ou terceira intimação; aqueles, porém, que compareceram comportam-se de maneira respeitosa. Um gesto do cádi, e o acusado mais exaltado interrompe seu mais prolixo sermão. E, embora essa briga seja por um par de francos, essa inimizade por causa de fofocas femininas seja apenas objetivamente insignificante, para os pobres nativos elas são importantes, caso contrário eles não teriam corrido ao cádi.

Pior é quando os dominadores do país se ocupam de um delito, eles, que são magnânimos com sentenças de morte, extradições e penas de reclusão contra os desprezíveis "indigène", eles, diante dos quais as pessoas não podem se defender, porque os soberanos não entendem sua língua e seus costumes, eles, que têm o poder de forçar o maometano a cumprir o serviço militar contra seu próprio país, de encarcerá-lo ou matá-lo, embora eles mesmos sejam cães ateus.

Pobre daquele que cai nas mãos da *cour correctionelle*! Quem cumpriu seu dever como vingador da morte, quem matou o ladrão de cavalos ou assassinou o adúltero, como exige a honra, o melhor que tem a fazer é desaparecer; os compatriotas não traem ninguém, e o criminoso nem fica sabendo das sentenças que são promulgadas.

As paredes do palácio da justiça são revestidas com editais oficiais de cunho semelhante: "Lamu Mohammed ben Ali, denominado Felkani, 42 anos de idade, nascido em 1884 em Beni Felkaï, no distrito de Sétif, filho de Ali ben Mohammed e de X..." O nome da esposa ou mãe estranhamente nunca é do conhecimento do tribunal. "Diarista, residente em Duar Mentano, comarca de Péregotville, viúvo, sem filhos, semi-analfabeto, sem antecedentes criminais, é considerado *in contumaciam* culpado por ter matado premeditadamente Teggali Haon ben Mohammed, de Duar Mentano, no dia 13 de outubro de 1925 na Maison Carré, distrito de Argel, e é condenado a trabalhos forçados perpétuos de acordo com o Code Pénal, artigos 295 e 304 do § 3."

Os gendarmes franceses não vão encontrar nenhum desses Lamu Mohammed condenados, mas cada um deles vai acabar encontrando o punhal do pai ou do filho daquele Teggali Haon ben Mohammed assassinado.

Isso pode ser incivilizado e estranho, mas dificilmente menos incivilizado e estranho do que os processos contra nativos diante do juiz francês. Um homem da Grande Cabília precisa – oh, que vergonha – comparecer diante do tribunal sem o turbante sobre os minúsculos caracoizinhos de seu escasso cabelo negro, dois gendarmes o escoltam, abaixo está sentada a pessoa que se sentiu prejudicada e uma testemunha, igualmente sem turbante sobre a carapinha no alto da cabeça, e todos os lugares de pé estão ocupados pelos moradores da aldeia que vieram de longe. Ninguém ousa utilizar uma das cadeiras vazias. Ninguém entende os juízes. Eles comandam em hábito talar com cabeções brancos, dois com monóculos, um com *pince-nez*, ninguém entende o monótono discurso do promotor e a curta réplica do advogado *ex-officio*. O réu observa apático, o jovem sentado no banco dos reclamantes olha fixamente o orador, como se Alá de repente lhe pudesse presentear com a graça de entender a língua francesa, tristes e participantes os compatriotas inclinam-se sobre o parapeito da platéia.

Estaria o reclamante de fato apenas conversando com a esposa do réu, quando este disparou o tiro? O intérprete repete a pergunta resignado e não recebe nenhuma resposta, de tão dispensável que seria – os muçulmanos, que não permitem a entrada de mulheres na sala do tribunal, jamais iriam comprometer a honra de uma mulher, muito menos diante dos ímpios.

Segundo declamou o promotor, o réu teria deixado transparecer a intenção traiçoeira de assassinato e, "que a corte me perdoe por eu ter de usar uma palavra tão brutal", muito em breve o rapaz será duplicado. Depois é a vez do advogado de defesa; ele acredita que tenha sido mais a conversa a causar o tiro do ciumento esposo, e confere (aparentemente ele é comunista ou anarquista) a culpa aos europeus por esse e qualquer outro tiroteio, pois foram eles afinal que trouxeram as armas para os nativos.

O tribunal lê a sentença, o intérprete a traduz, o réu se inclina e é retirado da sala, os cabilas da aldeia saem de mansinho, a sessão durou menos de meia hora, e um filho das montanhas livres precisa agora passar três anos na prisão, porque fez o que as leis de seu povo prescrevem e o que contradiz as leis dos donos do poder.

§ 10 História do direito

Valério Máximo
Condenações e absolvições

1. *Motivos que levam a absolver ou condenar réus mal-afamados*

Para poder suportar as inconstantes decisões dos tribunais com maior serenidade, queremos apenas lembrar por quais motivos pessoas, que foram hostilizadas, são absolvidas ou condenadas.

(Absolvições 1) M. Horácio foi julgado pelo rei Tulo por ter assassinado sua própria irmã; durante a audiência de apelação diante do povo, ele foi absolvido. A princípio, a atrocidade da morte comoveu, mas o povo deixou-se convencer pelo motivo de Horácio, pois ele era da opinião de que o amor prematuro da jovem tinha realmente sido castigado de maneira severa, mas não injusta. Por isso, a mão direita do irmão, a que foi dispensada uma rigorosa penitência, conseguiu se sair gloriosa tanto por verter o sangue familiar quanto por verter o de um inimigo.

(4) Se a injustiça que Ap. Cláudio cometeu contra a religião foi maior do que a cometida contra sua terra

natal, isso eu não sei; pois ele desprezou a antiqüíssima tradição religiosa e perdeu uma esquadra nacional esplêndida. Foi conduzido ao tribunal do povo indignado. Embora as pessoas estivessem convencidas de que ele não tinha como escapar do castigo merecido, foi poupado por causa de um temporal que irrompeu repentinamente antes de uma condenação. A sessão foi de fato interrompida, e, como parecia que os deuses estivessem se manifestando, decidiram que não deveria ser marcada uma nova data. Desse modo, um temporal enviado pelo céu salvou a vida do homem a quem uma tempestade em alto-mar havia conduzido a um processo.

(5) A virgem vestal Túcia tinha sido acusada de incesto; sua castidade, obscurecida pelas nuvens da vergonha, manifestou-se resplandecente pelo mesmo tipo de ajuda. Com plena certeza de sua inocência, Túcia ousou esperar por sua salvação com a ajuda de uma prova arriscada. Ela pegou uma peneira e disse: "Ó Vesta, se eu sempre forneci tuas oferendas com mãos puras, então faça com que eu possa tirar água do Tibre com esta peneira e levá-la a teu templo." A esse pedido, feito de modo temerário e audaz, dobraram-se as próprias leis da natureza.

(11) Porém, assim como o prestígio de homens distintos era muito eficaz para proteger acusados, por outro lado não era capaz de provocar sua condenação; sim, esse prestígio era útil até mesmo a culpados evidentes, quando estes eram combatidos com força. P. Cipião Emiliano acusou Cota diante do povo. Embora seu

caso já fosse considerado perdido por causa da gravidade das acusações, foi adiado sete vezes e, finalmente, numa oitava audiência, terminou com uma absolvição, pois as pessoas temiam dar a impressão de estarem condenando Cota apenas pela reputação extraordinária do acusador. Posso até imaginar o que devem ter comentado entre si: "Não queremos que alguém que não se entende com outra pessoa faça valer diante do tribunal seus triunfos, troféus, armamentos apreendidos de generais do exército e esporões de navios vencidos. Ele pode até amedrontar e assustar um inimigo com tudo isso, mas não tem o direito de prejudicar a vida de um cidadão apoiando-se em tão grande aparato de fama."

(Condenações 1) Vamos tratar agora daqueles a quem circunstâncias que não tinham nada a ver com o processo colaboraram mais para prejudicar do que para ajudar a provar sua inocência. Após seu magnífico triunfo sobre o rei Antíoco, L. Cipião foi condenado por ter aparentemente recebido dinheiro dele. Não acredito que ele tenha sido condenado por aceitar dinheiro para fazer recuar para além dos Tauros aquele soberano de toda a Ásia Menor, e que agora estendia suas mãos vitoriosas na direção da Europa. O mais provável é que esse homem, que em geral levava uma vida proba e estava muito além dessa suspeita, não pudesse se defender contra a animosidade que provocavam na época os famosos sobrenomes dos dois irmãos.

(Nem condenações, nem absolvições 2) Também Públio Dolabella, que desempenhava a função de procôn-

◇ 307

sul da Ásia Menor, viu-se acometido pelas mesmas dúvidas. Uma mulher de Esmirna tinha matado seu marido e seu filho, depois de ter descoberto que seu filho do primeiro casamento, um jovem bastante talentoso, tinha sido assassinado pelos dois. Incumbido de deliberar a respeito dessa causa, Dolabella acabou enviando-a para o Areópago em Atenas; pois ele não queria nem absolver a mulher culpada do duplo homicídio, nem castigá-la, uma vez que seu crime se justificava por uma dor compreensível. O representante do povo romano agiu com cautela e indulgência, bem como os juízes do Areópago: depois de examinarem o caso, ordenaram que tanto o reclamante quanto a ré comparecessem novamente diante deles em cem anos; o mesmo motivo de Dolabella levou-os a isso. Este, porém, tentou fazê-lo passando o processo adiante, e aqueles, adiando-o, para que não precisassem decidir o conflito insolúvel: se deveriam ou não absolver a mulher.

2. *Processos civis significativos*

(3) De maneira muito mais enérgica e como era de se esperar de um soldado, agiu C. Mário, num caso jurídico bastante parecido. Pois, mesmo sabendo do comportamento impudico de sua futura esposa Fânia, C. Titínio de Minturnas se casou com ela e, mais tarde, tentou retirar-lhe o dote. Mário foi convocado para ser seu juiz. Depois de examinar o caso na presença dos dois, chamou Titínio de lado, exortou-o a desis-

tir de seu intento e a devolver o dote à mulher. Após várias tentativas frustradas de persuadir Titínio, Mário foi forçado por ele a pronunciar uma sentença. Ele condenou a mulher por lascívia a pagar um sestércio; Titínio, porém, foi condenado a uma multa no valor de todo o dote. O juiz justificou ter chegado àquela sentença porque, no seu entender, Titínio evidentemente não havia levado em consideração o comportamento de Fânia e, por isso, havia contraído matrimônio com uma mulher impudica. Nesse caso, trata-se, porém, da mesma Fânia que mais tarde Mário apoiou com vigor; quando o senado o considerou um inimigo do estado, Mário foi retirado de um pântano todo coberto de lama e conduzido à casa de Fânia, em Minturnas, para que tomasse conta dele. Ela tinha consciência de que sua condenação por comportamento lascivo devia-se à sua conduta, mas que devia a salvação de seu dote à retidão de Mário.

3. Mulheres que abriram processo em causa própria ou de estranhos

Também não podem ser omitidas as mulheres que não se deixaram calar no fórum e nos tribunais por sua condição natural ou em consideração à sua classe aristocrática.

(2) C. Afrânia, a mulher do senador Licínio Buco, adorava processos e discursou diante do pretor sempre a seu próprio favor, não porque lhe faltassem advo-

gados de defesa, mas porque ela não tinha pudor algum. E, como além dela não havia quem importunasse com outro tipo de algazarra os tribunais, ela acabou se tornando o exemplo mais conhecido de intriga feminina; por causa dela, xingam-se as mulheres, às quais se atribui um mau caráter, como sendo uma C. Afrânia. Ela, porém, viveu até o ano em que C. César, junto com P. Servílio, tornou-se cônsul pela segunda vez; diante de tal monstro, devemos decerto legar à posteridade antes a data de sua morte do que a de seu nascimento.

4. Interrogatórios penosos

(3) Do mesmo modo, quando Fúlvio Flaco teve de se justificar judicialmente, seu escravo Filipe, sobre o qual se apoiava todo o processo, foi interrogado sob tortura oito vezes; ele não disse uma única palavra que prejudicasse seu senhor, mas o acusado foi condenado, embora o homem torturado oito vezes tivesse fornecido apenas uma prova mais fidedigna da inocência (de seu senhor) do que oito homens torturados uma vez lhe pudessem apresentar.

5. Testemunhas

(5) E mais: não foi M. Cícero, que com sua mobilização militante diante do fórum conseguiu assumir os postos de honra mais influentes e o mais alto cargo pú-

blico, não chegou a ser menosprezado como testemunha bem no meio de toda sua eloqüência? Ele jurou que P. Cláudio tinha estado em sua casa em Roma, enquanto este tentou contestar seu infame crime com um único argumento, a sua ausência. O juiz, por sua vez, preferiu absolver Cláudio da acusação de luxúria a dispensar Cícero da maldosa repreensão de ter cometido perjúrio.

(6) Depois de tantas testemunhas menosprezadas, quero agora relatar a respeito de uma, cuja influência se tornou notável no processo de uma maneira incomum e surtiu efeito. Quando P. Servílio, um antigo cônsul e censor, que havia festejado seu triunfo e acrescentado aos títulos de seus antecessores a alcunha de Da Isáuria, apresentou-se no fórum e viu que naquele exato momento iam ser ouvidas testemunhas contra um acusado, colocou-se à disposição como testemunha e falou, para grande espanto dos advogados de defesa e promotores, como se segue: "Senhores juízes, não conheço este homem que precisa se justificar; não sei de onde ele vem, que vida levou ou se está sendo acusado de forma justa ou injusta; só sei de uma coisa: ele veio na minha direção quando eu caminhava pela Via Laurentina, num local bastante estreito, e recusou-se a descer do cavalo. Se isso tem algum significado para os senhores em sua busca da verdade, vocês mesmos devem decidir; eu pessoalmente considerei necessário não me calar a respeito desse incidente." Os juízes mal ouviram as outras testemunhas e condenaram o acusado. De fato, para eles o comportamento do homem era

determinante e principalmente também estavam muito indignados com o desprezo do acusado pela dignidade de Servílio; eles acreditavam ainda que quem não tem respeito por homens importantes é capaz de qualquer crime.

6. Homens que cometeram mais tarde aquilo pelo qual condenaram outros

(3) C. Licínio Stolo, que propiciou aos plebeus a possibilidade de se candidatar ao consulado, promulgara uma lei, segundo a qual era proibido possuir mais do que quinhentas jeiras de terra; no entanto, ele mesmo possuía mil e, para ocultar seu delito, cedeu a metade a seu filho. Por isso, foi denunciado por M. Popílio Lenas e assim tornou-se a primeira vítima de sua própria lei; com isso demonstrou que só se pode prescrever alguma coisa com a qual já se tenha comprometido anteriormente.

Antonin Artaud
Heliogábalo

Heliogábalo nem esperou sua chegada a Roma para pregar a anarquia declarada e, onde quer que a veja, ele a apóia, desde que ela esteja adornada teatralmente e seja poética.

Certamente ele manda degolar cinco rebeldes suspeitos, que em nome de sua pequena individualidade democrática, de sua individualidade insignificante, tenham pretensões à coroa. No entanto, fomenta a grandiosa empreitada daquele ator, daquele genial revolucionário, que se faz passar ora por Apolônio de Tyana, ora por Alexandre, o Grande, e que, tendo à cabeça a coroa de escândio, talvez surrupiada da bagagem imperial, apresenta-se aos povos das terras banhadas pelo Danúbio usando túnica branca. Longe de pensar em persegui-lo, Heliogábalo lhe cede uma parte de suas tropas e coloca à sua disposição sua esquadra de guerra, com a qual ele domina os marcomanos.

Entretanto, todos os navios dessa frota estão furados, e um incêndio provocado por sua iniciativa no meio do mar Tirreno, com a ajuda de um naufrágio teatral, livra-o das pretensões do usurpador.

Heliogábalo se comporta como imperador do mesmo modo que um garoto de rua e anarquista irreverente. Por ocasião da primeira assembléia, um tanto festiva, ele pergunta sem rodeios aos grandes do governo, ao nobres, senadores disponíveis, legisladores de todas as classes, se em sua juventude eles também praticaram a pederastia, se eram versados em sodomia, em vampirismo, em súcubos e na fornicação com animais, e ele lhes pergunta isso, diz Lamprídio, usando as expressões mais torpes.

Dá para imaginar como o maquiado Heliogábalo, em companhia de seus favoritos e das suas mulheres, passa entre esses anciãos e lhes cutuca a barriga, perguntando se em sua juventude eles também tinham deixado que praticassem a sodomia com eles, e como esses, pálidos de vergonha, sob a ofensa inclinam a nuca e ficam remoendo sua humilhação.

E cada vez mais ele faz em público as mímicas que representam o ato impudico.

"Indo cada vez mais longe com as insinuações obscenas que fazia com os dedos", diz Lamprídio, "acostumava-se a fazer frente a todo tipo de vergonha durante as assembléias diante do povo."

Certamente isso evidencia não apenas infantilidade, mas também o desejo de salientar à força sua individualidade e sua preferência pelo primitivo, pela natureza como ela é.

Aliás, é fácil atribuir tudo isso à loucura e à juventude, o que no caso de Heliogábalo não passa da degradação sistemática da ordem e corresponde a seu desejo de afetar a moral em grande escala.

Na minha opinião, Heliogábalo não é um louco, mas um revolucionário.

1. Contra a anarquia politeísta romana.
2. Contra a monarquia romana, que ele desprezou totalmente.

No entanto, as duas revoltas, essa dupla insurreição se confunde nele, marca todo seu comportamento, domina todas as suas ações durante seus quatro anos de governo, mesmo as mais insignificantes.

Sua revolta é sistemática e obstinada, e ele a dirige principalmente contra si mesmo.

Quando Heliogábalo se fantasia de jovem libertino e se vende por um par de moedas diante das igrejas cristãs e diante dos templos dos deuses romanos, ele tem em vista não apenas a satisfação de um vício, mas a humilhação do monarca romano.

Ao colocar um dançarino à frente de sua guarda pretoriana, ele realiza um tipo de anarquia incontestável, mas perigosa. Ele ridiculariza a covardia dos monarcas, de seus antecessores Antonino e Marco Aurélio, e exprime a opinião de que como comandante de uma tropa policial basta um dançarino. Chama a fraqueza de força e o teatro de realidade. Confunde a ordem transmitida, as idéias, as representações mais simples das coisas. Exerce uma anarquia de princípios, que é perigosa, pois ele se expõe a todos. Em resumo, ele arrisca sua cabeça. E, desse modo, pode ser considerado um anarquista corajoso.

Por fim, ele prossegue em sua intenção de diminuir os valores, de corromper a moral, escolhendo seus ministros de acordo com o comprimento de seu membro.

"À frente de sua guarda noturna", diz Lamprídio, "ele colocou o cocheiro Górdio e nomeou um certo Cláudio, que era censor moral, para ser administrador dos alimentos; todos os outros funcionários foram julgados conforme o tamanho de seu membro, que determinava se eram homens recomendáveis ou não. Como procuradores do Vigésimo ele nomeou em seqüência um almocreve, um corredor, um cozinheiro e um serralheiro."

Isso não o impede de tirar proveito dessa desordem, dessa desavergonhada devassidão dos costumes, de transformar a obscenidade em regra e de se arrastar obstinadamente à luz do dia como um possuído, como um raivoso, o que em geral se oculta.

"Nos banquetes", narra novamente Lamprídio, "ele se sentava preferencialmente perto de comerciantes, satisfazia-se em tocá-los e apreciava acima de tudo retirar de suas mãos os cálices de onde haviam bebido."
Todas as ordens políticas, todas as formas de governo se esforçam a princípio em refrear a juventude. E também Heliogábalo se esforça em refrear a juventude latina, contudo de maneira diferente de todos, aliás na medida em que ele sistematicamente os corrompe.

"Ele tinha a intenção", diz Lamprídio, "de nomear para prefeitos em cada cidade pessoas cuja tarefa seria corromper a juventude. Roma deveria ter 14; e ele teria conseguido, se tivesse vivido, pois estava decidido a elevar a cargos de honra o mais medíocre, homens das mais baixas classes sociais."

É indiscutível o desprezo de Heliogábalo pela sociedade romana da época.

"Repetidamente", observa mais uma vez Lamprídio, "ele manifestou tal desprezo pelos senadores no dia em que os chamou de escravos na toga; segundo ele, o povo romano se compunha de agricultores numa mancha de terra, e pela classe dos cavaleiros ele só sentia desprezo."

Com Zotico, ele introduz o nepotismo do rabo!

"Um certo Zotico foi tão influente durante seu governo, que todos os outros oficiais de alto escalão tratavam-no como o príncipe consorte de seu senhor. O tal Zotico se valia desse tratamento íntimo e atribuía significado a tudo que Heliogábalo dizia ou fazia. Ele estava atrás de grandes riquezas, ameaçava um, fazia promessas a outro, enganava alguém, procurava cada um deles quando tinha estado com o soberano e lhes dizia em particular: 'Falei isso e isso sobre você e ouvi isso e mais isso a seu respeito; e é assim que vai ficar sua situação', nos moldes daquela raça humana que é considerada pelos soberanos com muita confiança, a quem a fama tanto de um bom quanto de um mau senhor transforma em dinheiro e que graças à ignorância ou inexperiência do confiante imperador faz circular infâmias com o maior prazer..."

Ele chora como uma criança, o que ele não deixa de ser, ao trair Hiérocles, mas não pensa em dirigir sua maldade contra esse carreteiro, prefere dirigir sua fúria contra si mesmo e se castigar, flagelando-se até sangrar por ter-se deixado enganar por um carreteiro.

Ele dá ao povo o que este precisa:

PÃO E CIRCO

Mesmo quando alimenta o povo, ele o faz com entusiasmo, distribuindo-lhe aquele fermento da exaltação, que no fundo toda generosidade contém. E o povo nunca é tocado, nem chega a ser arranhado por sua tirania sangrenta, que muitas vezes mirou os justos.

Todos os que Heliogábalo envia para as galeras, castra ou manda açoitar, ele procura entre os aristocratas, os nobres, os pederastas de sua própria corte e os parasitas do palácio.

Como já mencionado, ele se ocupa sistematicamente da corrupção e da destruição de todos os valores e ordens; porém, é surpreendente e também uma prova para a irremediável decadência do mundo latino o fato de ele ter conseguido ativar essa obra de destruição sistemática de mais de quatro anos aos olhos de todos sem que alguém tivesse protestado: e sua queda tem de fato o significado de uma simples revolução palaciana.

Tácito
Constituição dos germanos

12. Numa assembléia é possível fazer queixas e intentar processos de vida ou morte. As penas dependem do tipo de crime: traidores e desertores são enforcados em árvores; pessoas que falham na guerra ou que se recusam a cumprir o serviço militar, ou que desonram o próprio corpo por meio de fornicação contrária à natureza, são afogadas no pântano e na lama e ainda cobertas com redes. Essas diferentes maneiras de pena de morte se explicam pela idéia de que os crimes devem ser expiados explicitamente, mas atos pecaminosos, ocultados do olhar. Também em casos mais leves a pena depende do tipo de comportamento. Quem tiver sua culpabilidade comprovada deve entregar uma quantidade de cavalos e gado. Uma parte da multa vai para o rei ou para a linhagem, uma parte ao prejudicado mesmo ou a seu clã.

Nessas assembléias também são eleitos os príncipes, que são os juízes nas aldeias de suas comarcas. Cada um deles é assistido por uma junta consultiva de cem homens do povo que também fortalecem sua autoridade.

Christian Dietrich Grabbe
Direito romano

A ruptura em Detmold

(O pretor em assento elevado. Um pouco abaixo, perto dele, um escrivão. Diante deles, queruscos a serem processados.)
Pretor: Um braseiro sob meus pés. Ainda neva e congela aqui em março. Precisamos futuramente construir um fórum com teto e lareira.
Escrivão: Admira-me apenas o fato de Sua Excelência não ter deixado isso acontecer há muito tempo. Madeira, arenito e outros materiais são encontrados em quantidade por aqui, camponeses, cavalos e serviçais em profusão.
Pretor: Abra a sessão.
Escrivão (lê em seu álbum e chama): Erneste Klopp contra Kater major.
Pretor (também olha no álbum): Katermeier é o nome do homem.
Escrivão: Não tem importância, senhor. Quando se trata do povo, o nome não importa. É tudo gado mesmo. Tratamos todos do mesmo modo.

Pretor: O que Katermeier lhe fez?
Klopp: Deus, ah, Deus!
Pretor: Vamos logo ao fato e deixe os deuses de fora.
Klopp: Ele me fez o quarto filho e não me deu nenhum vintém.
Pretor: Pobre prostituta.
Escrivão: Cuidado. Ela não parece ser uma prostituta ainda. Os grandes mestres Capito e Labeo ainda discutem a respeito de algumas controvérsias legais...
Pretor: É, inclusive a respeito das barbas do imperador.
Escrivão: ... no entanto, eles concordam que muito significa 25 mil, uma vez que César, ao comentar a força de seu exército na Gália, revelou que este dispunha exatamente dessa quantidade. A reclamante, porém, não tem a aparência de quem já se deitou 25 mil vezes, que é a quantidade exigida para qualificar uma prostituta. Ela é simplesmente uma vadia, vulgo...
Pretor: Leve a mão a essa sua boca tão erudita. "*Curto e grosso, sem explicar como e por quê*", diz o bordão adaptável aos germanos, pois quanto mais você explica e ensina a eles, tanto mais obstinados eles ficam.
(Para a Klopp:)
Você vai entregar seus quatro filhos para o Estado. O acusado recebe cinco mil sestércios por seu merecido direito a quatro filhos.
Escrivão: Ius quatour liberorum, entendem?
Katermeier: Antes da sentença eu supunha que o céu iria cair sobre mim. Onde eu recebo o dinheiro?
Escrivão: Com o questor, depois da apresentação desse bilhete.
Katermeier: Bom.

(De lado:)
Cachorros é o que são. Só não abanam o rabo por falsa nobreza.
Escrivão: Espere. Os emolumentos serão deduzidos do total. Estão explícitos na nota.
Katermeier (para si mesmo): E eu não pensei nisso? Vou para casa e não para o questor bom de cálculo. Ele me especifica (como eles dizem) com tantas taxas, que dos cinco mil sestércios ainda vou ter de desembolsar seis mil. Está vendo, sua boba? Você não deveria nem ter se queixado de mim, nem me acusado!
Klopp: E você não devia ter feito isso comigo! Vou deixar nossos filhos diante da sua porta.
Katermeier: Faça isso. Eu vou saber como me livrar dos pestinhas.
(Sai.)
Klopp: E vocês, seus patifes, traidores da pátria, traiçoeiros, deturpadores da direita e da esquerda, quem vai pagar minha inocência? Ele a tomou, foi embora, e eu tenho de passar fome!
Escrivão: Oficial de justiça, feche a matraca dessa criatura.
Klopp: Matraca? Você tem de dizer boca. Mas matraca! Ah, se eu tivesse ele e você, seu escrevinhador, sob meus dentes, você logo notaria a sua mudança!
Pretor: Não dê atenção a essa raiva debilitada. Perdoe-a.
(Para os bedéis de justiça:)
Conduzam-na para fora e açoitem-na no pátio do tribunal por sua insolência ao se despedir.

Povo: Açoitá-la? Mas ela é uma liberta!
(Os oficiais amarraram os braços da mulher nas costas e taparam sua boca.)
Escrivão: Com sua permissão, meus senhores, agora ela é uma prisioneira.
(Klopp é conduzida para fora.)
— Dietrich, reclamante, de um lado, contra Rammshagel, de outro. Reclamante, exponha suas queixas.
Dietrich: Emprestei a ele dez moedas de ouro de vosso cunho.
Escrivão: Um *mutuum*?
Dietrich: Sim, foi muito.
Escrivão: Aprenda latim e pense que usamos seu idioma só porque somos tolerantes.
Pretor (para o escrivão): Com os gauleses de língua fácil precisamos de uns dez anos para lhes ensinar nossa língua, mas esses germanos de língua difícil pretendem nos impingir a deles.
Escrivão: Uivar com os lobos, enquanto ainda não os temos totalmente presos na rede de caça.
(Novamente para Dietrich:)
Por que, para que e como você lhe emprestou o dinheiro?
Dietrich: Para o depósito, na taberna. Emprestei-lhe para o jogo de dados.
Pretor: Decidido. O réu está livre. Dívida de jogo não vale.
Dietrich: Com mil demônios! É uma dívida de honra!
Escrivão (para o pretor): O que será que esses caras entendem por honra?

Rammshagel: Dietrich, vou lhe pagar daqui a meio ano. Antes não posso. Meu filho mais velho morreu na semana passada, e os médicos ou charlatães me custaram muito dinheiro e o curaram para a eternidade, debaixo da terra fria. Bem. Agora ele não sente mais dor. Está melhor que seu pai sobrevivente. Você não precisava ter feito queixa a eles.
Dietrich: Como eles vêm de longe...
Rammshagel: E você acha que isso quer dizer muito? Ora, eles não iam procurar nada a quatrocentas milhas longe de casa se tivessem alguma coisa lá mesmo. Dê-me algumas luas de prazo; amanhã você recebe minha última vaca leiteira para deduzir do valor. Eu e minha família podemos nos virar muito bem com água.
Dietrich: Deixe isso para lá, guarde sua vaca para sua mulher e seus filhos. Amanhã mando outra para vocês.
Escrivão: O adultério! Envolvidos, adiante.
Povo: Horrível! Onde estão os jurados?
Escrivão: *Eorum haud necessitas. Hic acta*!
Povo: O que o bicudo está grasnando de novo? Seria bom se entendêssemos.
(Vozes abafadas.)
Príncipe Hermann, por que você está longe de nós e nos deixou perdidos e sozinhos? Volte: precisamos de príncipes!
Escrivão: *Silentium*! Amelung, fale.
Amelung: Aquela mulher é minha esposa há dez anos. Anteontem fiquei sabendo, por acaso, o que me deixou mais espantado ainda, que ela me trai há seis anos.
Pretor: E isso é tudo? Adultério e coisas idiotas do gê-

nero prescrevem em cinco anos. Se você tivesse mantido a boca fechada, ninguém ia saber de seus cornos.
Escrivão: Isso mesmo, Amelung: *si tacuisses philosophus mansisses!*
Povo: Adultério prescreve? O que caduca?
Pretor: Suas gargantas dificilmente, se continuarem a gritar de maneira tão desavergonhada. Olhem só perto de mim o remédio para problemas na garganta: machadinha dos lictores.
Escrivão: Ah, o Hermann!
(Hermann entra.)

Voltaire
O caso dos Calas e dos Sirven

Há na França duas denúncias de assassinato por motivos religiosos no mesmo ano e duas famílias que, por causa do fanatismo, foram destruídas juridicamente! O mesmo juiz, que em Toulouse mandou supliciar Calas na roda, conduziu ao cadafalso diante do tribunal da mesma província a família Sirven; e o mesmo advogado de defesa, o senhor de Beaumont, advogado na corte parisiense, que provou a inocência dos Calas, defendeu os Sirven num memorando assinado por ele e vários outros advogados. Um memorando ao qual se anexa um atestado de que a sentença contra os Sirven é ainda mais absurda do que a sentença contra os Calas.

Eis os fatos: no ano de 1761, ao mesmo tempo em que a família protestante dos Calas se encontrava na prisão, sob a acusação de ter matado Marc-Antoine Calas por ele ter pretendido se converter à religião católica, aconteceu que uma filha de Paul Sirven, um funcionário em Castres, foi apresentada ao bispo de Castres por uma de suas governantas. Quando o bispo ficou sabendo que essa jovem pertencia a uma família calvinista, mandou que a encarcerassem em Castres numa espécie de convento. Ensinam à jovem a respeito da religião católica com açoites, ela é martirizada com surras, até enlouquecer. Em seguida, é libertada de sua prisão. E, pouco tempo depois, bem distante da casa de seus pais, morre afogada nas proximidades da aldeia de Mazare. De imediato, o juiz da aldeia raciocina: 'Em Toulouse Calas vai ser supliciado, e sua mulher, queimada, pois seguramente eles assassinaram seu filho, para que ele não fosse à missa: portanto, seguindo o exemplo de meus superiores, devo proceder do mesmo modo com os Sirven, que com certeza pelos mesmos motivos afogaram sua filha. É verdade que não tenho prova nenhuma de que o pai, a mãe e as duas irmãs dessa jovem a tenham matado. Mas ouvi dizer que também não há mais provas contra os Calas. Sendo assim, não estou arriscando nada. Talvez fosse demais para um juiz comum de aldeia mandar supliciá-los e queimá-los. Mas pelo menos vou ter o prazer de ver ser enforcada uma família inteira de huguenotes. E vou pagar meu trabalho com seus bens confiscados.'

    A humanidade sempre cometeu erros: mas nem todos foram tão sangrentos. Não acreditaram que a Terra gira em torno do Sol; não acreditaram nos descobridores de novas regiões; acreditaram que as aves previam o futuro, que o homem pode encantar serpentes, que as grávidas podem dar à luz criaturas coloridas se virem coisas coloridas etc. Porém, essas tolices pelo menos não levaram a perseguições, a lutas e assassinatos.

Foram outras tolices que fizeram a Terra tremer, outros erros, que a coloriram com sangue. Não se sabe o número de infelizes que foram enviados aos carrascos por incompetência dos juízes, que sem escândalos nem escrúpulos foram condenados à morte na fogueira sob a acusação de feitiçaria. Dificilmente houve na Europa cristã um tribunal que tenha passado quinhentos anos sem se macular várias vezes com tais assassinatos jurídicos; e não estou exagerando quando digo que houve entre os cristãos mais de cem mil vítimas dessa justiça idiota e bárbara e que a maioria delas foi de mulheres e jovens inocentes.

As bibliotecas encontram-se cheias de livros que tratam dos julgamentos em processos de feitiçaria; todas as decisões desses juízes se apóiam no mestre de feitiçarias do Faraó, na feiticeira de Endor, nos possuídos, dos quais se fala no Evangelho, e nos apóstolos, que foram enviados para expulsar o demônio do corpo dos possuídos. Ninguém teve compaixão suficiente com a humanidade para ousar fazer a comparação de que Deus outrora podia tolerar possuídos e enfeitiçados e agora não os tolera mais; essa comparação teria parecido um crime; sob quaisquer circunstâncias queriam vítimas. O cristianismo várias vezes foi maculado por essas barbáries insensatas; todos os padres da Igreja acreditavam em magia; mais do que cinqüenta concílios pronunciavam o anátema contra os que, com a força da magia de suas palavras, impeliam o demônio para dentro do corpo da humanidade. A superstição geral estava consagrada. Os homens do estado, que poderiam ter esclarecido os povos, não pensaram nisso. Estavam muito ocupados, tratando de seus próprios negócios; temiam a força da superstição; eles viam que esse fanatismo tinha origem no próprio seio da religião; não ousavam encarar o filho degenerado, de medo que pudessem ferir a mãe: optaram por se tornar escravos da superstição do povo em vez de combatê-la.

Nossos hábitos religiosos e nossa justiça foram o que na verdade permitiu o surgimento dos feiticeiros. O povo ignorante dizia para si mesmo: 'Nossos padres excomungam e esconjuram os que fazem um pacto com o diabo; nossos juízes os lançam às chamas: portanto, é verdade que se pode negociar com o diabo: mas, quando essa negociata permanece em segredo, Belzebu mantém sua palavra e nos torna ricos da noite para o dia; só precisamos ir ao sabá dos feiticeiros; o temor de sermos descobertos não pode superar a esperança de riquezas infindáveis que o diabo pode nos dar; e Belzebu mesmo, mais poderoso que nossos juízes, pode nos ajudar contra eles.' Assim pensavam esses infelizes, e quanto mais juízes fanáticos havia para acender as fogueiras, tanto mais idiotas havia que se ofereciam a elas.

Contudo, havia mais reclamantes do que criminosos. Se uma jovem engravidasse sem conhecer seu amante, então tinha sido o demônio a lhe fazer um filho. Se alguns camponeses com seu esforço conseguissem uma colheita melhor do que a de seus vizinhos, certamente eram feiticeiros: a inquisição os queimava e vendia seus bens para favorecer a si mesma. O papa enviava para toda a Alemanha e para outros países juízes que entregavam vítimas às forças seculares; desse modo, os leigos não passavam de carrascos e os auxiliares, de carrasco dos sacerdotes, e ainda é assim na Espanha e em Portugal.

Quanto mais ignorante e bárbara era uma província, tanto mais forte era o domínio do diabo na região. Possuímos uma coleção de sentenças jurídicas do ano de 1607, proferidas em Franche-Comté por um juiz da comarca de Saint Claude, chamado Boguet, contra as feiticeiras e aprovado por várias dioceses. Hoje trancafiariam num sanatório de loucos uma pessoa que escrevesse tal coisa, mas naquela época todos os juízes eram de uma ignorância tão cruel quanto aquele. Cada província possuía uma coleção como essa. Finalmente, quando a filosofia começou a esclarecer um pouco os espíritos do homem, pararam de perseguir as feiticeiras – e as feiticeiras desapareceram da Terra.

É uma terrível paixão essa presunção de querer forçar os homens a pensar como nós; todavia, é o máximo da loucura acreditar que poderíamos forçar outras pessoas a aceitar nossas crenças por meio das mentiras mais terríveis, de perseguições, das galeras, das forcas, da roda de suplícios e da fogueira.

Um sacerdote irlandês escreveu há pouco tempo numa brochura a respeito da verdade desconhecida que estaríamos atrasados centenas de anos para elevar nossas vozes contra a intolerância, e que a barbárie teria dado lugar à civilização. Respondo àqueles que assim falam: "Vejam o que está acontecendo diante de seus olhos, e, se vocês tiverem um coração humano, unirão sua compaixão à nossa. Na França, desde o ano de 1745, oito infortunados sacerdotes foram levados à forca. Os documentos de fé criaram milhares de tumultos. A peste do fanatismo continua grassando."

Suponhamos que contássemos todas essas coisas a um chinês ou a um indiano sensato, que tenha paciência para ouvi-las; suponhamos que ele quisesse saber por que tem havido tantas perseguições na Europa, por que o ódio continua a espumar. O que significam esses anátemas mútuos, esses incontáveis documentos de fé, que não passam de insultos mútuos – o que poderíamos lhe responder? Só poderíamos lhe dizer envergonhados: "Uns acreditam na misericórdia inconstante, os outros, na misericórdia permanente. Dizem em Avignon que Jesus morreu por todos, e num subúrbio de Paris que ele teria morrido por vários. Lá asseguram que o matrimônio é o sinal visível de uma coisa invisível; aqui se acredita que nessa união não haveria nada de invisível. Há cidades onde as manifestações da matéria podem existir, sem que a matéria exista visivelmente, e onde um corpo pode estar em milhares de lugares diferentes ao mesmo tempo; e há outras cidades onde se acredita na penetrabilidade da matéria; e, por fim, há grandes edifícios onde se ensina uma determinada coisa, e outros onde se deve acreditar no contrário daquilo; existem várias maneiras de fazer uma argumentação, conforme o traje que se use seja branco, cinza ou preto, uma casula ou qualquer outra roupa. Estes são os motivos dessa intolerância mútua, que gera a inimizade eterna entre duas partes de um mesmo povo e, como conseqüência de uma confusão espiritual inexplicável, pode dar origem às raízes dessas discórdias.

Seguramente o indiano e o chinês não poderiam entender que as pessoas tenham se perseguido e se estrangulado mutuamente durante tanto tempo por esses motivos. Eles irão antes acreditar que essa amargura assustadora não possa ter outra origem senão em princípios antagônicos da moral; e ficarão muito surpresos quando descobrirem que temos a mesma moral. A mesma, que as pessoas sempre praticaram na China ou na Índia, que dominou todos os povos. Como então deverão nos acusar e nos desprezar quando virem que essa moral unívoca e eterna não conseguiu nem nos unir, nem nos tornar melhores, e que os sofismas escolásticos transformaram em monstros aqueles que teriam sido irmãos, se simplesmente não tivessem se submetido a essa moral?

Tudo isso que digo, tendo como pretexto o caso dos Calas e dos Sirvens, poderia ter sido dito por cinco séculos, desde as lutas entre Atanásio e Ário, que o imperador Constantino considerou a princípio como sendo uma tolice, até as lutas entre o jesuíta Le Tellier e o jansenista Quesnel. Não, não há uma única disputa teológica que não tenha tido as conseqüências mais funestas; poderiam ser escritos vinte volumes a esse respeito.

Compare todas as seitas, os tempos passados, por toda parte há seiscentos anos encontra-se quase a mesma medida de estupidez e de atrocidade, por toda parte partidos fanáticos que, durante a noite que envolve todos, dilaceram-se mutuamente. Qual panfleto religioso não foi escrito com ódio? E qual dogma teológico não fez correr rios de sangue? Esta foi a conseqüência dessas palavras terríveis: 'Se ele não ouve a comunidade, então que seja considerado um pagão e aduaneiro.'"

Tendo mostrado ao leitores essa corrente da superstição, que se expandiu de século em século até os nossos dias, imploramos às almas nobres e misericordiosas que sejam capazes de dar aos outros um exemplo, e suplicamos que ousem se posicionar à frente dos que se incumbiram de justificar e salvar a família Sirven. A aventura execrável dos Calas, pela qual a Europa se interessa, não esgotou de modo algum a compaixão dos corações sensíveis; e, do mesmo modo como a terrível injustiça tem se multiplicado, a virtude da compaixão vai se duplicar.

Epílogo

Socorro, polícia! Um livro me prendeu fortemente!!!
O que vocês querem dizer com: E daí?? Além disso, ele me amordaçou e sumiu com minhas economias!!!

Herbert Rosendorfer
Sobre justiça e literatura

Shakespeare era ator, Kafka era jurista, Schiller foi primeiro médico e depois professor de história, Musil era engenheiro e Kleist, oficial de carreira. No passaporte de Goethe para sua viagem à Itália constava como profissão, "comerciante", e Lord Byron recusou-se a receber, por considerar desonroso, um honorário por uma obra literária. Ser escritor e poeta, até quase fins do século XIX, era considerado não uma profissão, mas uma vocação. O fato de um homem ou uma mulher exercer a arte da escrita como profissão é um fato bastante novo. Na caracterização das personagens de uma peça de Nestroy, seria ainda inconcebível algo como um "Jacinto Schwarmbeutel, poeta burguês em Fischamend*". Os poetas, escritores e literatos tinham outras profissões, a musa os beijava fora do expediente. É possível, portanto, para toda a história da literatura, e não apenas para a alemã, traçar uma sociologia dos literatos segundo a

---

* Cidade austríaca (N. da T.).

categoria de suas profissões, e ao fazermos isso computamos que os juristas são preponderantes entre os poetas. O número dos juristas escritores na história da literatura é tão grande que não se pode falar de um acaso. Deve haver uma relação intrínseca entre a literatura e a jurisprudência. Isso não é novidade. Certa vez, Wolfgang Frühwald me deu a honra de, no contexto de minhas obras literárias, refletir a respeito de onde se deveria procurar o ponto de sutura entre as duas áreas aparentemente tão divergentes da vida intelectual, e chegou à conclusão de que a literatura, por mais estranho que isso possa parecer, tem a ver com a justiça. O fato encontra-se amplamente soterrado, mas é preciso lembrar que também a ciência do direito – pelo menos teoricamente – está intimamente relacionada com a justiça.

A vida é injusta. O espírito secular é caprichoso, o destino é incerto, a natureza é cruel e cínica. Isso todo mundo sabe. Os acontecimentos mundiais comprovam, quando observamos mais atentamente o rastro de sangue que denominamos história, que o ato de bondade não recebe recompensa, que raramente o mal é castigado, que na maioria das vezes os malandros se saem melhor que as pessoas honestas. A natureza, por fim, distribui seus dons de modo severo e desconsiderado, segundo as leis brutais da necessidade, e não sabe perdoar. E mesmo Deus é uma instância da misericórdia e não da justiça. Se assim o fosse, se ele fosse apenas justo, então que tenha *mesmo* misericórdia de nós. A justiça não é uma instituição natural, divina, mas humana, e, como tudo o que é humano, ela tem dificuldade em se impor nas constantes batalhas de lama do cotidiano. O mundo real está incrustado de comércio, sangue, guerra, lágrimas, da seriedade da vida, moral, percentagens, noções de costumes, política da mídia e outros horrores semelhantes; só raramente, e cada vez mais raramente, brilha um raio de justiça. Provavelmente a justiça não é de modo algum uma instituição do mundo real, ao que parece é uma utopia. Chegamos assim à literatura.

Literatura é utopia. O escritor cria mundos. O escritor ilude o leitor com realidades que não existem, e o leitor deve aceitar apenas por convenção, por meio de um contrato a termo assumido com o autor, que realmente existem. Deixaremos de considerar a questão de até que ponto a representação acaba se tornando realidade, pois não é nosso objetivo. Decisivo para o suposto contexto entre literatura e ciência jurídica é o fato de que o escritor, com a criação de uma realidade distinta (inventada, fictícia), tem a possibilidade, e, via de regra, também a utiliza, de formar esse mundo criado por ele idealmente de uma maneira ou de outra. Um parêntese para uma melhor compreensão do que pretendo dizer: o romance pessimista, realista e deprimente também reflete uma representação ideal do autor na medida em que o ideal também é pessimista ou deprimente. Ideal não quer dizer ótimo. O escritor que cria um mundo aparente inevitavelmente *ordena* esse mundo, mesmo que seja apenas a ordem da cronologia. A ordem, porém, pressupõe uma lei. O escritor, portanto, sempre é também legislador dos mundos que surgem de sua pena.

Vou citar mais uma vez – em sentido amplo – Wolfgang Frühwald: o escritor é mais ainda que seu próprio legislador. Quando não quer apenas entreter superficialmente, ele julga. Natureza, destino e sociedade são injustos, a vida permanece sem finais felizes nos romances e dramas, apenas a literatura julga de maneira definitiva. O escritor cita a realidade, na qual quase nunca a justiça chega a uma verdadeira vitória, diante dos limites de uma autodenominada instância superior, e este é provavelmente o contexto mais intrínseco da literatura com a jurisprudência, e o motivo para que haja tantos juízes na história da literatura.

Passo agora para uma afinidade ainda mais externa dessas duas disciplinas do mundo intelectual, uma afinidade que eu talvez pudesse ter mencionado desde o início como quase elementar: a inclinação, isso mesmo, a necessidade da logomaquia. Qualquer pessoa que lide com leis, tratados, sentenças e outras manifestações jurídicas escritas sabe com que rapidez um texto pode se tornar dúbio ou confuso por causa de uma única palavra errada. O jurista deve, portanto – ou pelo menos deveria –, atentar para a palavra, pois, no sentido kantiano, a palavra é a representação do direito. Se há um *direito em si* por trás da palavra-idéia de direito, seria um problema interessante para pesquisar, se não fosse tão extenso, e que, portanto, precisaremos deixar de lado. De qualquer modo, porém, o relacionamento com a língua e sua reflexão sutil une o jurista ao escritor – para o qual a dependência da palavra não necessita de qualquer *palavra*. Este não é um ponto de vista sem importância, mas sozinho não poderia explicar a evidente inclinação da literatura pela jurisdição e vice-versa, motivo pelo qual foi apenas mencionado aqui. O fato de que a lei (ordem) está relacionada com a moral deveria ficar bem claro. E eu disse que estão relacionadas, mas não que uma, por exemplo, toca a outra. Pelo contrário: a necessidade da sociedade em ter uma ordem regrada por leis corresponde ao fato de que o ser humano por natureza é imoral. Também a moral não é uma categoria *natural*. O homem, abandonado a seu mero desejo, assim como a pedra cai abandonada a seu "desejo", reage de modo imoral, ou melhor, amoral. Apenas as leis o abrandam. Uma questão paralela seria: uma religião forte, vivida homogeneamente, estaria em condições de tornar desnecessário o emaranhado de leis da sociedade? A princípio sim – o que então denotaria que a moral não teria um significado religioso, mas o contrário, um não-religioso. Mas, como nunca houve uma religião aceita universalmente, apenas a lei permanece como reguladora da imoralidade do homem. Até este ponto, lei e ordem se relacionam com moral. Mas o fato de também haver leis e ordens imorais – basta pensar em diversas leis nazistas – é outra questão, e o acoplamento por reação que as leis imorais provocam são fenômenos extremamente interessantes das estruturas sociais. Suponho que a incapacidade do povo alemão de dominar seu passado nazista se remeta a tal acoplamento por reação.

A arte de escrever, a poesia, o poetar, também estão relacionados à moral. Este é um ponto bastante delicado, pois leva à pergunta de Erich Kästner: "Onde então fica o positivo na literatura? Isso mesmo, onde ele fica afinal." O chamado positivo na literatura não existe, ou melhor: existe o positivo, mas o positivo da literatura é o negativo, na medida em que se entende por *crítica* algo de categoricamente negativo. A chamada literatura positiva não existe, porque a literatura, como toda arte, é moral e, portanto, crítica: crítica em relação ao homem que por natureza é imoral, mas principalmente em relação aos sistemas sociais que também por natureza (segundo seu desejo irrefreável) são amorais. Sendo assim, não há nenhuma arte realmente afirmativa ou, para que se diga de forma mais clara: nenhuma arte verdadeira, que seja afirmativa. Todas as igrejas e sistemas de nível estatal também lamentam esse fato, mas isso não pode ser mudado. Tudo o que já surgiu a respeito de arte afirmativa (a arte panegírica e palaciana do Barroco, a arte devota e religiosa, a arte apaziguadora e bajuladora dos burgueses do século XIX, a arte do estado fascista, o realismo socialista), tudo, quando observado atentamente ou devidamente distanciado no tempo, revela-se como simples sucata. Isso permite concluir que a verdadeira arte não deve ser apenas moral, isto é, crítica e autônoma, mas de fato o é. Uma lei humana interna, que aparentemente é sempre seguida. (Por arte entendo todas as artes: música, literatura, artes plásticas.)

Lei e ordem têm uma relação limitada com a justiça. Isto não precisa ocorrer com cinismo, como no sentido da antiga piada jurídica: "Diante do tribunal não lhe é feita nenhuma justiça, talvez apenas uma sentença." Lei e ordem ou lei-ordem são – no sentido kantiano ou schopenhaueriano – representações da justiça invisível que se encontra por trás, portanto, de uma *coisa autônoma em si*, da qual de todo modo as leis-ordens se aproximam, mas nunca podem atingir. Na minha opinião, porém, no sistema da representação e da coisa em si há um ponto que, pelo menos em meu humilde entender, nunca foi considerado. Certamente nunca podemos, e neste caso damos razão à filosofia idealista, reconhecer ou experimentar a coisa em si, mas há um caminho do experimento sempre negligenciado pela teoria do conhecimento – não se assustem, não vou me tornar místico – que é tão legítimo quanto os outros: a fantasia.

Apenas a fantasia é capaz de se aproximar da coisa em si, talvez até mesmo de compreendê-la. Para quem prefere não pensar segundo os preceitos de Kant, o que não precisa ser necessariamente nocivo ao espírito, a frase é a seguinte: a fantasia consegue chegar ao cerne das coisas até mesmo onde austeros esforços do conhecimento falham.

O que é fantasia? Também um conceito, do qual só sabemos exatamente o que significa quando não refletimos demais a respeito. Ele se origina de φαντασια: *manifestação*, mas já na Antiguidade era usado ocasionalmente no sentido que conhecemos. A forma mais simples é talvez: *força criativa da imaginação*. A força da fantasia: a capacidade de pessoas inteligentes de pensar fora dos caminhos preestabelecidos, a capacidade de unir coisas que parecem incompatíveis, a coragem de ver os fatos a partir de ângulos incomuns. A fantasia está sempre rompendo regras e ela mesma é desregrada.

A fantasia não se deixa categorizar, e, quando tentam fazer isso, ela resvala para a filologia, onde porém também há – como exemplo menciono apenas o honrado Wolfgang Clemen – uma fantasia filológica, cujos resultados podem ser reconhecidos pelo fato de serem tomados do mundo profissional com hesitação.

Não posso me furtar de citar uma estranha categorização da fantasia. A fantasia raramente levou a honras filosóficas. Talvez devido à matéria rigorosa, com a qual os filósofos têm se ocupado há tempos: a verdade. A fantasia também é sempre mentira, bela mentira, verdade fictícia, nunca a verdade rigorosa. Talvez o desprezo da fantasia conduza ao resultado conhecido de que toda a filosofia, embora seja um jogo mental belo e digno, pouco vale para a compreensão do mundo. Conheço apenas um, que no frio mundo das cavernas de gelo filosóficas se ocupou com a fantasia – na forma de uma fantasia de mundo associada ao espírito do mundo –, e que a observou como verdadeira criadora do mundo. O pobre homem ensinou aqui na Universidade Ludwig-Maxilian há mais ou menos cem anos. Se seu nome – infelizmente ele se chamava Frohschammer – ou o fato de ele ter sido proscrito como sacerdote católico expulso é culpado por seu pensamento ter sido riscado dos anais de sua ciência, isso não posso dizer. E assim encerro este parêntese fantástico.

A fantasia é a manifestação do cérebro criativo por meio do pensamento sensível e explícito. Seu oposto é o pensamento simplesmente conceptual. Vou começar agora com a ligação da literatura com o mundo dos juristas. Já mencionei anteriormente a banalidade da logomaquia dos juristas, que compõe sua afinidade com os escritores. A fantasia, que se utiliza da palavra, é literatura. A fantasia revela a *coisa literatura em si* por meio de sua força criativa sensível e explícita da imaginação. O que mal se percebe, porém, é que também há uma fantasia jurídica, por mais estranho que possa soar. A justiça, como já postulei, está incrustada de leis arbitrárias; os tribunais, ou seja, os órgãos da justiça, tornaram-se fábricas de citações, transformaram-se em ruminantes da aplicação superior da lei, a sociabilização da responsabilidade se perverteu até o exercício da razão lógica. Não posso levar adiante essa dura crítica, eu poderia, mas duraria horas e provocaria gargalhadas. Apenas a fantasia jurídica tem condições de romper de vez em quando a crosta que a justiça, essa coisa inatingível em si, oculta. Também a fantasia jurídica, em geral, age onde o mundo técnico reage desconfiado, mas isso é assim mesmo. Quando os produtos da fantasia já deram entrada nas categorias, então ela mesma já se encontra bem distante – além de todas as montanhas, e milhares de vezes mais bela do que a rainha. Depois ela coloca novamente essas suas próprias categorias em xeque, sim, ela deve rompê-las, porque sua força criativa assim o quer.

A fantasia, a força sensível e explícita da imaginação, contida na capacidade de criar, que se serve da palavra como *único* meio não da expressão, mas da representação *em si*, é comum à literatura e à justiça (oculta), e isso, acredito, ou melhor, afirmo, é o verdadeiro motivo original que conduziu tantos juristas à literatura e tantos literatos ao mundo da justiça.

Seria exagerado chamar essa ligação de puro amor. Há três tipos de escritores e de poetas literatos: os que alguma vez se dedicaram por pouco tempo ao mundo da justiça, como Hofmannsthal, e depois se voltaram para outras coisas; em segundo lugar, os que terminaram os estudos na área jurídica, mas nunca exerceram a profissão, como Nestroy, Balzac, Heinrich Heine e muitos outros; e, por fim, os juristas praticantes entre os escritores, aos quais pertencem estrelas de primeira grandeza, como Goethe, E. T. A. Hoffmann, Grillparzer e Kafka, mas também, e de quem raramente as pessoas se lembram, o poeta cujo nome é quase sinônimo do romantismo enlevado: Eichendorff.

Até se aposentar, Eichendorff foi um alto funcionário no Ministério da Educação prussiano, e existem cartas suas a um poeta cerca de uma geração mais jovem, o hoje esquecido Lebrecht Dreves, que também era jurista, ou melhor, tabelião em Hamburgo. Dreves deve – sua carta não foi conservada, só podemos ter noção dela a partir da resposta de Eichendorff – ter se queixado de que a musa tinha querido beijá-lo, enquanto ele estava ocupado homologando contratos. "Um ponto em sua carta", escreve Eichendorff, "me tocou quase melancolicamente, onde, aliás, você fala da necessidade de se armar contra um arrebatamento poético inoportuno. Eu também tenho lutado constantemente contra esse ataque durante toda minha longa vida de funcionário. Mas isso não faz mal algum. As antíteses prosaicas apenas consolidam e concentram a poesia, protegendo melhor da falta de concentração poética, dos habituais poetas de profissão."

Sendo assim, a prosaica justiça descoberta pela fantasia zela pela poesia, quando se lida corretamente com ela. Sem os poetas jurídicos, não apenas a literatura alemã seria significativamente mais pobre.

Bibliografia

Os editores e a editora esforçaram-se para encontrar os proprietários dos direitos autorais, o que não foi possível em todos os casos. Na falta de pagamento de tais direitos, pedimos aos responsáveis que entrem em contato com a editora.
Os títulos com * foram formulados pelos editores.

[Anônimo]. Cena de tribunal. In: *Fliegende Blätter 37*, 1862. N? 898, p. 95.
ALLEN, Woody (Allen Steward Konigsberg, 1935-). Minha Apologia. *Nebenwirkungen*. Reinbek bei Hamburg, Rowohlt, 1983, pp. 35-40. [Primeira edição: Munique, Rogner & Bernhard, 1981.] Com a autorização da Editora Rogner & Bernhard, Hamburgo.
ALTENBERG, Peter (Richard Engländer, 1859-1919). Jurisprudência. In: SCHWEIGER, Werner J. (org.). *Gesammelte Werke in fünf Bänden*. Viena e Frankfurt/ Main, Löcker e S. Fischer, 1987, v. 2, pp. 125 ss.
ARTAUD, Antonin (1896-1948). Heliogábalo*. *Heliogabal oder Der Anarchist auf dem Thron*. Munique, Rogner & Bernhard bei Zweitausendeins, s.d., pp. 137-41, 147 ss. Com a autorização da Editora Rogner & Bernhard, Hamburgo.
AUBURTIN, Victor (1870-1928). Proibido. Primeiramente publicado no *Berliner Tageblatt* (edição matutina) de 22 de junho de 1922. In: MOSES-KRAUSE, Peter (org.).

Victor Auburtin, *Gesammelte kleine Prosa. Werkausgabe*. 1997, v. 4 ("Die Hirtenflöte"). © by Verlag Das Arsenal, Berlim.

BÄUERLE, Adolf (Johann Andreas Bäuerle, 1786-1859). O interrogatório*. *Komisches Theater von Adolf Bäuerle*. Pesth, Hartlebens Verlag, 1823, v. 5, pp. 77-83. [Da peça "Die Reise nach Paris".]

BERGMANN, Thomas (1943-). Ele fica me espionando na lavanderia. *Giftzwerge. Wenn der Nachbar zum Feind wird*. Munique, Beck, 1992, pp. 80-6.

BIERCE, Ambrose (1842-1914). Do dicionário do diabo*. In: ZIMMER, Dieter E. (org.). *Aus dem Wörterbuch des Teufels*. © Insel Verlag, Frankfurt am Main, 1980, pp. 12-7, 19, 21 ss., 27, 35, 38, 42, 44-8, 52, 70 ss., 82-6, 88 ss., 104, 112 ss., 116, 118.

BISCHOFF, Friedrich (até 1933 Fritz Walter Bischoff, 1896-1976). A execução após a morte. *Der Rosenzauber und andere Erzählungen*. Munique, Ehrenwirth, 1964, pp. 17-24. Com a autorização de Ehrenwirth Verlag, Munique.

BONAVENTURA (Pseudônimo do autor de "Nachtwachen", de 1804. Provavelmente Ernst August Klingemann [1777-1831]). Sétima vigília. In: PAULSEN, Wolfgang (org.). *Nachtwachen*. Stuttgart, Reclam, 1984, pp. 61-5.

BRECHT, Bertolt (1898-1956). A aplicação da lei. *Gesammelte Werke in 20 Bänden*. Editado por Suhrkamp Verlag com a colaboração de Elisabeth Hauptmann. Frankfurt/Main, Suhrkamp, 1973, v. 12, pp. 391 ss. © Suhrkamp Verlag, Frankfurt am Main, 1967.

BREDNICH, Rolf Wilhelm. Ladrões com coração. *Die Spinne in der Yucca-Palme. Sagenhafte Geschichten von heute*. Munique, Beck, 1990, pp. 106 ss.

BUCHWALD, Art (1925-). Apenas sem comprometimento. *Art Buchwalds beste Geschichten*. Frankfurt/Main, S. Fischer, 1978, pp. 132 ss. © 1976 by nymphenburger in der F. A. Herbig Verlagsbuchhandlung GmbH, Munique.

CAMUS, Albert (1913-1960). *O estrangeiro*. Düsseldorf, Karl Rauch Verlag, 1957, pp. 65-72. © by Rowohlt Verlag GmbH, Reinbeck.

ČAPEK, Karel (1890-1938). O jurado. *Aus der einen Tasche in die andere. Anti-Detektivgeschichten*. Viena, Zsolnay, 1986. © Paul Zsolnay Verlagsgesellschaft GmbH, Viena, 1986.

CRANACH, Lucas (1472-1553). A sentença de Salomão (ca. 1525/30). *1472-1553. Lucas Cranach d. Ä. Das gesamte graphische Werk*. Com uma introdução de Johannes Jahn. Munique, Rogner & Bernhard, 1972, p. 21.

DAUMIER, Honoré (1808-1879). Maître Chapotard. In: LEJEUNE, Robert. *Honoré Daumier*. Zurique, Büchergilde Gutenberg, s.d., p. 112.

DEUS (Eternidade-Eternidade). (1) Contra o espírito da justiça. (2) Os dez mandamentos*. (3) O juízo final*. *A Bíblia ou Antigo e Novo Testamentos a partir da tradução alemã de Martinho Lutero*. Stuttgart, Württembergische Bibelanstalt, 1961. (1) O Novo Testamento, p. 11 (Mateus 7, 1-6). (2) O Antigo Testamento, pp. 81-85 (2 Moisés 20-23). (3) O Novo Testamento, pp. 37 ss. (Mateus 25, 31-46).

DÖBLIN, Alfred (1878-1957). Com o 41 para a cidade. *Ausgewählte Werke in Einzelbänden*. Editado por Walter Muschg em colaboração com os filhos do autor. Berlin Alexanderplatz. Olten: Walter-Verlag, 1961, v. 3, pp. 13-16. Com a autorização de Walter Verlag AG, Zurique.

DOSTOIEVSKI, Fedor (1821-1881). Ao irmão Mikail Dostoievski*. *Cartas*. Seleção, edição e posfácio de Ralf Schröder. Frankfurt/Main, Insel-Verlag, 1990, v. 1, pp. 89-95 [Primeira edição: Leipzig, Insel-Verlag Anton Kippenberg, 1984.] © Reclam Verlag, Leipzig, 1981.

DUDEN Bildwörterbuch, (Dicionário ilustrado Duden). Polícia. *DUDEN. Bildwörterbuch der deutschen Sprache*. 3. ed. rev. e ampl. Elaborado por Kurt Dieter Solf e Joachim Schmidt com a colaboração das redações técnicas do Instituto Bibliográfico. Mannheim, Instituto Bibliográfico, 1977, p. 452. Com a autorização do Instituto Bibliográfico, Mannheim.

DÜRER, Albrecht (1471-1528): [entalhe em madeira].In: BRANT, Sebastian. *Das Narrenschiff*. Segundo a primeira edição (Basiléia, 1494), com acréscimos das edições de 1495 e 1499 e dos entalhes em madeira das edições originais alemãs. Editado por Manfred Lammer. Tübingen, Niemeyer, ²1968, p. 180.

ENZENSBERGER, Hans Magnus (1929-). Proposta para a reforma do direito penal. *Poesias 1955-1970*. Frankfurt/Main, Suhrkamp, 1971, pp. 143-5. © Suhrkamp Verlag, Frankfurt am Main, 1971.

FISCHER, Harald. Muss ich das jetzt mal sieben nehmen? In: *Junge Welt*, 17.3.1995. Com a autorização da redação do "Junge Welt".

FORO DE MÖNCHENGLADBACH. Relacionamento íntimo em desarmonia*. In: *Neue Juristische Wochenschrift 48*, 1995, Caderno 13, pp. 884 ss. Com a autorização da *Neue Juristische Wochenschrift*.

FRIEDELL, Egon (1878-1938) & POLGAR, Alfred (1875-1955). Da sala do tribunal. In: ILLIG, Heribert (org.). *Goethe und die Journalisten. Satiren im Duett*. Viena,

Löcker, 1986, pp. 159 ss. [primeiro em "Böse Buben-Presse", Viena, 1922]. © by Verlag Kremayr & Scheriau, Viena.

GERNHARDT, Robert (1937-). (1) Uma lei para a humanidade. (2) Alemanha. In: (1) R. G.; BERNSTEIN, F. W.; WAECHTER, F. K. *Die Wahrheit über Arnold Hau.* Frankfurt/Main, Zweitausendeins, 1974, pp. 177-9. (2) *Die Blusen des böhmen; Geschichten, Bilder, Geschichten in Bildern und Bilder aus der Geschichte.* Frankfurt/Main, Zweitausendeins, 1977, pp. 24 ss. Ambos os textos com a autorização de Robert Gernhardt.

GOETHE, Johann Wolfgang (1749-1832). (1) Doença eterna. (2) O juiz competente. In: BEUTLER, Ernst (org.). *Gedenkausgabe der Werke, Briefe und Gespräche.* (1) Zurique, Artemis, 1950, v. 5, pp. 201 ss. (2) Zurique, Artemis, 1953, v. 2, p. 537.

GRABBE, Christian Dietrich (1801-1836). Direito romano. In: COWEN, Roy C. (org.). *Werke.* Munique, Hanser, 1977, v. 2, pp. 330-3. [In: "Die Hermannschlacht".]

HAŠEK, Jaroslav (1883-1923). Schwejk diante dos médicos-legistas. *Die Abenteuer des braven Soldaten Schwejk.* Reinbek bei Hamburg: Rowohlt, 1960, pp. 27-32. Copyright © 1976 by Rowohlt Verlag GmbH, Reinbeck.

HEBEL, Johann Peter (1760-1826). (1) O juiz inteligente. (2) A resposta do cordoeiro. *Erzählungen und Aufsätze des Rheinländischen Hausfreunds.* Karlsruhe, C. F. Müller, 1968. Edição prefaciada e comentada por Wilhelm Zentner, v. 1. (1) pp. 99 ss., (2) pp. 249 ss.

HEINE, Heinrich (Harry Heine, 1797-1856): (1) Corpus Juris. (2) Old Bailey. *Werke.* Editado e comentado por Stuart Atkin, com a colaboração de Oswald Schönberg. Munique, Beck, 1973, v. 1. (1) pp. 282, 285-7. [In: "Die Harzreise".] (2) pp. 665-9. [In: "Englische Fragmente".]

HELLER, Joseph (1923-). Diante do conselho de guerra*. *Catch 22*. S. Fischer Verlag GmbH, Frankfurt am Main, 1964, pp. 76-83.

HERDER, Johann Gottfried (1744-1803). A sentença africana. *Herder. Ein Lesebuch für unsere Zeit*. Seleção de Günter Mieth e Ingeborg Schmidt. Berlim e Weimar, Aufbau-Verlag, ¹²1986, pp. 323 ss.

HEYM, Georg (1887-1912). Os prisioneiros I. In: SCHNEIDER, Karl Ludwig (org.). *Dichtungen und Schriften Gesamtausgabe*. Elaborado por Karl Ludwig Schneider e Gunter Martens, com a colaboração de Klaus Hurlebusch e Dieter Knoth. Hamburgo, Heinrich Ellermann, 1964, v. 1, p. 122.

KAFKA, Franz (1883-1924). (1) Diante da lei. (2) A batida no portão da chácara. In: RAABE, Paul (org.). *Sämtliche Erzählungen*. Frankfurt/Main, S. Fischer, 1970. (1) pp. 131 ss. (2) pp. 299 ss.

KANT, Immanuel (1724-1804). O direito matrimonial. In: WEISCHEDEL, Wilhelm (org.). *Werkausgabe. Die Metaphysik der Sitten*. Frankfurt/Main, Suhrkamp, 1977, v. 8, pp. 389-93.

KÄSTNER, Erich (1899-1974). Observações de Nuremergue. *Gesammelte Schriften*. Zurique, Atrium Verlag, 1959, pp. 322-8. © Copyright by herdeiros de Erich Kästner, Munique.

KISCH, Egon Erwin (1885-1948). (1) Presídio de Zurique. (2) Justiça contra nativos. In: UHSE, Bodo & KISCH, Gisela (org.). *Gesammelte Werke in Einzelbänden*. Berlim e Weimar, Aufbau-Verlag, 1983, v. 5. (1) pp. 425-30. (2) pp. 495-8. Com a autorização de Aufbau-Verlag, Berlim.

KLEIST, Heinrich von (1777-1811). (1) Anedota. (2) Extraordinário caso jurídico na Inglaterra. In: SEMBD-

NER, Helmut (org.). *Sämtliche Werke und Briefe*. Munique, Hanser, 1961, v. 2. (1) p. 270. (2) pp. 281 ss.

MARCOS (ca. 70 d.C.). Diante de Pilatos*. *A Bíblia ou O Antigo e Novo Testamentos a partir da tradução de Martinho Lutero*. Stuttgart, Württembergische Bibelanstalt, 1961. O Novo Testamento, pp. 65 ss. (Marcos 15, 1-38).

MARX, irmãos (neste caso trata-se de Groucho [Julius] Marx, 1890-1977, e Chico [Leonhard] Marx, 1886-1961; há ainda Harpo [Arthur] Marx, 1888-1964. Integrantes eventuais eram também Zeppo [Herbert] Marx, 1901-1979; Gummo [Milton] Marx, 1893-1977). Juiz Flywheel*. In: BARSON, Michael (org.). *Flywheel, Shyster e Flywheel. Die Marx Brothers Radio Show*. Hamburgo, Rogner & Bernhard, 1989, pp. 243-8. Com a autorização da Editora Rogner & Bernhard, Hamburgo.

MÁXIMO, Valério (primeira metade do século I d.C.). Condenações e absolvições*. In: BLANK-SANGMEISTER, Ursula (org.). *Denkwürdige Taten und Worte*. Stuttgart, Reclam, 1991, pp. 223-35. Com a autorização de Reclam Verlag, Stuttgart.

MAY, Karl (1842-1912): No pelourinho*. *Reiseerzählungen in Einzelausgaben. Winnetou*. Herrsching, Pawlak, s.d., v. 1 (ca. 1977), pp. 278-83.

MEMEL, Johann Peter de (Johannes Praetorius, 1630-1680?). Sem cabeça. *Erneuert und vermehrte Lustige Gesellschaft, [...] auß vielen andern Büchern zusammen gesuchet/und auf Begehren außgegeben von Johanne Petro de Memel*. Franckenau: [o.V.], [1667], p. 268.

MONTY PYTHON (Graham Chapman, 1941-1989; John Cleese, 1939-; Terry Gilliam, 1949-; Eric Idle, 1943-;

Terry Jones, 1942-; Michael Palin, 1943-). (1) Inspetor Tigre. (2) Corte numa sala de audiências. *Monty Python's Flying Circus. Sämtliche Worte.* Zurique, Haffmans, 1993. (1) v. 1, pp. 189-92. (2) v. 2, pp. 65-8. Ambos os textos: © 1988 by Haffmans Verlag AG Zurique.

OBERLÄNDER, Adolf (1845-1923). Nach dem Fluchtversuch. In: WEIDNER-OBERLÄNDER, Sophie (org.). *Ach du gute alte Zeit. Karikaturen.* Munique, dtv, 1983. Não-paginado.

PAPAN (1943-). (1) [Sem Palavras]. (2) Socorro, polícia! In: RÖHRICH, Lutz. (1) *Der Witz. Seine Formen und Funktionen. Mit tausend Beispielen in Wort und Bild.* Munique, dtv, 1980, p. 145. [Primeira edição: Stuttgart, Metzler, 1977. Com a autorização da Metzler Verlag, Stuttgart. (2) *Hier hört der Spaß auf!* Frankfurt/Main, Zweitausendeins, 1987, p. 145. Com a autorização de Papan.

PAULUS, Gerold (1951-). Die Rechtsweghypertrophie. *Gerold Paulus und Roland Dubischar: Paragraphiken.* Munique, Verlag C. H. Beck, 1981, p. 9. Com a autorização de Gerold Paulus.

PEPYS, Samuel (1633-1703). Diário*. In: SCHLÖSSER, Anselm (org.). *Das geheime Buch.* Frankfurt/Main, Insel Verlag, 1982, pp. 106, 111, 119, 121, 157, 269 ss., 280. [Primeira edição: Leipzig, Insel-Verlag Anton Kippenberg, 1980.] © Insel Verlag, Frankfurt am Main, 1982.

POLGAR, Alfred (1875-1955). Escola de juízes. *Kleine Schriften.* Editado por Marcel Reich-Ranicki, com a colaboração de Ulrich Weinzierl. Reinbek bei Hamburg, Rowohlt, 1982, v. 1, pp. 383-6. Copyright © 1983 by Rowohlt Verlag GmbH, Reinbek.

QUINCEY, Thomas de (1785-1859). O assassinato visto como obra de arte. *Bekenntnisse eines englischen Opiumes-*

sers. *Suspiria de profundis. Die englische Postkutsche. Der Mord als eine schöne Kunst betrachtet.* Stuttgart, Goverts, 1962, pp. 371-3, 376 ss. © Copyright para a versão alemã: Goverts Verlag, Stuttgart. Impressão com a autorização de S. Fischer Verlag, Frankfurt.

REINIG, Christa (1926-). O carrasco. *Sämtliche Gedichte.* Düsseldorf, Eremiten-Presse, 1984, p. 16. Com a autorização de Verlag Eremiten-Presse, Düsseldorf.

RODA RODA (Sandor [Alexander] Friedrich Rosenfeld, 1872-1945). (1) Educação. (2) O direito penal militar. *Fünfhundert Schwänke.* Munique, dtv, 1989. (1) p. 170. (2) p. 179. Todos os direitos, inclusive filme, televisão, rádio © Thomas-Sessler-Verlag, Viena.

ROSENDORFER, Herbert (1934-). Sobre justiça e literatura. In: ANDREÆ, Julia (org.). *Die Erfindung des SommerWinters. Neue Erzählungen, Gedichte, Glossen und Aufsätze*, pp. 197-205. © 1994, Deutscher Taschenbuch Verlag, Munique.

RUBINER, Ludwig (1881-1920). A execução. In: L. R.; EISENLOHR, Friedrich; HAHN, Livingstone. *Kriminalsonette.* Leipzig, Kurt Wolff, 1913, p. 38.

SALOMÃO (c. 965-926 a.C.). Minha sentença*. *A Bíblia ou O Antigo e o Novo Testamentos a partir da tradução de Martinho Lutero.* Stuttgart, Württembergische Bibelanstalt, 1961. O Antigo Testamento, pp. 352 ss. (1 Reis 3, 16-28).

SANDER, Ernst (1898-1976). O processo da ama-de-leite. *Eine Nuß und sieben Millionen. Kurze Gechichten.* Colônia, Kiepenheuer & Witsch, 1959, pp. 109-12.

SEIBOLD, Carsten (org.). O processo contra Fritz Teufel e Rainer Langhans. *Die 68er. Das Fest der Rebellion.* Munique, Knaur, 1988, pp. 83-92. © 1988 Droemer Knaur Verlag, Munique.

STERNHEIM, Carl (1878-1942). O policial do sexto distrito*. *Fairfax und andere Erzählungen.* Frankfurt/ Main, Luchterhand Literaturverlag, 1980, pp. 9-11. © 1980 Luchterhand Literaturverlag GmbH, Frankfurt am Main. Atualmente: Luchterhand Literaturverlag GmbH, Munique.

TÁCITO, P. Cornélio (c. 55-115). Constituição dos germanos*. *Germania.* Stuttgart, Reclam, 1968, p. 13. Com a autorização de Reclam Verlag, Stuttgart.

TILLIER, Claude (1801-1844). O discurso de defesa do meu tio. *Mein Onkel Benjamin.* © 1988 by Haffmans Verlag AG Zurique, pp. 200, 203-12.

TRAXLER, Hans (1929-). (1) Seqüestro. (2) Uma coisa bem feita. In: NIEMEYER, Patrick (org.). (1) *Der Rabe. Magazin für jede Art von Literatur.* Editado por Patrick Niemeyer. Zurique, Haffmans, 1994, v. 40, p. 227. Com a autorização de Hans Traxler. (2) *Leute von gestern. Vierzig Bildergeschichten.* Zurique, Diogenes, 1981, pp. 101 ss. Copyright © 1981 by Diogenes Verlag AG Zurique.

TUCHOLSKY, Kurt (1890-1935). Deve haver ordem! In: GEROLD-TUCHOLSKY, Mary & RADDATZ, Fritz J. (org.). Gesammelte Werke. Reinbek bei Hamburg, Rowohlt, 1975, v. 1, p. 122. Copyright © by Rowohlt Verlag GmbH, Reinbek.

VALENTIN, Karl (Valentin Ludwig Fey, 1882-1948). Sisselberger diante do tribunal. In: SCHULTE, Michael (org.). *Alles von Karl Valentin.* Munique, Piper, 1978, pp. 214 ss. © Piper Verlag GmbH, Munique, 1978.

VOLTAIRE (François Marie Arouet, 1694-1778). O caso dos Calas e dos Sirven. In: KISCH, Egon Erwin (org.). *Klassischer Journalismus. Die Meisterwerke der Zeitung.* [1923] Berlim e Weimar, Aufbau-Verlag, 1982, pp. 332-8.

WAECHTER, F[riedrich] K[arl] (1937-). Todo poder público vem do povo. *Grundgesetz für die Bundesrepublik Deutschland*. Hamburgo, VSA-Verlag, 1982. Nãopaginado. Com a autorização de F. K. Waechter.
WEDEKIND, Frank (1864-1918). O assassino da tia. *Prosa Dramen Verse*. Seleção de Hansgeorg Maier. Munique, Albert Langen/Georg Müller, s.d., v. 2, pp. 39 ss.
WESTPHALEN, Joseph von (1945-): O inferno*. *Im diplomatischen Dienst*. Hamburgo, Hoffmann und Campe, 1991. © 1991 by Hoffmann und Campe.
WILDE, Oscar (1854-1900). A casa do juízo. *Die Erzählungen und Märchen*. Frankfurt/Main, Insel, 1972, pp. 250 ss. © Erbengemeinschaft Franz Blei, representado por Internationaal Literatuur Bureau, Hilversum, Holanda.
WÖSSNER, Freimut (1945-). Pare! Não diga nada! In: FRENZ, Achim & SANDMANN, Andreas (org.). *Schluß jetzt! Das Buch zur CARICATURA*. Catálogo de exposição, Kassel, 1992, p. 73. © Freimut Wössner, Cartoon-Caricature-Contor Munique.

Ilustrações

p. 1: Papan; p. 13: Paulus; p. 29: Waechter; p. 47: Traxler; p. 71: Daumier; p. 121: Wössner; p. 147: Fischer; p. 179: Oberländer; p. 209: Cranach; p. 259: Traxler; p. 303: Dürer; p. 333: Papan.

Índice

Preâmbulo

Ambrose Bierce: Do dicionário do diabo 3

§ 1 Ordem jurídica

Deus: Contra o espírito da justiça 15
Johann Wolfgang Goethe: Doença eterna 15
Kurt Tucholsky: Deve haver ordem! 16
Art Buchwald: Apenas sem comprometimento... 18
Bonaventura: Sétima vigília 20
Franz Kafka: Diante da lei 26

§ 2 Leis básicas

Deus: Os dez mandamentos 31
Robert Gernhardt: Uma lei para a humanidade .. 39
Victor Auburtin: Proibido 42
Hans Magnus Enzensberger: Proposta para a reforma do direito penal 44

§ 3 Casos jurídicos

Frank Wedekind: O assassino da tia 49
Rolf Wilhelm Brednich: Ladrões com coração 50
Immanuel Kant: O direito matrimonial 50
Foro de Mönchengladbach: Relacionamento íntimo em desarmonia 55
Thomas Bergmann: Ele fica me espionando na lavanderia 58
Thomas de Quincey: O assassinato visto como obra de arte 66

§ 4 Fatos jurídicos

Robert Gernhardt: Alemanha 73
Heinrich Heine: Corpus Juris 75
Joseph von Westphalen: O inferno 78
Claude Tillier: O discurso de defesa do meu tio . 88
Johann Wolfgang Goethe: O juiz competente 97
Alfred Polgar: Escola de juízes 98
Johann Peter Hebel: O juiz inteligente 101
Karel Čapek: O jurado 103
Jaroslav Hašek: Schwejk diante dos médicos-legistas 110
Christa Reinig: O carrasco 119

§ 5 A descoberta da verdade

Dicionário ilustrado Duden: Polícia 123

Carl Sternheim: O policial do sexto distrito 124
Roda Roda: Educação 126
Albert Camus: O estrangeiro 128
Adolf Bäuerle: O interrogatório 136
Monty Python: Inspetor Tigre 141

§ 6 Jurisdição

Franz Kafka: A batida no portão da chácara ... 149
Karl Valentin: Sisselberger diante do tribunal... 151
Fliegende Blätter: Cena de tribunal 154
Irmãos Marx: O juiz Flywheel 154
Monty Python: Corte numa sala de audiências .. 161
Joseph Heller: Diante da corte marcial 165
Roda Roda: O direito penal militar 176
Egon Friedell / Alfred Polgar: Da sala do tribunal. 177

§ 7 Execução da pena

Peter Altenberg: Jurisprudência 181
Georg Heym: Os prisioneiros I 182
Egon Erwin Kisch: Presídio de Zurique 183
Johann Peter Hebel: A resposta do cordoeiro ... 191
Heinrich von Kleist: Anedota 193
Johann Peter de Memel: Sem cabeça 193
Ludwig Rubiner: A execução 194
Friedrich Bischoff: A execução após a morte 194
Alfred Döblin: Com o 41 para a cidade 203

◇ 361

§ 8 Processos exemplares

Salomão: Minha sentença 211
Woody Allen: Minha apologia 212
Marcos: Diante de Pilatos 220
Fedor Dostoievski: Ao irmão Mikail Dostoievski 223
Erich Kästner: Observações de Nurembergue ... 230
  O processo contra Fritz Teufel e Rainer Langhans 241
Deus: O juízo final 253
Oscar Wilde: A casa do juízo 254

§ 9 Direito internacional

Johann Gottfried Herder: A sentença africana .. 261
Bertolt Brecht: A aplicação da lei 262
Samuel Pepys: Diário 263
Heinrich von Kleist: Extraordinário caso jurídico na Inglaterra 268
Heinrich Heine: Old Bailey 270
Ernst Sander: O processo da ama-de-leite 275
László Ódor / Borbála Szendrö: Crimes e penas.... 279
Karl May: No pelourinho............................. 290
Egon Erwin Kisch: Justiça contra nativos 297

§ 10 História do direito

Valério Máximo: Condenações e absolvições 305
Antonin Artaud: Heliogábalo 312

Tácito: Constituição dos germanos 318
Christian Dietrich Grabbe: Direito romano 319
Voltaire: O caso dos Calas e dos Sirven 324

Epílogo

Herbert Rosendorfer: Sobre justiça e literatura.. 335
Bibliografia 347